新　潮　文　庫

「日中韓」外交戦争

読売新聞政治部著

JN267570

「日中韓」外交戦争◇目次

「日中韓」外交戦争

図版制作　読売新聞社

プロローグ――平和の海か、戦いの海か

終戦時に総理大臣を務めた鈴木貫太郎は1918（大正7）年、海軍の練習艦隊司令官として米国の西海岸まで遠洋航海した。

ヨーロッパ大陸は当時、4年目を迎えた第一次世界大戦でドイツ軍、英仏軍とも疲弊の頂点に達していた。ドイツが休戦に同意するのはその年の11月のことだ。

ヨーロッパの戦乱から遠く離れて、太平のさなかにある米国寄港である。練習艦隊は寄港先で大いに歓待された。サンフランシスコで催された歓迎会では、鈴木が次のようなスピーチを行った。

「太平洋は名のごとく平和の海にして、日米交易のために天の与えたる恩恵なり。もしこれを軍隊輸送のために用いるがごときことあらば、必ずや両国ともに天罰を受くべし」

鈴木は総理就任から2か月後の1945（昭和20）年6月、施政方針演説の中でこのエピソードにあえて言及した。米国に向けて「終戦」の意志があることを言外に知らせる狙《ねら》いからだったと言われている。

太平洋をその名に反して「戦いの海」にしてしまった責任は、満州事変（1931年）以来、軍の暴走をとめられずに戦線を拡大した日本側により多くあるのは否定できないところだ。

けれども、米国もまた、かなり早い時期から対日戦争への準備に着手していた。いわゆる「オレンジ計画」の立案が始まったのは1919（大正8）年、鈴木が「平和の海」のスピーチを行った翌年のことだった。

平和の海か、戦いの海か――。その危機の淵《ふち》にまさに立っているのが、南シナ海であり、東シナ海である。

南シナ海では、フィリピンが領有していたスカボロー礁《しょう》に中国の公船が繰り返し接近し、ついに中国が実効支配を確立した。

フィリピンのアキノ大統領は今年（2014年）2月、米ニューヨーク・タイムズ紙のインタビューで、中国をナチス・ドイツになぞらえた。第二次世界大戦前夜に英仏両国がドイツのチェコスロバキア併合を容認したことが結果的に大戦を招いた史実を持ち出し、こう訴えた。

「私たちはいつ『もうたくさんだ』と言うのか。世界はそう言うべきだ。フィリピンはチェコスロバキアのような譲歩はしない」

東シナ海で、スカボロー礁のように中国のターゲットとなっているのは、言うまでもなく尖閣《せんかく》諸島である。

2012年の尖閣国有化以来、中国公船は途切れることなく尖閣周辺海域に姿を現し、領海侵入を繰り返している。チベットや台湾を指して「絶対に譲歩しない」という文脈で用いる「核心的利益」の表現も、中国の要人は尖閣諸島に対して堂々と口にするようになった。

だが、米国は、かつて大日本帝国の台頭にオレンジ計画を用意したように、現在の中国に対しても、すでに具体的な対抗手段の準備に入っている。

「グローバル13」――2013年秋にロードアイランド州ニューポートの米海軍大学で開催された指揮所演習（War Game）には、主催者の米海軍のほかに英国、オーストラリア、カナダ、ニュージーランドの海軍関係者、そして海上自衛隊幹部の姿があった。

この演習は、エア・シー・バトル（Air Sea Battle）構想における指揮統制の検証が主目的だった。

エア・シー・バトル構想とは、敵軍のミサイルや戦闘機の攻撃範囲の外から空軍（エア）と海軍（シー）の兵力を中心に一体運用することで敵軍の主要兵力を排除するというものだ。南シナ海や東シナ海の制海権を掌握して西太平洋で米軍を迎撃しようとする中国の「Ａ２／ＡＤ」（接近阻止・領域拒否＝Anti Access / Area Denial）戦略への対抗手段として、２０１０年に立案された。

グローバル13の概要は後日、米下院軍事委員会に報告されている。ブリーファーのフォッゴ少将は「グローバル13は、ファイブ・アイズと日本（Five Eyes partners and Japan）を招いたはじめてのウォー・ゲームだ」と説明した。

ファイブ・アイズは主にインテリジェンスの専門家が使う隠語で、米国、英国、カナダ、オーストラリア、ニュージーランドの英語圏5か国のことを指す。5か国は「エシュロン」と呼ばれる通信傍受網を使い、在外公館や基地を拠点に電話やファクス、電子メールなどの膨大な情報を収集し、情報共有しているとされる。

そのファイブ・アイズと肩を並べる存在として、日本は位置づけられているのだ。

フォッゴ少将はこう強調した。

「彼らは助力者であり、彼らは戦力乗数効果だ」（They are enablers, They are force multipliers.）

南シナ海や東シナ海を「戦いの海」にしてはならない。

それには米国などと連携を深め、対中抑止力を強化することが不可欠だ。

対中版のオレンジ計画とも言えるエア・シー・バトル構想で日本が「助力者」の役割を果たすうえでも、南西諸島防衛を強化することはもちろん、米軍普天間飛行場の名護市辺野古《へのこ》沿岸部への着実な移設、「あらゆる状況においてシームレスな二国間の協力を可能とするよう強化する」（日米２プラス２共同文書）目的で行われるガイドライン（日米防衛協力の指針）改定、そして「権利はあるが行使できない」としてきた集団的自衛権の政府解釈変更などの課題に、きちんと答えを出していく必要がある。

この国が直面する外交・安全保障上の「いまそこにある危機」を正しく見定めてほしい。

本書がその有効な手引きとなることを願っている。

第１章
日中冷戦

安倍首相の靖国神社参拝を批判する中国大使らによる主な主張

崔天凱駐米大使 ワシントン・ポスト紙（2014年1月10日付）	靖国神社には、東条英機元首相を含む14人のA級戦犯がまつられている。靖国参拝は中国だけでなく、世界への挑戦だ
史明徳駐独大使 フランクフルター・アルゲマイネ紙（1月14日付）	日本政府のふるまいはドイツの対極をなす。日本が侵略の歴史を復権させることを我々は決して許さない
翟雋駐仏大使 フィガロ紙（1月16日付）	ヒトラーの墓に花を供えるところを想像してみてほしい
姜建清 中国工商銀行会長 ダボス会議（1月25日）	第2次世界大戦では日本はアジアのナチスだった

日本と中国という東アジアの二つの大国が、尖閣諸島を巡る対立を契機に、首脳会談をはじめとした外交が機能しない緊張状態に陥っている。歴史問題を反日プロパガンダ（政治宣伝）に最大限利用して攻勢をかける中国との関係は、いまや「冷戦」と表現するにふさわしい。中国の習近平《シージンピン》政権は、かつて地域覇権として君臨していた中華帝国の再興を目指すことを意味する「中国の夢」をスローガンに掲げ、尖閣諸島や南シナ海の問題を巡り、日本や東南アジア諸国への威圧的な振る舞いを強めている。米国はアジア太平洋地域を重視するリバランス（再均衡）政策を表明し、地域の平和と安定維持に役割を果たそうとしているが、オバマ政権の下で超大国の威信は揺らいでおり、パワーバランスは流動化している。日本の外交・安全保障戦略はいかにあるべきか。厳しさを増す日中関係の現状と課題を探る。

国際会議で「日本＝ナチス」

スイスのリゾート地ダボスで2014年1月に開催された世界経済フォーラム年次総会（ダボス会議）最終日の25日、総会の締めくくりとして「2014年の世界の課題」と題した討論会が行われた。その席で、パネリストの中国工商銀行会長・姜建清氏が激しくまくし立てた。

「第2次世界大戦では、日本はアジアのナチスだった。武力紛争が起こるかどうかは、すべて日本次第だ」

ダボス会議は、約100か国、2500人のオピニオンリーダーが集まり、大小合わせ300近いイベントが行われる世界的な会議だ。2014年は、安倍《あべ》晋三《しんぞう》首相が日本の首相として初めて、初日に基調講演を行い注目を集めたが、その陰で中国は、司会やパネリストに日本の倍以上の延べ40人近くを送り込んでいた。

中国の出席者の多くは日本批判を繰り返した。たとえば、「靖国《やすくに》神社は日本の軍国主義の象徴だ。首相の靖国神社参拝は、国際的な正義、秩序への挑戦だ」（王毅《ワンイー》外相）という具合だ。

首相周辺は「日中関係が悪化したのは、野田政権当時の尖閣諸島国有化がきっかけだ。中国は尖閣近海に公船を大量に送り込み、さらに防空識別圏を設定して、欧米各国の厳しい目にさらされていた。靖国問題をクローズアップさせるのは、そこから目をそらさせる目的がある」と分析する。日本国際問題研究所の石田康之《やすゆき》研究員は、「中国に有利な情勢を作るため、かつての軍国主義を想起させ、戦勝国である米英仏ロシア、被害を受けたアジア各国の日本に対する信用低下を狙《ねら》っている」とも指摘する。

もっとも、一方的な中国の対日批判が、各国の出席者にそのまま浸透したわけではない。「日本＝ナチス」発言が出た討論会でも、姜氏が続けて「中国は平和を愛する国だ。我々は他国に侵略したことはない。どの国も脅したことはない」と発言すると、会場から思わず失笑が漏れた。

しかし、激烈な「歴史」プロパガンダを侮《あなど》るわけにはいかない。日本がきちんと反論しなければ、よく吟味せずに中国の主張を鵜《う》呑《の》みにしてしまうケースもあり得るからだ。

中国から仕掛けられた世論戦にしっかり反撃することが、日本にとって大きな外交課題となっている。

歴史絡《から》めた反日世論戦

2013年12月26日、安倍首相は、東京・九段北の靖国神社を参拝した。安倍首相にとって、首相在任中の参拝は、第1次内閣を含めて初めてで、現職首相としては2006年8月15日の小泉純一郎首相以来7年4か月ぶりの参拝だった。安倍首相は就任前の2012年に行われた自民党総裁選や衆院選で、「第1次安倍政権の任期中に靖国神社に参拝できなかったことは痛恨の極みだ」と述べていた。第2次内閣発足以来、首相は、外交問題化を避けるために参拝を自重してきたが、日中、日韓関係の改善が見通せないことから、政権発足から1年に合わせて参拝に踏み切ったのだった。

モーニング姿で参拝した安倍首相は、参拝後、「政権が発足して1年の安倍政権の歩みをご報告をし、二度と再び戦争の惨禍によって人々が苦しむことのない時代を作るとの誓い、決意をお伝えするために、この日を選んだ」と記者団に述べた。そのうえで、「中国や韓国の人々の気持ちを傷つける考えは毛頭ない。英霊のご冥福《めいふく》をお祈りし手を合わせることは、世界共通のリーダーの姿勢だ」と語り、諸外国を含めて戦場で亡《な》くなった全《すべ》ての人々を慰霊する目的で靖国神社境内に設けられた鎮霊社にも参拝したことを明らかにした。

こうした首相の説明にもかかわらず、中国は首相の靖国神社参拝を最大限利用し、世界各地で反日プロパガンダを繰り広げた。参拝以降の1か月余りのうちに、73の国・地域・国際機関の中国大使らが、現地メディアに寄稿したり、インタビューに応じたりして、執拗《しつよう》な日本批判を展開した。

これらの中身を子細に分析すると、どれも共通するパターンがある。

第1の特徴は、安倍首相に「軍国主義者」のレッテルを貼《は》り、日本を危険視する風評を拡散する狙いが顕著なことだ。

「安倍氏の行動は、日本で再び軍国主義の亡霊が復活していることを示した。国際社会は厳戒態勢を取るべきだ」とした劉暁明・駐英大使の英紙デイリー・テレグラフへの寄稿がいい例だ。

この主張には、日本が第2次世界大戦の敗戦国であり、中国が国際社会とともに戦勝国であるという構図が現在にも通じているように印象づけ、日本と国際社会の離間を図ろうとする狙いもうかがえる。

崔天凱《ツイティエンカイ》・駐米大使はワシントン・ポストへの寄稿で、「靖国神社には、東条英機《ひでき》元首相を含む14人のA級戦犯がまつられている。靖国参拝は中国だけでなく、世界への挑戦だ」などと批判したうえで、靖国神社に併設されている戦史展示施設「遊就館」に触れ、「第2次世界大戦で米国によって犯された犯罪を詳述している」と言及した。

第2の特徴は、第2次世界大戦で同じ敗戦国だったドイツのナチスと日本を同列に並べる手法だ。多くの場合は、「ドイツは、ナチス・ドイツが600万人のユダヤ人を虐殺《ぎゃくさつ》した歴史に正面から向き合い、ユダヤ人とイスラエルに真摯《しんし》に謝罪した。他方、日本の首相は、『アジアのヒトラー』である東条英機元首相らA級戦犯をまつった靖国神社を参拝した」（高燕平・駐イスラエル大使）、「ヒトラーの墓に花を供えるところを想像してみてほしい」（翟雋・駐仏大使）といったように、ドイツがナチス時代を深く反省しているのに対し、日本はいまだに当時を礼賛し、戦後秩序に挑戦している——という主張が続く。

「中国の勝利」 捏造《ねつぞう》報道

中国の反日プロパガンダでは、中国メディアも大きな役割を果たしている。中国の報道機関は政府当局の統制を受けており、政府の思惑に沿ったニュースが作られるケースがほとんどだ。

「勝利の中国に拍手『日本は落胆して退場』」

中国系香港《ホンコン》紙・文匯報は、2014年1月15日にドイツ・ミュンヘンで行われた中国の史明徳・駐独大使による講演の記事にこんな見出しをつけ、「史大使がドイツ人出席者の満場の拍手を浴びる中、水谷章《あきら》・駐ミュンヘン日本総領事は突然立ち上がり、退場した」などと報じた。

中国国営放送中央テレビ（CCTV）もこの講演を映像付きで報じた。それによると、史氏の講演後の質疑で、「水谷氏が最初に発言を要求し、『安倍首相の靖国神社参拝は平和のためだ』とこじつけの弁解をした」と紹介。これに対し、史氏が「靖国神社は、日本軍国主義が発動した侵略戦争と植民地統治の精神的道具、象徴だ。安倍首相の参拝は完全な挑発だ。日本はドイツを学び、歴史を深く反省しなければならない」と述べて論破した――と主張した。

そのうえでキャスターが、「史明徳の反撃は出席者の同意を得た。会はまだ終わっていないのに日本総領事は先に退席した」と語り、史氏が発言している場面と、会場から拍手がわき起こる場面に続いて、水谷氏が首をかしげながら出口に向かって歩く映像を流した。

しかし、日本政府筋は、この中国の報道は、事実を改竄《かいざん》した「意図的な反日プロパガンダ」だと強調する。

世耕弘成《せこうひろしげ》官房副長官は1月28日の記者会見で、「中国メディアで報じられている内容は、事実とはまったく異なる。中国が独自の見方を宣伝する意図を持ったものだ」

と真っ向から否定した。

日本側の説明はこうだ。水谷総領事は、史氏が講演の中で安倍首相の靖国参拝について「戦前の日本の行為に対する礼賛だ」などと誤った認識に基づく批判を行ったため、質疑応答の際、参拝の意図や戦後の日本が歩んできた平和への取り組みを説明した。加えて、史氏に対し、中国の軍事費増強の狙いについて質問した。

史氏は質問には答えず、一方的な靖国参拝批判を繰り返したが、質疑応答での発言は「1人1問まで」というルールがあったことから、水谷氏には再反論の機会は与えられなかった。続く質疑でも、別の質問者から南シナ海の状況を尋ねられた史氏が無関係の尖閣諸島に関する日本批判を行ったため、水谷氏は、不満の意を示すためにあえて途中退席した。質疑応答が終われば儀礼的に会場から拍手が起こることが想定され、そうした場に居合わせることは不適切だという点も考慮したという。

中国メディアは、水谷総領事の質問に対する史氏の反論に会場から「満場の拍手」がわき起こり、水谷氏がすごすごと退席したように描いているが、世耕氏は「中国大使は質問に正面からまったく答えることなく、聴衆の多くは失笑していた」と反論している。

確かに、CCTVのニュース映像を見ると、会場中央の通路を通って出口に向かう水谷氏の後方では史氏が演壇で話を続けており、「史大使がドイツ人出席者の満場の拍手を浴びる中、水谷氏は突然立ち上がり、退場した」という香港紙の記事は事実とは異なる。

「前後の出来事を編集したものは、報道とは言わない。日本のメディアが同じことをやれば、捏造と指弾されるのは確実だ」

外務省幹部は、こう指摘する。

日本も反論「世界は中国を懸念《けねん》」

このような第2次世界大戦の歴史を絡めた反日プロパガンダは、中国の常套《じょうとう》手段である。

戦後60周年の2005年にも、国連安全保障理事会の常任理事国入りを目指した小泉純一郎首相が靖国神社を参拝すると、中国外務省は声明を出し、「世界反ファシズム戦争に勝利した60周年に、日本の極右勢力は時代の潮流に逆行し、侵略の歴史を歪《わい》曲《きょく》、否定している」などと批判した。

けれども、9年前の戦後60周年と今回は、日本側の対応に大きな違いがある。

9年前、日本政府は「問題解決に役立たない」などという理由で積極的な対外広報を行わなかった。これに対し今回は、中国側の主張が掲載されているのを見つけ次第、逐一反論している。

これは安倍官邸の強い意向を反映したものだ。安倍首相は2014年2月28日の衆院予算委員会で、「日本をおとしめようとするキャンペーンが海外で展開されているのは事実だ。現実の日本とは全く違う姿をまるで現実のようにプロパガンダしている」と中国の対応を批判したうえで、「しっかりとした広報を戦略的に考えていきたい」と強調した。菅義偉《すがよしひで》官房長官も、「過去には『穏便に』という姿勢でしっかり反論してこなかったが、言うべき事はしっかり言っていく必要がある」と周囲に話した。

首相官邸の意向を踏まえ、外務省も在外公館に対し、中国の大使らによる寄稿やインタビューすべてに反論するよう指示した。中国側の見解表明は73の国・地域・国際機関にのぼったが、日本外務省は日本大使の反論の掲載などでほぼすべてに対応した。

日本側は反論の中で、首相の靖国参拝が「二度と戦争を起こしてはならないとの誓いを新たにする」（林景一・駐英大使）目的で行われたことを説明するだけでなく、①日本が戦後一貫して平和国家として歩んできた②中国は軍事費を増大させ、東シナ海、南シナ海で周辺国に脅威を与えている――などと反撃しているのも、これまでなかった姿勢だ。

よく表れているものとして、佐々江賢一郎・駐米大使がワシントン・ポスト2014年1月17日付に寄稿した、中国の崔天凱駐米大使の寄稿への反論文を少し長くなるが引用する。

「崔大使の寄稿は誤りだ。アジアや国際社会が懸念しているのは日本ではなく、中国の方だ。安倍首相の靖国神社参拝は、過去への痛切な反省に立ち、恒久平和への誓いを行うためで、A級戦犯に敬意を表するためでも、中国や韓国の人々の気持ちを傷つけるためでもない。地域の平和と安全に対する深刻な懸念になっているのは、中国の他に例を見ない軍備増強であり、周辺国に対する軍事的、経済的威圧の実施だ。中国は公船を尖閣諸島の日本領海やフィリピン、ベトナムなどが主張する海域に侵入させている。日本の平和国家としての歩みは今後も変わらない。中国が教条的な反日プロパガンダをやめ、未来志向の関係を構築するために共に努力することを強く期待している」

対中にらみ「地球儀俯瞰《ふかん》外交」

安倍首相が積極的に取り組んできたトップ外交も、日本側の主張に説得力を持たせているようだ。

安倍政権は日米関係を基盤としつつ、対中関係をにらんで日本が主体的に幅広い国々と関係強化を図っていく「地球儀俯瞰外交」を展開し、第2次内閣発足以来の約1年2か月間に31か国を訪問した。東南アジア諸国連合（ＡＳＥＡＮ）の全10か国、中東・アフリカの11か国など、中国が影響力を増している国々が中心だった。

中国と国境を接するロシアのウラジミール・プーチン大統領とは、5回も首脳会談を行い、初の外務・防衛閣僚協議（２プラス２）を開いた。ロシアとの関係強化を巡っては、米政府内に疑問視する見方もあるというが、米専門家から「中国をにらんだ日本独自の戦略的な外交だ」と高く評価する声も日本政府に伝えられていた。

政府は地球儀俯瞰外交を通じ、自由、民主主義、人権、法の支配といった基本的な価値を広め、尖閣諸島への中国の威圧的行動を念頭に「力による現状変更を試みる中国に、国際社会を通じて圧力をかけていく」（外務省幹部）考えだ。

英誌エコノミストは２０１４年1月25日号で、次のように指摘した。

「就任1年目にＡＳＥＡＮ10か国を訪問した安倍氏の熱心な働きかけは、靖国神社を巡る怒りによって打ち消されそうにはなく、中国はＡＳＥＡＮ地域での支持を失いつつある」

丁寧に事実を積み重ねて反論し、日々の態度で戦前の日本とはまったく異なることを示す。これが、中国との国際世論戦に打ち勝つ決め手かもしれない。

反日宣伝　米首都を侵食

ただ、中国による反日プロパガンダは、より組織的、複合的で、日本の対策は大きく遅れていると言わざるを得ない。特に、中国がターゲットにしているのは米国の首都ワシントンだ。西太平洋地域での覇権の確立に立ちはだかる日米同盟にくさびを打ち込む狙いがある。

２０１４年2月12日、ワシントン市内のホテルで、米国のシンクタンク（調査研究機関）のマンスフィールド財団が主催した「東アジア海域における海洋と領土に関する紛争」と題したシンポジウム。約50人の参加者が米国、中国、日本からのパネリストの議論に耳を傾けていたが、質疑の時間に移ると、在米中国大使館員が発言を求め、こうわめき散らした。

「中国はいつも受け身だ。（尖閣諸島では日本による）正当な理由のない侵略に反応しているだけだ」「中国は外交的で平和的な問題解決を望んでいる」

この大使館員は、昼食を挟んだ会議でも同様の持論を展開し、米国人の司会者に発言を制止された。

こうした単純なプロパガンダは一見、効果は薄いようにも見えるが、米の外交政策に影響力があるシンクタンクの会合で日々繰り返されると、「1人におかしなことを言われても信じないが、10人に言われれば信じる人も出てきかねない」(在米日本大使館幹部)のが現実だ。

侮れないのは、中国のプロパガンダがより巧妙になっていることだ。

2014年2月上旬、日中戦争で中国を支援した米国人の義勇軍「フライング・タイガース」の退役軍人が、前年末の安倍首相の靖国参拝に抗議し、「第2次世界大戦の傷を開く」などと批判する書簡を中国の崔駐米大使に送った。中国系英字メディアが大々的に取り上げ、インターネット上で拡散された。米国人に中国の主張を代弁させることで、宣伝の効果を上げようと中国側が画策したとみられる。

中国が他国に比べ、特に力を入れているのが議会への浸透だ。ワシントン・ポスト紙は2013年2月18日(電子版)、「議員補佐官、外国政府持ちで頻繁に旅行」との見出しで、中国が米議会の議員補佐官を接待漬けにしている実態を詳報した。無料招待旅行を禁止する倫理規則の例外となる「文化交流」の名目で、万里の長城や紫禁城、上海《シャンハイ》の視察や豪華な食事、高級ホテルでの宿泊などを「米中政策基金」など中国と関係の深い組織が丸抱えしていたのだ。

議員補佐官は、議員に代わって、法案や決議案の内容を決める場合も少なくないとされ、議会活動に大きな影響力を持つ。２００６年から２０１１年末までの６年間で、議員補佐官らの外国への招待旅行は計約８００件あったが、行き先は、中国の２１９件がダントツで、日本は13件だけだった。

中国は一方で、米国の報道機関や研究者に対し、威圧的な手法で不都合な言論を封じることもしている。

北京《ペキン》駐在の米ニューヨーク・タイムズ紙の記者が２０１４年１月末、国外退去を余儀なくされた。中国当局がビザ更新を認めなかったためだ。同紙による温家宝《ウェンジアバオ》前首相とその家族による不正蓄財疑惑報道を中国政府が問題視したためだとみられ、中国に駐在する外国人記者で作る「駐華外国記者協会」は「中国当局による制裁だと結論づけざるを得ない」とする抗議声明を出した。

シンクタンクの専門家でも、中国を批判する発表をすると、ビザ発給を拒否される〝脅し〟に直面するという。

人権活動家への接触や中国当局批判などで１９９６年に入国を拒否された経験を持つカリフォルニア大リバーサイド校のペリー・リンク教授は、「研究者のほとんどが自己規制し、中国政府のやり方を批判しようとしない」と現状を嘆く。

国営メディアで拡散

中国は、中国側の主張を世界各地に拡散するため、新華社通信や中央テレビ（CCTV）といった国営メディアを世界各国で浸透させることにも力を入れている。

外務省によると、新華社通信は、アフリカや中南米などの途上国のメディアに格安でニュースを配信している。東南アジアのある国では、著名な欧米の通信社は月の配信料が500ドル～1000ドルするが、新華社は年間100ドルで配信していると いう。このため、欧米メディアが遠ざけられ、新華社のニュースが氾濫《はんらん》する結果となっているというのだ。

外務省幹部は、「中国独自の主張を発信できる手段を確保する中国の戦略だ。中国政府の資金が入っているからできるのだろう」と分析する。新華社の配信は、英語、フランス語、スペイン語、アラビア語など計8言語に拡大している。

同様に海外展開を活発化させているCCTVは、英BBCなどから引き抜いた欧米人キャスターを起用し、中国色を隠す手法で浸透を図っているという。

CCTVによると、米国ロサンゼルスではCNN、FOXに次ぐ3位のシェア（占有率）があるといい、日本の外務省幹部は、「CNN風を演出しているが、報道内容に『反日』を潜ませている」と懸念している。

日本にもＮＨＫ国際放送があるが、「特に中国の海外放送や通信社と比較すると、質的、量的にかなり劣っている」（自民党・領土に関する特命委員会）のが現状だ。政府は２０１４年に入り、中国メディアの動きについて実態把握に乗り出すとともに、日本発の英語によるニュース発信を強化する取り組みを始めた。

靖国に原因すり替え

２０１３年末の安倍首相の靖国神社参拝をきっかけに世界各地で一斉に始まった中国の反日プロパガンダには、どれも共通するトリックがある。たとえば、崔天凱・駐米大使の米紙ワシントン・ポスト（２０１４年1月10日付）への寄稿の場合は、次の一節だ。

「安倍首相は第1次内閣の時には、靖国神社への参拝を控え、歴史的な緊張を抱える近隣諸国との関係を向上させるためのドアを開けた。しかし、首相の最近の行動は、対話へのドアを閉ざした」

首相の靖国参拝が「対話へのドアを閉ざした」という理屈である。そうだっただろうか。前年の1年間、中国の要人がどう言っていたか思い起こしてみよう。

「日本が盗んだ中国の領土（筆者注＝沖縄県・尖閣諸島）は返還されねばならない」（李克強《リークォーチャン》首相＝2013年5月26日、ドイツ・ポツダムで）
「日本は尖閣問題で争いは存在しない（と言う）。争いが存在しなければ話し合うことはできない。皆さんもなぜ現在話し合いができないかわかったでしょう」（王毅外相＝2013年9月20日、ワシントンのブルッキングス研究所で）

このように中国側が問題にしていたのは尖閣諸島の問題であり、日本側が「日中間に領土問題がある」と認めれば首脳会談に応じる、という姿勢だったのだ。

実際、日中両首脳の交流は、安倍首相が2013年9月のロシア・サンクトペテルブルクの主要20か国・地域首脳会議（G20サミット）で習近平国家主席に歩み寄って接触したことはあったが、会談と呼べるものは2012年9月9日のロシア・ウラジオストクでのアジア太平洋経済協力会議（APEC）で野田佳彦《よしひこ》首相と胡錦濤《フージンタオ》国家主席（いずれも当時）が立ち話をしたのが最後である。

胡氏はこの時、野田氏に尖閣諸島を国有化しないよう迫った。しかし、その年の春に石原慎太郎・東京都知事（当時）が尖閣諸島の購入構想を打ち上げて以来、中国に厳しい姿勢の石原氏のもとで「都有地」になることを懸念していた野田氏は、胡氏との立ち話から2日後の9月11日、予定通り国有化に踏み切った。中国は以後、激しく尖閣諸島に公船を送り込むようになった。12月13日には、中国国家海洋局の航空機1機が尖閣諸島の魚釣島近くの日本領空を侵犯した。

中国の威圧的な振る舞いに国際世論は厳しい目を向けた。特に、米国は、翌２０１３年1月、ワシントンで行われた日米外相会談の席で、ヒラリー・クリントン国務長官（当時）が、「日本の施政権を損なおうとするいかなる一方的な行為、行動にも反対する」と明言した。

中国が同年11月、尖閣諸島を含む東シナ海上空に防空識別圏（ＡＤＩＺ＝Air Defense Identification Zone）を設定すると、アジア各国や欧米諸国からの批判の声はさらに強まった。

チャック・ヘーゲル米国防長官は中国の表明から間を置かずに出した声明で、「（米国の対日防衛義務を定めた）日米安全保障条約第５条が尖閣諸島に適用されるという米国の長年の政策を再確認する」と明言した。日米関係筋によると、国防長官名で公表した文書に尖閣諸島への「５条」適用を明記したのはおそらく初めてだった。

ただ、安倍首相が同年12月26日に靖国神社に参拝すると、日中問題を巡る米国などの視線は一変した。

米政府は安倍首相の靖国神社参拝を受け、「日本の指導者が近隣諸国との緊張を悪化させるような行動を取ったことに、米国政府は失望している（disappointed）」とする異例の声明を即座に出した。ブッシュ政権時代、小泉首相が靖国神社を参拝した際に内政問題だとして公《おおやけ》には批判しなかったのと比べると、きわめて厳しい対応だった。声明は在京米大使館から出されたが、ホワイトハウスの意向を踏まえたものだった。米政府筋によると、東京、ワシントン間で電話やメールを通じた数時間のやり取りの末、最終的にホワイトハウスのベン・ローズ大統領副補佐官（戦略広報担当）が手を入れ、「失望」という踏み込んだ表現になったという。

欧米のメディアも、安倍首相の行動に厳しい評価を下した。ワシントン・ポスト紙（電子版）は「安倍首相は、戦時中の日本は不当に批判されていると信じる保守層の考えに沿って行動するようになるだろう」と分析。英紙ガーディアン（電子版）は、「26日の参拝は中国や韓国の激憤を買った。参拝は、日本と近隣国との関係をさらに悪化させるだろう」と予想した。

「尖閣」で激しく攻勢をかけていた中国が一転して「靖国」ばかり口にするようになったのは、「国際世論上の劣勢を挽回《ばんかい》するため、靖国参拝を最大限利用して話題をすり替えようとした」（外務省幹部）ものであることは間違いなかった。安倍首相の靖国参拝とそれに続く米国の対応は、中国に反転の機会を与えた。

日本国内の一部メディアも、中国と同様の見方に基づく記事を掲載している。

一例を挙げれば、２０１４年1月28日付の朝日新聞朝刊に掲載された「『あす靖国参拝』切れた日韓の糸」という見出しの記事。首相の靖国参拝によって韓国や中国との関係改善の動きが頓挫《とんざ》したという趣旨だが、記事に付随する年表を含め、そもそも日中首脳会談がストップするきっかけとなった尖閣諸島の国有化問題のことは一言も触れていない。

見出しの「日韓」にしても、「対話のドアは常にオープン」と呼びかける安倍首相に対し、韓国側がいわゆる従軍慰安婦問題で様々な条件をつけていたのが実態だ。「関係改善の動きが実際にあったとすれば、慰安婦問題で韓国側の対応に変化がなければおかしい」（首相周辺）にもかかわらず、記事には該当の記述はなかった。

いずれにしても、安倍首相の靖国参拝が「対話へのドアを閉ざした」きっかけでないことは確かである。

とは言え、首相の靖国参拝は、尖閣諸島を巡る問題で日米が緊密に連携する必要がある時に、日本外交に自ら不安定要因を増やし、中国に付け入る隙《すき》を与えたことは否定できない。読売新聞は参拝翌日の社説で、「一国の首相が戦没者をどう追悼するかについて、本来他国からとやかく言われる筋合いはない」としながらも、「なぜ、今なのか。どんな覚悟と準備をして参拝に踏み切ったのか。多くの疑問がぬぐえない」と批判した。そのうえで、極東国際軍事裁判（東京裁判）で処刑された東条英機元首相ら、いわゆる「A級戦犯」が合祀《ごうし》されている点について、「今の靖国神社には、天皇陛下も外国の要人も参拝しづらい。無宗教の国立追悼施設の建立案《こんりゅうあん》を軸に誰もがわだかまりなく参拝できる方策を検討すべきである」と指摘した。

中国防空圏　日本を威圧

ここまで、安倍首相の靖国神社参拝を契機とした中国の反日プロパガンダを概観してきたが、ここからは、尖閣諸島に対する中国の威圧的な行動の背景を掘り下げてみたい。

中国のＡＤＩＺ設定は突然だった。

２０１３年11月23日、北京の日本大使館防衛駐在官に中国国防省から、東シナ海にＡＤＩＺを設定すると連絡があったのは、公表のわずか30分前だった。ＡＤＩＺには国際法上の根拠となる条約などはないが、影響を受ける可能性がある周辺国などと事前に協議をするのが通例だ。

中国国防省の公告は、中国ＡＤＩＺを飛行する航空機は、「ＡＤＩＺを管理する機関またはそれにより権限を与えられた組織の指示に従うこと。（中略）指示に従わない航空機に対して、中国は武力で防御的な緊急措置を取る」と表明している。ちなみに、ＡＤＩＺを管理する機関は国防省である。

特に中国のＡＤＩＺが問題視されたのは、①領土から遠く離れ、日本の施政下にある尖閣諸島を含めている②領空侵犯の恐れとは無関係に、ＡＤＩＺ内で指示に従わない航空機に強制的な措置を取ることを宣言している——という点だ。

各国が自国の「領空」よりも外側にＡＤＩＺを設けているのは、航空機は高速のため、外国の爆撃機などが「領土」および海岸線から約22キロ・メートルまでの「領海」上空の領空に侵犯してから対応を始めたのでは、領土まで数分以内に侵入されてしまい、手遅れになる可能性が高いためだ。各国がそれぞれの法令や規則に基づき、事前通報のない他国の航空機などを識別し、領空侵犯の危険がある場合は、軍用機が緊急発進（スクランブル）して警告を行っている。

日本のＡＤＩＺは終戦後、防空や航空管制を行っていた米軍が設定し、１９６９年に日本の防衛庁（当時）が訓令でこれを踏襲して定めた。北海道、本州、四国、九州、沖ノ鳥島、尖閣諸島や与那国《よなぐに》島をぐるりと取り囲むように設けられている。ただ、北方領土、小笠原諸島、竹島は含まれていない。

ＡＤＩＺは、排他的な主権が及ぶ領空とは異なり、自国の規制を他国に強いることはできないとされている。日本の国土交通省が定めたＡＤＩＺの運用に関する規則では、「飛行計画と照合できない航空機については、要撃機（迎撃機）による目視確認を行う」としているだけだ。国防省の指示に従わない場合には「防御的な緊急措置をとる」とした中国のＡＤＩＺは、場合によっては撃墜を含む軍事的措置を取る可能性があることを示唆《しさ》しており、日本など他国のＡＤＩＺとは質的に異なる。

中国ＡＤＩＺについて、永岩俊道《としみち》・元航空自衛隊西部航空方面隊司令官は、「一般のＡＤＩＺの概念とは異なって管轄権《かんかつけん》を主張するものとなっている。尖閣獲得をもくろむ『日本狙い撃ちの威圧』だ」と分析する。

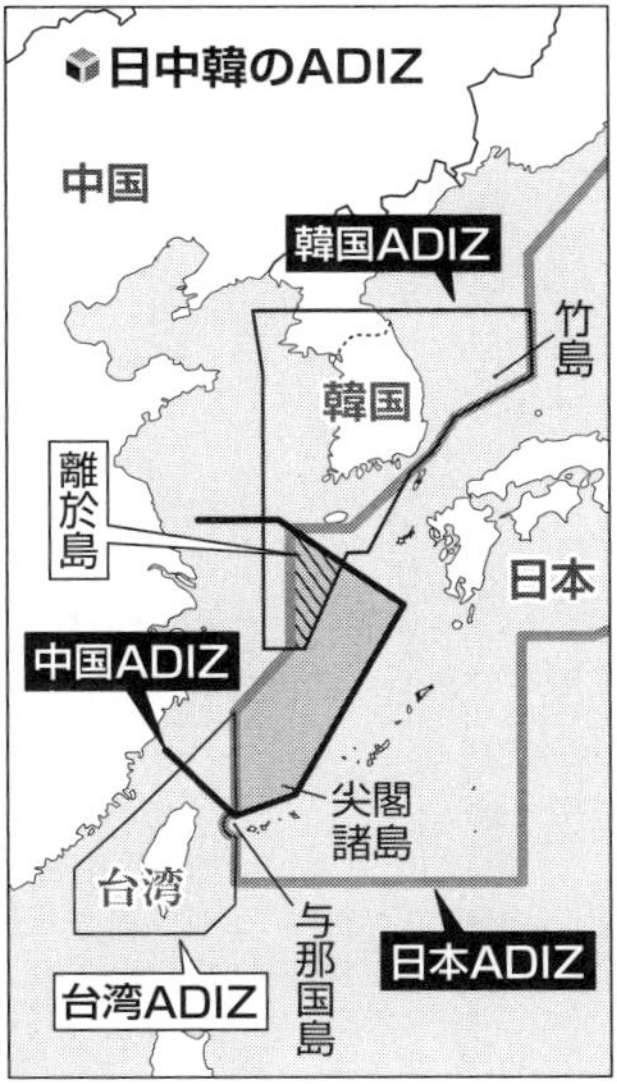

Ｆ15パイロットだった永岩氏は退官後、自衛隊ＯＢでつくる「中国政経懇談会」の理事長を務め、毎年訪中して中国人民解

放軍幹部との意見交換を重ねている。2013年1月に香港で開かれた日米中3か国の安全保障対話の際には、中国側専門家が「日本のADIZは、日中の中間線をはるかに超えて中国寄りに設定してあり、中国の主権を侵害している」と主張し、ADIZを主権と関連する概念として捉《とら》えていたことに驚かされたという。

ADIZ設定は尖閣諸島を奪おうとする中国の威圧だという日本側の受け止めについて、ダニエル・ラッセル米国務次官補は2014年2月5日の米下院外交委員会アジア太平洋小委員会の公聴会で、「尖閣諸島は日本の施政権下にあり、現状を変更しようとする一方的な試みによって（中国の）領有権の主張が強化されることは一切ない」と語り、日本に足並みをそろえた。

中国がADIZを設定した3日後の2013年11月26日には、米軍は核攻撃もできるB52戦略爆撃機2機を中国への事前通報なしにADIZ内を飛行させ、中国のADIZを認めず、従いもしない姿勢を意図的に表に出した。

飛行計画　日米に綻《ほころ》び

だが、初動段階では〝綻び〟もみられた。

中国のADIZ設定を受け、各国の民間航空会社は、中国当局への飛行計画の提出などの対応を取り始めた。日本でも、日本航空と全日空など国内航空各社が、「飛行中に『提出していないから通過させない』と言われても困る」（日航）、「運航の安全を確保するには出さざるを得ない」（全日空）などとして、飛行計画の提出に応じた。両社の対応が明らかになると、日本政府は11月26日、飛行計画の提出に応じないよう各航空会社に文書で行政指導を行った。

菅義偉官房長官は同日の記者会見で、「中国側の措置は我が国に対して、何らかの効力を有するものではない。中国側が設定をした空域を飛行する航空機に不当な義務を課すような今回の措置は受け入れられない。我が国としては当該空域を飛行する航空機について、これまで通りの運用を行っていくとの政府方針を中国側に通告している。そして、官民一致して対応すべく、改めて国土交通省からそれぞれの航空会社に対して、飛行計画を中国当局に提出しないよう、協力を要請した」と述べた。

政府はこの前日の25日、外務省の斎木《さいき》昭隆《あきたか》次官が中国の程永華・駐日大使を外務省に呼び出した際に、程氏から「今回の措置は民間航空機を含む飛行の自由を妨げるものではない」との言質を得て、「安全を保証できる」と民間航空会社を説得した。

日本政府は、行政指導に乗り出した26日の時点で、日本以外に中国ＡＤＩＺを飛行する路線を持つ民間航空会社33社のうち、28社は飛行計画を提出していないことを確認していた。提出に応じていたのは5社だけで、台湾4社、カタール1社という内訳だった。また、米国防総省との非公式のやり取りで、同省が「米民間会社も飛行計画提出に応じるべきではないと考えている」という手応《てごた》えも得ていた。

ところが、日本政府の行政指導から3日後の29日、米国務省は、「国際線を運航する米国の航空会社は（航行先の）各国当局の航空情報に従って運航するものだ」とする報道官の談話を発表し、中国の求める飛行計画提出などに従うことは妨げない考えを示し、日米の足並みは乱れた。

米民間航空会社からの強い要請を受けたもので、日米の官と民の関係の違いが背景にあるが、外務省幹部は「尖閣諸島については、米側は本音ベースでは『岩しかない無人島』と思っているので、日本とはどうしても意識の差がある。そういうポイントを突いて、日米の不協和音を目立たせようとする中国の術中にはまった格好だ」と悔やむ。

この反省に立って、日本の外務、防衛当局者は一様に「日米両政府の十分な調整が重要だ」と説く。

中国機が緊急発進する日

中国政府はＡＤＩＺ発表後、「スホイ30」「Ｊ（殲）11」などの主力戦闘機が緊急発進して外国航空機を追跡したり、「音声による警告」を行ったりしたと発表した。しかし、日米両政府は、「ＡＤＩＺ設定後も、特別な変化はみられない」（サミュエル・ロックリア米太平洋軍司令官）として、中国戦闘機による日米の航空機に対するスクランブルなどの異常な動きはないと否定している。実際、日本の航空自衛隊は中国機にスクランブルをかけた際には写真を撮影し、証拠として公表することもあるが、中国側は写真を公表しないどころか、対象機の国籍すら明らかにしていない。

自衛隊幹部は「中国軍戦闘機は、ＡＤＩＺ設定後も中国に近い空域しか飛んでいない。現段階では、日本に近い空域で中国軍戦闘機がスクランブルを実施する能力はない」と分析する。

地球は丸みを帯びているため、地上のレーダーサイトは、一定以上距離が離れた空域を監視することができない。中国ＡＤＩＺの多くは、中国本土のレーダーの〝死角〟に含まれている。このため、ＡＤＩＺ全域を監視するためには、空中から監視能力を持つ早期警戒機の運用が不可欠だ。中国は早期警戒機として「ＫＪ（空警）２０００」を持っているが、常時スクランブルを実施できる態勢にはなっていない、というのが日米防衛当局の一致した見方だ。

ただ、尖閣諸島を守る海上保安庁は連日、巡視船に搭載したヘリコプターで尖閣周辺空域を監視しており、パイロットたちには「中国戦闘機が飛んでくるかもしれない」という心理的なプレッシャーがかかるようになったという。

中国は1992年に尖閣諸島を一方的に領土とする領海法を制定した後、公船の大型化など能力を構築したうえで、2008年以降に尖閣諸島への領海侵入を繰り返すようになった。

「将来は中国が自衛隊機にスクランブルを仕掛けてくる日がきっと来る」

防衛省幹部はこう気を引き締める。

米空母を近づけるな

中国が東シナ海にADIZを設定する約1か月前の2013年10月、中国海軍は、沖縄本島から南方に約700キロ・メートル離れた西太平洋公海上で、「機動5号」という大規模な軍事演習を実施した。

中国海軍が保有する北海艦隊（司令部・山東省青島）、東海艦隊（司令部・浙江省寧波）、南海艦隊（司令部・広東省湛江）の3大艦隊すべてが参加し、中国が太平洋で行った過去最大規模の訓練だった。中国海軍は「我々の国家主権と海洋権益への揺るぎない意志と強い決心を明確に示した」（廖世寧・海軍副参謀長）と自賛した。

中国は、中国本土への米軍の接近を阻《はば》む「接近阻止・領域拒否（Ａ２／ＡＤ＝Anti Access /Area Denial）」戦略を重視している。有事の際、①伊豆諸島からグアムまでの「第2列島線」で米軍を食い止める（接近阻止）②九州からフィリピンを結ぶ「第1列島線」と中国本土の間に米軍を侵入させない（領域拒否）――というものだ。

中国がＡ２／ＡＤの実現に力を入れ始めたきっかけは、１９９６年の「台湾海峡危機」での屈辱の経験だった。台湾総統選直前、中国からの「独立派」とみられた李《り》登《とう》輝《き》氏の当選を阻止しようと、中国人民解放軍は台湾近海でミサイル演習を実施し、威《い》嚇《かく》した。これに対して米国が戦闘機や巡航ミサイル「トマホーク」などで武装した空母2隻《せき》を台湾近海に急派すると、中国側がおじけづき、危機は収束に向かったという一件だ。

このため、中国のＡ２／ＡＤ戦略は、米空母などの強力な打撃力を中国本土から遠ざけ、北京への直接攻撃を阻止するためのものと言っても過言ではない。

川中敬一・元防衛大准《じゅん》教授によると、機動5号では、中国側よりも敵部隊の攻撃力が有利に設定される中、中国側は電磁的かく乱や長射程の対艦ミサイルを使用するシナリオが用いられたという。川中氏は、「機動5号演習の究極の目的は、太平洋北西部の制海権を掌握することだ。米軍の巡航ミサイルは最大射程が3000キロ・メートルで、機動5号の演習実施海域は北京に向けた発射地点と想定される海域と合致している」と指摘する。

ミサイルで守られた「中国の海」

中国はA2／AD実現のため、必要な装備の開発・配備を意欲的に進めている。次世代ステルス戦闘機「殲20（J20）」「J31」や無人機の開発も急いでいるが、最も力を入れているのが、中国本土から日本の米軍基地や太平洋上の空母をピンポイントで攻撃可能な弾道ミサイルの開発だ。

米空軍と関係が深い米シンクタンク「ランド研究所」が2011年2月に発表した「驚天動地：21世紀における中国空軍の行動概念」(Shaking the Heavens and Spritting the Earth : Chinese Air Force Employment Concepts in the 21st Century) と題した報告書によると、中国人民解放軍は、高性能な弾道ミサイルで敵基地の滑走路などを先制攻撃する軍事ドクトリン（基本政策）を新たに取り入れたという。

中国語の堪能《たんのう》な米専門家が中国国防大学の教科書や中国軍高官の講演などを読み込み、まとめた報告書では、中国空軍は紛争地域の上空を支配する「制空権」を獲得する手段として、敵の戦闘機が飛び立つ前に滑走路などを破壊する「不意打ちの先制攻撃」を最も重視し、「通常型ミサイルが重要な役割を果たす」と分析している。弾道ミサイルの高性能化で、周辺の住宅や民間施設などにいる民間人を巻き添えにすることなく、空港だけをピンポイントで爆撃するというシナリオが可能になったことが、先制攻撃論が台頭してきた背景にある。

台湾有事の際には、沖縄の米空軍嘉手納《かでな》基地、米海兵隊普天間飛行場、航空自衛隊那覇基地の3か所がこうした先制攻撃の対象になるとも指摘している。

さらに、米中の海軍の戦い方を全面的に書き換える「ゲーム・チェンジャー」になると言われているのが、航行中の空母を攻撃できるという触れ込みの対艦弾道ミサイル（ＡＳＢＭ＝Anti Ship Ballistic Missile）の「東風（ＤＦ）21Ｄ」だ。最大射程約２０００キロ・メートルで、米国防総省によると、初期段階の配備が始まった。

放物線を描いて飛ぶ弾道ミサイルを最終段階でレーダーを使って誘導する構想で、技術的に非常に難しく、本当に空母にあてることができるのかどうか疑問視する声もある。しかし、中国の海洋戦略に詳しいトシ・ヨシハラ米海軍大教授は、ＡＳＢＭの存在が、米政府の戦略担当者が中国と近隣諸国の軍事紛争への介入を決断する際に大きな心理的プレッシャーになるとして、次のように警告している。

「中国のA2／ADは、対艦弾道ミサイルなど艦船向けのミサイルを非常に重視しています。ミサイルの大部分は、中国本土から発射されます。中国軍は本土からのA2／ADの傘の中で、（米軍など）第三国の介入を阻止することができるのです。米ホワイトハウスに、軍事介入には（中国本土も絡《から》んだ紛争に拡大する）リスクとコストがかかると思わせることが狙《ねら》いです」（2014年3月19日付読売新聞朝刊）

こうした陸地からの砲火支援に守られながら有利に戦うことができる艦隊は古くから、「要塞艦隊《ようさいかんたい》」と呼ばれてきた。中国は科学技術の進歩を取り入れ、西太平洋で「要塞艦隊」戦略を推し進め、東シナ海を「中国の海」にしようとしているのである。

太平洋進出のチョークポイント

日本の防衛省は、中国のA2／ADは、すでに運用段階に入っていると見ている。

2013年9月8日には、核ミサイル搭載可能な中国軍の大型爆撃機「H6」が、初めて第1列島線を越えた。2012年に就役した中国初の空母「遼寧」が改良を重ね、太平洋に進出してくるのも時間の問題とみられている。原子力潜水艦が太平洋に自由に出入りできるようになれば、米軍の行動の自由を奪うことに加えて米本土攻撃の選択肢も手に入り、対米交渉上の大きなメリットもある。

太平洋を目指す中国軍の意図については、米太平洋軍のティモシー・キーティング司令官（当時）が2008年に米議会公聴会で興味深い証言をしている。その前年、中国海軍高官と会談した際、「ハワイを境に太平洋を中米で分割管理しよう」と持ちかけられたというのだ。

これを「冗談」と見る向きもある。だが、中国の習近平国家主席も、2013年6月7日の米中首脳会談で、「広大な太平洋には中米両大国を受け入れる十分な空間がある」と述べた。

中国国防大学軍隊建設研究所の欧建平所長はこの年の7月、共産党機関紙・人民日報系列のネット番組で、中国海軍に求められる能力について、「遠くまで行くことだ。第1列島線から、大洋に向かって出て行かなければならない」と説いた。

ただ、中国海軍が西太平洋で自由に活動するためには、克服しなければならない二つの大きなハードルがある。

その一つが、米軍などの戦闘機から中国艦艇が攻撃を受けないようにする「航空優勢」の確立だ。機動5号の期間中、中国の早期警戒機「Y8」と爆撃機「H6」が連日、沖縄本島と宮古島間の公海上を通って演習に参加した。こうした中国軍用機が太平洋に抜ける動きは、2013年夏から目立つようになったものだ。

日本近海に飛来する中国機の数は急増している。防衛省の発表によると、中国機に対するスクランブルの回数は、2008年度は31回、09年度は38回だったが、尖閣諸島沖で中国漁船による日本の海上保安庁巡視船への衝突事件が起きた10年度に96回と増加に転じ、11年度は156回、12年度には306回に倍増した。13年度は415回に上り、過去最高を更新した。

東シナ海へのADIZ設定は、こうした活動と連動した航空優勢確保への第一歩という見方がある。

もう一つのハードルは、尖閣諸島を含む南西諸島の通航の安全を確保することだ。南西諸島は、まさに中国軍が太平洋に抜けるルートに位置する。

香田《こうだ》洋二《ようじ》・元海上自衛隊自衛艦隊司令官は2014年1月16日、米ワシントン郊外で開かれた米海軍関連団体のシンポジウムで講演し、「南西諸島がチョークポイントだ。ここを確実にコントロールすることが、中国のA2／ADに対抗するための日本の役割の一つだ」と強調した。

南西諸島を日本がしっかり守り、自衛隊がいつでも展開できる状態を保てば、中国軍艦艇は容易には太平洋に出て行くことができない。陸上自衛隊は２０１３年11月、南西諸島の宮古島に88式地対艦ミサイルを本土から展開する訓練を行い、太平洋に抜けようとする中国軍艦はいつでも射程に捉える能力があることを示した。

中国が尖閣諸島に対する日本の有効な支配を崩そうと躍起になっている背景には、こうした軍事的な理由がある。

２００８年から始まった尖閣奪取の試み

中国は、絶対に譲ることのできない国益を「核心的利益」と呼び、これに抵触した国には、容赦なく政治・経済的な圧力を加える。２００８年の世界金融危機で米国が国際社会での影響力を低下させていく中、日本の尖閣諸島や南シナ海で、こうした威圧的な手法をはばかることなく取る機会が目に付くようになっている。

米国防総省などで長年にわたり対外戦略を助言しているエドワード・ルトワック戦略国際問題研究所（ＣＳＩＳ）上級アドバイザーは、２００８年の世界金融危機を、「（米国主導の）『ワシントン・コンセンサス』の失墜であると同時に、『北京コンセンサス』の台頭だった」としたうえで、次のように中国の振る舞いの変化を分析している。

「この頃から中国の指導層のエリートたちは大いに自信を持つようになり、２００９年から10年のあたりから中国のとる行動には明確な変化が出てきた。中国の主張の傾向やその内容は突如として変化し、通貨政策から西側の民主制度のあり方のような様々な問題について、彼らは極めて強い主張をするようになったのだ。さらに印象的なのは、それまでほとんど放置されていたインドや日本、フィリピンやベトナムとの領土問題が、ほぼ同時に増幅した形で声高に蒸し返されるようになったことだ」（芙《ふ》蓉《よう》書房出版『自滅する中国』27ページ）

確かに、日本の尖閣諸島を巡っても、２００８年に大きな変化が生じている。中国は１９９２年、領海法を制定して尖閣諸島を自国領と位置づけ、２００６年には東シナ海で「主権維持の巡視航行」を行うと宣言したが、２００８年以前は日本の施政権に挑戦するような威圧的な行動は伴っていなかった。しかし、２００８年12月、中国国家海洋局に設置された海洋権益擁護を任務とする「海監総隊」の船「海監」が初めて、尖閣諸島の日本領海に侵入した。

総隊副隊長は当時、中国紙にこう語っている。

「（尖閣を）我々のものだと主張するだけではだめだ。実効支配しているかどうかを示す必要がある。海監は必ず自分たちの存在を顕示する」

中国は、2010年9月に起きた尖閣諸島沖での中国漁船による海上保安庁巡視船への衝突事件を機に、公船の尖閣諸島周辺でのパトロールを急増させた。海上保安庁巡視船からの警告に対し、「釣魚島（尖閣諸島の中国名）は中国固有の領土である。我々は正当な任務を行っている」などと言いながら示威行動を行うようになった。2012年9月の日本政府による尖閣諸島の国有化後には、公船の派遣を常態化させ、度重なる領海侵入、国家海洋局プロペラ機の領空侵犯（2012年12月）、東シナ海での海軍艦艇による海上自衛隊護衛艦への火器管制レーダー照射（2013年1月）、そして東シナ海へのADIZ設定（同年11月）など、尖閣諸島の奪取に向けた威圧的な行動をエスカレートさせたのだった。

中国は最近、「尖閣国有化により日本が先に現状を変更したことに対応しているだけだ」と主張しているが、日本による尖閣国有化より4年も前の2008年には、中国が力による一方的な現状変更の試みを始めていたというのが事実である。

尖閣も核心的利益

中国は2008年以前には、核心的利益という言葉を、台湾とチベット、ウイグルにほぼ限定して使ってきた。ところが2010年ごろから、核心的利益を尖閣諸島や南シナ海にも拡大するようになった。中国外務省の華春瑩《ファチュンイン》副報道局長は2013年4月、「尖閣は核心的利益だ」と定例記者会見で明言した。さらに、同年8月19日にワシントンで開かれた米中国防相会談後の共同記者会見では、常万全《チャンワンチュエン》国防相が、軍事当局間の信頼関係の重要性を訴えるヘーゲル米国防長官の横で、「中国が核心的利益を手放すと夢想すべきではない。領土、主権、海洋に関する我々の決意を過小評価してはならない」と言い切り、米側の同席者を驚かせた。

2014年に入ると、中国が尖閣諸島を核心的利益と見なしていることを疑う外交関係者はめったにいなくなった。

世界平和研究所の大沢淳主任研究員は、核心的利益の拡大の背景に、「中国の胡錦濤前政権による長期的な外交方針の転換がある」と分析する。

中国のそれまでの外交方針は、〝ツメを研ぎつつ時期を待て〟という意味の「韜光《とうこう》養晦《ようかい》」に集約される。元最高実力者・鄧小平《とうしょうへい》氏の遺訓とされ、経済発展を優先し、外交的には、外国との摩擦を避ける道を取ってきた。しかし、胡錦濤国家主席（当時）が2009年7月、「積極的になすべきことをなす」（積極有所作為）との方針を政府内の外交責任者や外国に駐在している大使を集めた会議で打ち出し、外国との争いを恐れなくなったというのだ。

大沢氏の調査によると、このころから、中国共産党機関紙「人民日報」で「核心的利益」を用いる記事が急増している。2008年までは、核心的利益という言葉は100件以下だったが、2009年に260件に急増、2010年には325件を記録した。2011〜13年も、284件、305件、264件と高い水準が続いた。

同じ調査によると、尖閣諸島の中国名である釣魚島の使用件数は、2006年から2009年まで1けた台だったのが、漁船衝突事故のあった2010年に49件となり、2012年には274件まで激増した。

大沢氏は、「世界金融危機で米国の影響力が落ちる中、中国は、米国も御せると誤った判断をしたと思う。外務省はその後、平和的発展を維持すると主張しているが、人民解放軍はどんどん前に出ようとしている」と語っている。

防衛省防衛研究所の増田雅之《まさゆき》主任研究官は、中国が相手によって、態度を使い分けているとし、次のように指摘する。

「韜光養晦は精神論としては残っている。特に米国が相手の場合はそうだ。ただ、相手が米国といえども、世界金融危機でパワーバランスが変わり始めたという認識を強め、核心的利益を厳しく求めていくというように、外交のやり方を変えようとしている。日本に対しては、もうパワーバランスが覆《くつがえ》った相手だと見ている。パワーバランスが変わったと感じた相手には、一切遠慮をしなくなっている」

「清《しん》王朝」領土復活の夢

２００８年の世界金融危機を契機に始まった中国の傲慢《ごうまん》な対外路線は、習近平政権にも引き継がれている。それどころか、習氏は「中国の夢」を掲げ、領土や海洋権益問題で前政権よりも強硬姿勢を強めているようにも見える。

「中国の夢」とは、習氏が総書記に就任し、新指導部が発足した２０１２年11月、他の共産党政治局常務委員６人とともに国家博物館の常設展「復興の道」を参観した際の重要談話で使われ、それ以降、習政権のスローガンとなった言葉だ。

この談話を伝えた党機関紙・人民日報の記事によると、習氏は「過去を振り返ると、立ち後れれば叩《たた》かれるのであり、発展してこそ自らを強くできるということを全党同志は銘記しなければならない」と述べたうえで、「中国の夢」について次のように語っている。

「誰しも理想や追い求めるもの、そして自らの夢がある。現在みなが中国の夢について語っている。私は中華民族の偉大な復興の実現が、近代以降の中華民族の最も偉大な夢だと思う。この夢には数世代の中国人の宿願が凝集され、中華民族と中国人民全体の利益が具体的に現れており、中華民族1人1人が共通して待ち望んでいる。歴史が伝えているように、各個人の前途命運は国家と民族の前途命運と緊密に相連なっている。国家が良く、民族が良くて初めて、みなが良くなることができる。中華民族の偉大な復興は光栄かつ極めて困難な事業であり、一代、また一代の中国人が共に努力する必要がある」

習氏が視察に訪れていた「復興の道」展は、「1840年のアヘン戦争以来中国人民が屈辱と苦難の中から奮起して抗争し、民族の復興を実現するために行った様々な探求、特に中国共産党が全国各族人民を指導して民族の独立、人民の解放、国家の富強化、人民の幸福を勝ち取った輝かしい歩みを振り返っている」（人民日報）ものだ。

アヘン戦争前の18世紀から19世紀半ばにかけては、影響下に収めた「領土」の面から見て中国の全盛期だったとの見方がある。特に、清朝の乾隆帝《けんりゅう》（在位1735～95年）の時代には、香港、台湾、南シナ海の島嶼《とうしょ》、モンゴルなどを版図に収めていた。

川島真《しん》・東大准教授（アジア政治外交史）は、「中国の夢」について、「中国には、清王朝の時代に『領土』だったものが奪われていったという意識が強くある。奪われていたものを奪い返していく物語の中に、東シナ海も南シナ海も絡んでいる」と解説する。

中国の夢とは、〝清王朝の領土復活の夢〟だというわけだ。

米政府も習政権の領土拡大の野心に警戒感を隠さない。

２０１３年12月、ジョゼフ・バイデン米副大統領と習氏との会談後、同席した米政府高官は、ＡＤＩＺ設定などの中国の強硬姿勢について、「主権と領土を守るための長期的な取り組みの一環だ。そうした核心的利益には、習氏自身の非常に強い思いがある」と記者団に漏らした。

南シナ海　無法な拡張

２０１３年12月5日、南シナ海で米海軍のイージス巡洋艦「カウペンス」が中国海軍の艦船とあわや衝突、という危険な事案が発生した。現場は、すべての国に航行の自由が認められる公海上で、米国防総省によると、中国艦はカウペンスの進路にかぶさるように接近し、カウペンスが無線で「近づき過ぎている」と警告したにもかかわらず、動きを変えなかった。カウペンスが緊急停止して何とか衝突を回避したが、停船時の2隻の距離はわずか１００ヤード（約91メートル）しかなかった。

南シナ海での米国の軍事活動に対する中国の危険な行動は、２００１年4月の米海軍の電子偵察機ＥＰ３と中国軍Ｆ８戦闘機の衝突、２００９年3月の米海軍調査船

「インペッカブル」に対する中国海軍の情報収集艦を含む5隻の艦船による妨害行為に続き3回目だ。

カウペンスは当時、近くの海域で演習をしていた中国の空母「遼寧」の動向を監視していたとされる。中国艦は「ぶつかりそうになったというより、ぶつかろうとして来た」（米政府筋）のが実態で、ヘーゲル国防長官は12月19日の記者会見で、「非常に扇動的だ。不測の事態が起きる引き金や導火線となり得る」と強い懸念《けねん》を示した。

中国の危険な振る舞いは、「いかなる国も、中国の排他的経済水域（EEZ＝Exclusive Economic Zone）で許可なしに軍事行動をとることに反対する」という独自の解釈によって引き起こされている。

EEZは、国連海洋法条約に基づき、自国の海岸線から200カイリ（約370キロ・メートル）の範囲内の天然資源を調査・開発する経済的な主権を主張できる海域だ。同条約は、「沿岸国に妥当な配慮を払う必要がある」との規定を設けているものの、沿岸国の主権が及ぶ領海（12カイリ＝約22キロ・メートル）とは異なり、EEZ内ではいかなる国も航行や上空飛行、海底電線やパイプラインの敷設《ふせつ》の自由が認められている。当然、軍艦による情報収集などの軍事活動も何ら規制されない。

ところが、中国はEEZを「海洋国土」「国家管轄海域」などと呼び、領海とほぼ同一視している。米軍への妨害行為も「わが国のEEZ内での米軍の偵察活動が、中米間の海空域の軍事安全問題の根源だ」との観点から行ったものだ。

「海洋国土」の発想が顕著に表れているのが、南シナ海だ。この海域は、パラセル諸島（西沙《せいさ》諸島）で中国、ベトナム、台湾が、スプラトリー諸島（南沙諸島）で中国、フィリピン、マレーシア、ベトナム、ブルネイ、台湾の6か国・地域が領有権を主張し合っている。

その南シナ海で、中国は北からU字形に突き出すように地図上に9本の線を引いて、その「九段線」の内側の主権を主張しており、近年は「領土」保持のため人民解放軍を積極的に投入するようになった。1992年2月に領海法を制定してパラセル、スプラトリー諸島などを中国の領土と明記したほか、2012年6月には「三沙市」を設置し、両諸島などを同市が管轄すると発表した。2014年1月には、中国海南省政府が、九段線の内側で操業する外国漁船に対して、許可申請を義務づける漁業法規則を施行した。

国際慣習の恣《し》意的解釈という点では、尖閣諸島を含む東シナ海に防空識別圏を突然設定して、すべての航空機に指示に従うよう求めたのも、南シナ海と同一線上の動きと言える。

南シナ海での対中摩擦の激化は、決して他人事《ひとごと》ではない。防衛省防衛研究所は「中国安全保障レポート」でこう警告している。

「中国は、人民解放軍の歴史的使命として領土・領海・領空の安全確保だけでなく、海洋権益を守ることを求めている。海軍と（日本の海上保安庁にあたる）海上法執行機関の連携は、東シナ海でも今後強化される可能性が高い」

米国や日本、ＡＳＥＡＮ諸国は、中国に対して国際法の順守を呼びかけている。しかし、東京外国語大国際関係研究所の渡辺啓貴《わたなべひろたか》所長は「自信過剰の大国を理屈で説得するのは難しい」と指摘する。中国は恣意的とも言える独自の解釈に基づく海への拡大戦略をあきらめそうにはない。

見え始めた「反中同盟」

中国の海洋活動に脅《おびや》かされている国々は、これまでにはなかった形の軍事的な連携や協力を模索し、中国への対抗策を講じ始めた。

ベトナム南部、南シナ海に面するカムラン湾は天然の良港として知られる。湾口は約１キロ・メートルと狭く、波浪の影響を受けにくい。冷戦時代はアジアにおける旧ソ連軍の拠点だった。

現在はベトナム軍が基地を置き、中国と領有権を争っているスプラトリー（南沙）諸島などの警戒にあたっている。

２０１３年9月17日、小野寺五典《いつのり》防衛相がここを訪問し、最新鋭フリゲート艦などを視察した。ベトナム政府の招待によるもので、日本政府関係者の訪問は初めて。共産党政権のベトナムと日本はそれまで、安全保障面での協力関係は薄かったが、ベトナム側に「日本と連携して中国の海洋進出をけん制したい」という思惑があったのは確実だ。

視察後、小野寺氏も両国の連携に意欲を示すコメントを発した。

「ベトナムと日本はそれぞれ東シナ海、南シナ海と海域は違っても同じような環境にある。安全保障面での対応で参考にすべきところはたくさんある」

南シナ海におけるベトナムと中国の対立は、時に武力衝突に発展するほど厳しく、危険だ。パラセル（西沙）諸島近海では２０１３年3月、操業中のベトナム漁船が中国の公船から銃撃される事件が発生した。２０１４年5月にも、同じ海域で両国の船が衝突を繰り返した。１９８８年3月にはスプラトリー諸島のジョンソン南礁《みなみしょう》近海で両国海軍が衝突し、多数の死者も出ている。

２０１４年3月18日、国賓として来日したベトナムのチュオン・タン・サン国家主席（大統領）は、首相官邸で安倍首相と会談し、海洋進出を強めている中国を念頭に、国際法の原則に従った紛争の解決が重要だとする共同声明に署名した。首相は会談で、ベトナム海上警察の海洋監視能力の強化に向けた巡視船の供与を進めるため、近く日本政府の調査団をベトナムに派遣すると伝えた。

ベトナム以外にも、南シナ海で中国の海洋進出に脅威を感じている国は多い。中国は2012年、フィリピンと領有権を争うスカボロー礁の実効支配を確立した。自国漁船を送り込み、その保護を目的に周囲を漁政（漁業監視船）、海監（海洋巡視船）、海軍艦艇で幾重にも囲んだ。

中国国防大の張召忠教授（海軍少将）は2013年5月、北京テレビの番組でこの手法について、「我々は『キャベツ戦略』を行っている。フィリピン（の漁船ら）は島に行きたくても、1枚1枚、海軍、海監、漁政に『入っていいか』と聞かなければならない」と説明した。

既成事実をいくつも積み重ねて、最終的に権益を手に入れようとする中国の手法については、「サラミ戦術」という呼び名もある。薄くスライスしたサラミを少しずつ獲得しながら、周囲が気付いたときにはサラミ1本丸ごとをものにしている、という意味だ。

フィリピンは2013年、スカボロー礁に対する中国の領有権主張は不当だなどとして仲裁裁判所に提訴した。中国はこれに激しく反発し、前代未聞《ぜんだいみもん》の行動に出た。国内で開いた「中国・ASEAN博覧会」(2013年9月3日開催)へのフィリピン大統領の出席を、直前になって拒否したのだ。「訪問はより適切な時期を選んでほしい」。中国はフィリピンにこう伝えたと言われている。

中国とASEAN各国は2002年、南シナ海で争いのある島々に新たな施設を作ることを控えるなどとした「行動宣言」に署名した。しかし、宣言に拘束力はなく、中国はフィリピンの抗議を受け入れていない。2013年9月14日から中国江蘇省で開かれた中国とASEANの高官協議で、ASEAN側は「宣言」より拘束力のある「行動規範」を制定するよう求めたが、中国は突っ込んだ議論には応じなかった。

前出のエドワード・ルトワック氏は2014年3月14日付朝刊の読売新聞のインタビューで、「大国としての中国の振る舞いは、外部から大きな反発を生んでいるが、中国指導部は、内部のプレッシャーに伴う内向き姿勢のため、外からのメッセージを受け止めることができないのだ。その結果、かつては中国に近かったミャンマーは、今や中国と離れた。フィリピンや日本、インドなどで似たような反発が起きている」と分析した。

中国が主張する九段線（■）と主な対立事案

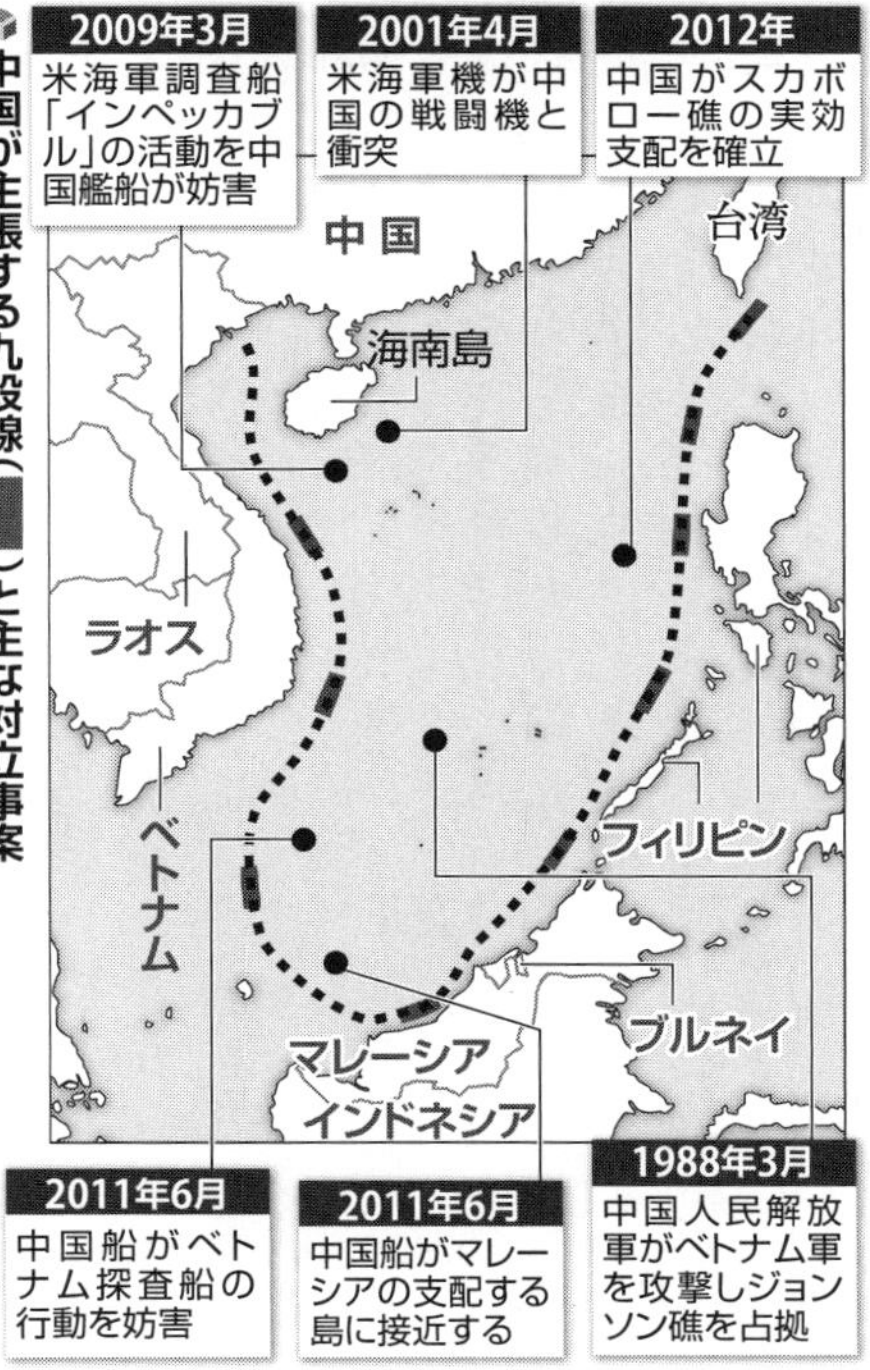
2009年3月
米海軍調査船「インペッカブル」の活動を中国艦船が妨害
2001年4月
米海軍機が中国の戦闘機と衝突
2012年
中国がスカボロー礁の実効支配を確立
中 国
台湾
海南島
ラオス
ベトナム
フィリピン
ブルネイ
マレーシア
インドネシア
2011年6月
中国船がベトナム探査船の行動を妨害
2011年6月
中国船がマレーシアの支配する島に接近する
1988年3月
中国人民解放軍がベトナム軍を攻撃しジョンソン礁を占拠

※米海軍イージス巡洋艦「カウペンス」が中国海軍艦船と衝突しかけた事案は位置情報の公表なし

南シナ海における中国の振る舞いに悩む国々の視線は、尖閣諸島を巡る問題で中国と対立する日本の動向に向けられるようになった。

在日フィリピン大使館のジョセル・イグナシオ公使は、尖閣問題について、「中国は現状を変更しようとしているが、海上保安庁と海上自衛隊が強いので、南シナ海よりも慎重にやっているようだ」と語った。日中が武力ではなく「法」や「正義」で問題を解決できれば、南シナ海の問題を解決する良い先例となる、というのがＡＳＥＡＮ各国の認識だった。

その意味で、２０１０年9月7日、尖閣諸島周辺の日本の領海内で違法操業していた中国漁船が、海上保安庁の巡視船に体当たりして逃走しようとした事件で、当時の菅直人《かんなおと》内閣がとった対応は少なからぬアジアの国々を失望させた。海保は中国人船長を公務執行妨害容疑で逮捕したが、中国政府はこれに反発し、レアアース禁輸など様々な報復措置をとった。仙谷由人《せんごくよしと》官房長官（当時）は法務・検察当局に対し船長を釈放するよう水面下で働きかけ、那覇地検は同月25日、「今後の日中関係を考慮」して処分保留のまま釈放した。こうした経緯が、日本政府は中国の圧力に屈して中国人船長を釈放したと受け取られたのだ。

米ニューヨーク・タイムズ紙は、この一件を、日本の「屈辱的退却」と伝えた。記事では、「2週間前に始まった日本と中国の外交対決は、太平洋の関係を試す試金石での屈辱的退却に見える日本の譲歩で終わった」としたうえで、「この譲歩は、最近のアジアにおける力の均衡の変化を指し示した」と分析した。またウォール・ストリート・ジャーナル紙は、「中国は、船長が起訴もされずに釈放されたことを、外交的勝利と位置づけている」とし、「中国がアジアにおける領土紛争で、大胆さを増す危険を引き起こした」と日本政府の決定による地域への悪影響に懸念を示した。

当時、外務省幹部の前である東南アジアの外交官がこう嘆いたという。

「どうして法治を徹底しなかったのですか」

米リバランス　問われる本気度

南シナ海の島々をめぐる中国と東南アジア諸国との争いは、この地域から米軍が撤退して「力の空白」が生まれたことと密接に関わっている。

ベトナム戦争末期の1973年、パリ和平協定により米軍がベトナムから撤退した。その翌年、中国はパラセル（西沙）諸島に軍事侵攻して当時の南ベトナム軍を駆逐し、全域を支配下に置いた。

また、フィリピンで米軍基地反対運動が高まり、米軍が1992年に同国から撤退すると、中国はその3年後にフィリピンが実効支配していたスプラトリー（南沙）諸島のミスチーフ環礁を占領した。

米軍の撤退によって生じた「力の空白」を埋めるように中国が進出したという認識は、安全保障関係者の間では広く共有されている。

このため、中国の軍備増強を背景にした海洋進出に対し、米国は、米軍戦力の配備をアジア太平洋地域に重点化する「リバランス（再均衡）」政策を表明し、抑止力を高めようとしている。経済的に重要性を増す一方、軍事的な緊張が高まっている同地域への関与を強め、米国自身が安定と繁栄の果実を得ていこうという戦略だ。

米国防総省は2014年3月4日、「4年ごとの国防計画見直し」（QDR）を発表し、中国の海洋進出やA2／AD戦略に対抗するためのリバランスの具体策に言及している。これには、①現在は5割程度とされる米海軍の艦船などの太平洋配備を2020年までに6割に引き上げる②日本での米軍プレゼンスを強化する③最新鋭の沿海域戦闘艦（LCS）や高速輸送船を地域に展開する④グアムへの海空・海兵隊の展開を増やす⑤爆撃機や情報収集・警戒監視・偵察（ISR）の装備を増強する⑥オーストラリア・ダーウィンへ海兵隊を展開する――などが含まれる。

中国などが採用しているA2／ADへの対抗策としては、最新鋭戦闘機F35を含む

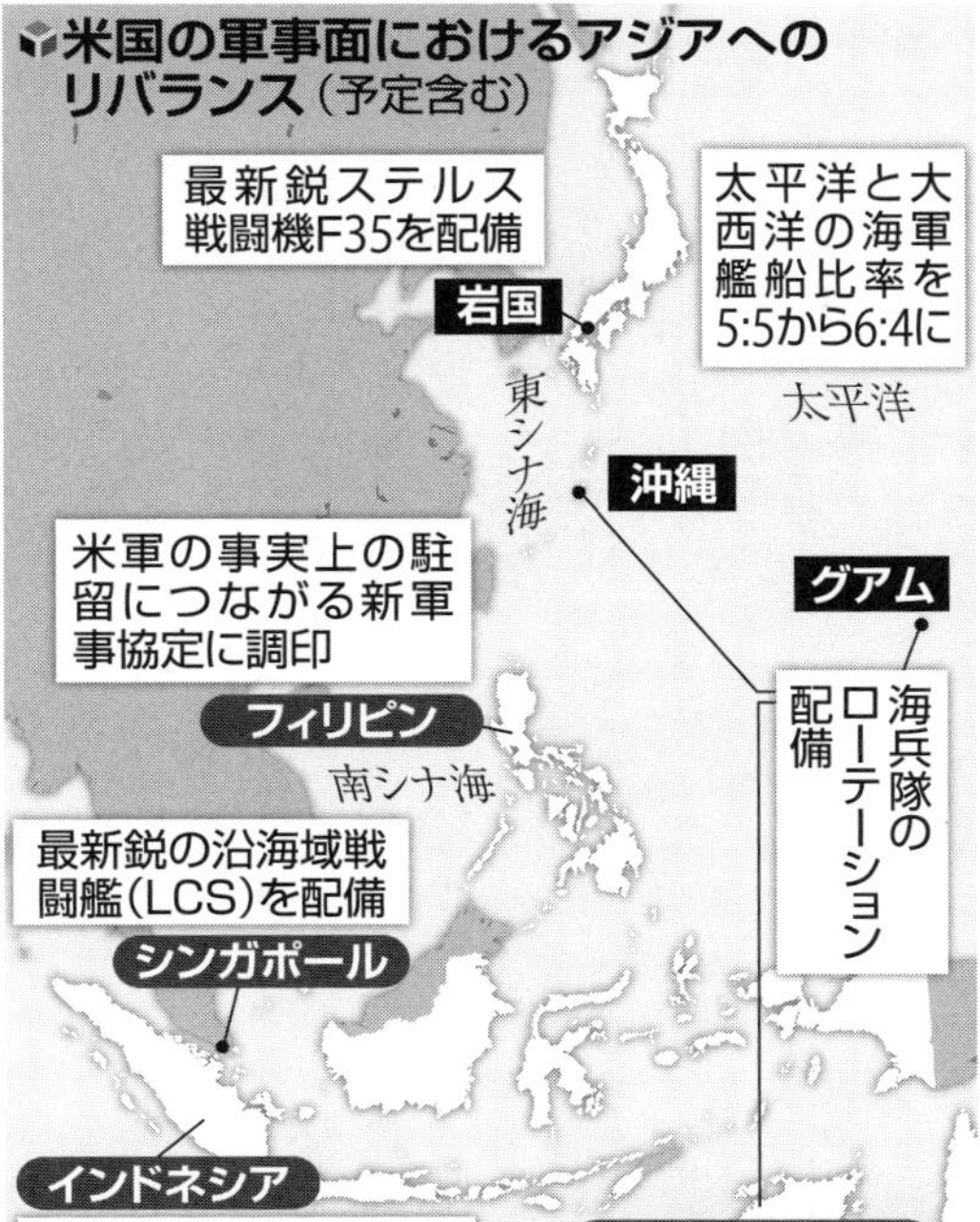
米国の軍事面におけるアジアへのリバランス（予定含む）
最新鋭ステルス戦闘機F35を配備
岩国
太平洋と大西洋の海軍艦船比率を5:5から6:4に
東シナ海
太平洋
沖縄
米軍の事実上の駐留につながる新軍事協定に調印
グアム
フィリピン
南シナ海
海兵隊のローテーション配備
最新鋭の沿海域戦闘艦（LCS）を配備
シンガポール
インドネシア
F16戦闘機の無償供与
オーストラリア

戦闘機や長距離の爆撃、監視、潜水艦、偵察機能などへの投資を続けるとしている。

ただ、米国防総省の取り組みにもかかわらず、米軍のアジア太平洋地域への関与の本気度を疑問視する声が漏れている。なぜか。

「シリアでの選択が世界中に波紋を広げている。私が訪れた国々は『もはや米国を頼りにはしていない』と言っている」

米共和党のジョン・マケイン上院議員は2014年1月24日、スイスで開かれた世界経済フォーラム年次総会（ダボス会議）の「米国パワーの将来」と題したセッションで、米国の威信の低下を認め、シリアを巡るオバマ政権の対応を批判した。

バラク・オバマ大統領は2013年夏、シリアのアサド政権が内戦で化学兵器を用いたことに対し、米国が武力攻撃を行う意向を明言したが、同時に議会に攻撃の事前承認を求めた。米国の圧力が奏功した面もあり、議会が決議を行う前にアサド政権は化学兵器の放棄に同意したが、政権の存続は容認された。

マケイン氏は議会に軍事介入の判断を委《ゆだ》ねたオバマ政権の対応が、世界中で米国への信頼を損なっているとし、「シリアを爆撃すればよかったのだ」と強調した。

米国は、イラク、アフガンで長年続いた戦争の後遺症で、厭戦《えんせん》気分が強い。オバマ大統領はもともと、イラク戦争に反対していた。「オバマ大統領には、中国が暴走しても戦争する覚悟はないのではないか」という懸念が、日本でも広がった。

米中関係に翻弄《ほんろう》される尖閣

オバマ政権の中枢《ちゅうすう》から時折出てくる、リバランスとは方向性の異なるメッセージも、日本などが抱く懸念を強める役割を演じている。

「新しいタイプの大国関係を動かそうとしている。米中で利害が一致する問題では協力関係を深めていく」

スーザン・ライス米大統領補佐官（国家安全保障担当）は2013年11月20日、バイデン副大統領の東アジア歴訪（12月2～7日）を前にアジア政策について講演した際、こう述べた。中国が呼びかけていた米中の「新たな大国関係」の構築を容認するかのような印象を与えたことは否《いな》めない。

中国が、尖閣諸島上空を含む東シナ海にＡＤＩＺを設定し、日本への威圧を強めたのはその直後の11月23日だった。在京米大使館筋は、「中国は我々を試そうとしたのだろう」と振り返る。

日本政府はバイデン氏の来日に合わせてまとめる合意文書に、中国のＡＤＩＺ設定を批判する内容を盛り込むように求めたが、米側はこれを拒んだ。訪中を控え、「米国務省がＡＤＩＺを巡る日中対立に巻き込まれるのを避けた」（外務省幹部）とみられる。日本を訪問したバイデン氏は12月３日、安倍首相との共同記者会見で、「東シナ海における現状を一方的に変えようとする試みを米国は深く懸念している。米国は同盟関係から生じる、いろいろな義務について揺るぎない立場で対処していく」と強調したが、日本側には不満が残った。

尖閣諸島に対するオバマ政権の態度はそれ以前も、米中関係の影響を受けてきた。

オバマ政権は当初、日本など同盟国との関係よりも、中国との実務的な協力関係の強化に熱心だった。世界をリードする枠組みがＧ８サミット（主要国首脳会議）から米中２か国に移るという意味で、専門家やマスコミからは「Ｇ２構想」と呼ばれるほどだった。実際、２００９年には、オバマ大統領自身が「米中関係が21世紀を形作る」と述べるなど、中国を世界的な課題に対処する際のパートナーと見なす姿勢が鮮明で、日本や東南アジアには懸念する見方がくすぶっていた。

このころのオバマ政権は、尖閣諸島を巡る問題で消極的な対応に終始した。米政府は従来、尖閣諸島について、領有権を巡る問題では、「特定の立場はとらない。当事者間で平和的な手段による解決を期待している」などと中立の立場を維持しつつ、

▽尖閣諸島は日本政府の施政下にある

▽日米安全保障条約5条は、日本の施政下にある領域に適用される
▽したがって、尖閣には安保条約5条が適用される
という論法で、尖閣防衛に米国が関与する立場を明らかにしていた。

ところが、ブッシュ政権からオバマ政権への移行期だった2008年12月に中国の公船「海監」が尖閣諸島の日本領海に侵入した際、米国務省は日本に対し、この公式見解の再確認を拒み、「米国は自らが結んだ国際的な合意には従う」とのみ伝えた。オバマ政権の誕生をにらみ、中国への行き過ぎた配慮があったとみられ、オバマ氏が大統領に就任した1月以降も同様の対応が続いた。読売新聞がこの問題を報道したことを受けて、国務省は2009年3月上旬にようやく、従来の公式見解を日本政府に再確認した。しかし、カメラの入った記者会見ではこの公式見解を明言せず、後にメールで回答するという異例の対応をとった。

同じ2009年3月、中国・海南島の南120キロ・メートルの公海上を航行中の米海軍調査船「インペッカブル」に中国の艦船5隻《せき》が異常接近し、航行を妨害した際にも、ホワイトハウス当局者は、妨害活動は中国中央政府の意思に反した偶発的なものとの見解を示し、沈静化を図った。

この年の11月には、オバマ大統領が中国を訪問し、「両国が互いの核心的利益を尊

重し合うことが米中関係の着実な進展のためにきわめて重要であると合意した」とする一文を含む共同声明を発表した。米国は核心的利益を台湾などに限定して解釈したようだが、この一文で中国側が、オバマ政権は南シナ海や尖閣諸島の問題で弱腰だと誤解した可能性が指摘されている。

こうした2009年のオバマ政権の対中政策は、ジェフリー・ベーダー国家安全保障会議（NSC）アジア上級部長やジェームズ・スタインバーグ国務副長官（いずれも当時）ら「親中派」が主導したとされる。

しかし、2010年に入ると、米中関係は一変した。2009年12月にコペンハーゲンで開かれた国連気候変動枠組み条約第15回締約国会議（COP15）での、温室効果ガス削減目標に対する中国の非協力ぶりがオバマ大統領を失望させたのがつまずきの始まりだった。続いて、2010年1月の米国による対台湾武器供与や、同年2月のオバマ大統領とチベット仏教最高指導者ダライ・ラマ14世との会談に中国が反発し、軍事対話を凍結するなどしたため、G2の機運は急速にしぼんだ。

米中関係の変化に伴い、オバマ政権内では、対中けん制の必要性を認識するクリントン国務長官とカート・キャンベル国務次官補（いずれも当時）の路線が表に出るようになった。同年7月下旬にASEAN関連の一連の会合に出席したクリントン氏は、南シナ海での中国の威圧的な振る舞いに対し、「南シナ海の航行の自由は米国の国益だ。軍事的威嚇《いかく》には反対する」と厳しいメッセージを送るとともに、東南アジア各国との関係強化に乗り出した。

2010年9月の尖閣諸島沖での中国漁船衝突事件でも、クリントン氏は、ニューヨークでの日米外相会談で「尖閣には日米安保条約5条が明らかに適用される」と日本側に伝え、長官クラスでは初めて、しかも従来よりも明確に安保条約適用に言及した。クリントン氏の右腕で、「日米同盟重視派」のキャンベル国務次官補が主導したものだった。キャンベル氏は、国防次官補代理だった1996年、読売新聞のインタビューに対し、尖閣諸島が日米安保条約の適用対象であることを米政府高官として初めて認めた人物だった。

2011年1月に胡錦濤国家主席（当時）が訪米した際には、中国側が2009年同様に「互いの核心的利益を尊重」という一文を共同声明に盛り込むことを求めたが、米側は明記しない方針を断固として譲らなかったという。米側交渉責任者が、親中派のベーダー氏から日米同盟派のキャンベル氏に交代していたことが影響したとされている。

ただ、第2次オバマ政権になり、中国に厳しいメッセージを発してきたクリントン、キャンベル両氏は政権を去った。クリントン氏の後継のジョン・ケリー国務長官は、アジアよりも中東問題で成果を上げることに関心が強いという。オバマ大統領の側近で外交政策を助言する立場のライス氏は、「アジアに詳しくない」（米政府筋）うえ、国連大使の経験から、常任理事国である中国との協調を模索しているとの見方が強い。ライス氏の「新しいタイプの大国関係を動かそうとしている」という発言に日本の外務省幹部らが疑念のまなざしを向けたのには、そういう背景があった。

トシ・ヨシハラ米海軍大教授は読売新聞のインタビューで、尖閣諸島を巡るオバマ政権の対応について、次のように不満を漏らした。

「尖閣諸島を巡る問題について、米国では『無人の岩なんて放っておけ』という人がいます。しかし、これは地域秩序への挑戦という、より大きな問題です。なぜなら尖閣諸島は、1951年に調印されたサンフランシスコ講和条約以降の合意に基づき、施政権が米国から日本に返還されましたが、中国はこれを受け入れず、『何を維持し、何を変えるかは自分たち次第だ』と言っているからです。

米政府は今、尖閣諸島について、『米国は領有権には立ち入らないが、日本の施政下にあり、したがって日米安保条約は適用される』という説明をしています。これは、法律解釈に偏《かたよ》った物言いで、皆を混乱させ、北京や東京に誤ったメッセージを送っています。
　いつの日か、中国の海警局が尖閣諸島に派遣できる船の数が日本の海上保安庁より多くなり、中国が施政権を行使しているという状態になる時が来るのではないか、と心配しています。そうなったら、米国には日本防衛の義務がなくなるのでしょうか。そうではありません。米国はなぜ尖閣諸島が重要かをはっきり説明しなければなりません。『中国が気に入らない地域秩序を一方的に破ることはできない』と言うべきなのです」（2014年3月19日付読売新聞朝刊）
　第2次オバマ政権内では、バイデン副大統領がアジアへのリバランス政策に関心が高いとされているが、中国のADIZ設定後に北京に向かったバイデン氏は2013年12月4日、中国の習近平国家主席に「あなたは率直かつ建設的に、（米国との）新しい関係を発展させようとしている」と述べるなど、中国指導部との相次ぐ会談で「新たな大国関係」に何度も言及した。バイデン氏はADIZへの懸念を習氏に直接伝えはしたが、英紙ガーディアン（電子版）は、「バイデン氏、（米中の）意見の違いを調整する習近平氏の手腕を称賛」と速報した。
　日本の外務省幹部は、「中国は、ライス氏の発言を聞いて、『バイデン氏の訪中前にADIZを設定しても、米国は強く出てこない』と読んだのだろう」と語り、オバマ政権のあいまいな対応が中国に付け入る隙《すき》を与えているとの見方を示した。在京の東南アジア外交筋も「中国の勝ちだ」と語った。

中山俊宏《としひろ》・慶応大教授（米国政治外交）は、「米国はどちらか一方に付くという発想ではない。中国とも良好な関係を構築しながら、リスクに対して同盟国との関係を強化するという立場だ」と指摘したうえで、「オバマ政権のメッセージは、中核に何があるのか見えにくい」と苦言を呈する。

米国の姿勢に、佐々江賢一郎・駐米大使は２０１４年1月29日、ワシントン市内のシンポジウムで、異例の注文を付けた。

「米国は、誰が友人で、誰をトラブルメーカーと考えているのかはっきりさせてほしい」

国防費削減の大波

米国では、国防費削減が安全保障政策に大きく影を落としており、日本やＡＳＥＡＮ各国には、米政府はリバランス政策を十分に実行できなくなるのではないか、という疑念も生じている。

米国内では、米議会が財政再建策をまとめられなかった場合、２０１３～２０２１

会計年度で計1・2兆ドルの歳出を強制的にカットされる「歳出の強制削減」が、2013年3月に発動した。このうち国防費削減は、4割超の約5000億ドルを占める。

「大統領の予算計画通りならば、空母11隻態勢を維持できる。しかし、歳出の強制削減が2016会計年度まで続けば、空母ジョージ・ワシントンは予定された修理を前に退役しなければならない」

ヘーゲル国防長官は2014年2月24日の記者会見で、国防費削減が、米軍の抑止力の象徴である空母にまで及ぶことを率直に認めた。

3月4日に発表されたQDRでも、「強制削減規模の削減は、戦力投入や紛争で完全に勝利するための国防総省の能力について重大なリスクを引き起こす。国防総省はより小さな抑止力しか持てず、主要な戦闘で迅速に敵を打ち破ることにおいても課題に直面する」と米国の抑止力や戦闘力が将来的に不十分になる可能性を認めている。そのうえで、国防費削減が続けば、「2021年までに米軍は我々の国防戦略を実行するには規模が小さく、近代化も不十分になってしまう」と指摘する。

こうした将来予測は、国防総省が予算維持のために悪いシナリオを強調している側面も否めないが、予算が削減されれば、購入できる装備や訓練の頻度が減るのは事実だ。そもそも、アジア太平洋地域へのリバランスとは言っても、バック・マッケオン米下院軍事委員長（共和党）は、「国防費を削減する度合いが他の地域より少ないだけで、資源の追加配分ではない」と喝破している。国防費削減がさらに続けば、米軍の前方展開への深刻な影響は避けられそうにない。

これに対し、米QDR発表の翌日の3月5日、中国が第12期全国人民代表大会（全人代＝国会）第2回会議で発表した2014年の国防予算（中央政府分のみ）は、前年実績比12・2％増の8082億3000万元（約13兆4000億円）となり、2けたの伸びを続けた。過去10年間で約4倍に膨らんでいる。総額としては米国防予算の約4分の1だが、米国防総省は中国の国防費は兵器調達などの費用が含まれておらず、公表額の約1・3～2倍あると指摘している。

李克強首相は報告の中で、「平時の戦闘への備えと国境・領海・領空防衛の管理・コントロールを強化する」と述べ、日本と対立する尖閣諸島を含む東シナ海や、南シナ海での制海権・制空権の確保に向けた動きを加速させる方針を表明した。

エア・シー・バトル

こうした状況を踏まえれば、アジア太平洋地域のパワーバランスは、時間とともに中国に有利な形で変化していくことが予想される。米国は台頭する中国に、どういう戦略で打ち勝とうとしているのだろうか。

最初に出されたのが、「エア・シー・バトル構想」だ。エア・シー・バトルは2009年から国防総省で研究が始まったが、2010年5月に国防総省に近いシンクタンク「戦略予算評価センター（CSBA）」が発表した報告書によって、よく知られるようになった。CSBAの報告書は、中国の対艦弾道ミサイル（ASBM）など精度の高い弾道ミサイルやステルス爆撃機によるA2／AD圏の構築に対し、A2／AD圏外からミサイル発射基地などを空爆し、米軍のアクセス（到達手段）を確保しようとする内容で、新型長距離爆撃機などの長距離打撃力の開発を重視していた。

米国の対中軍事戦略

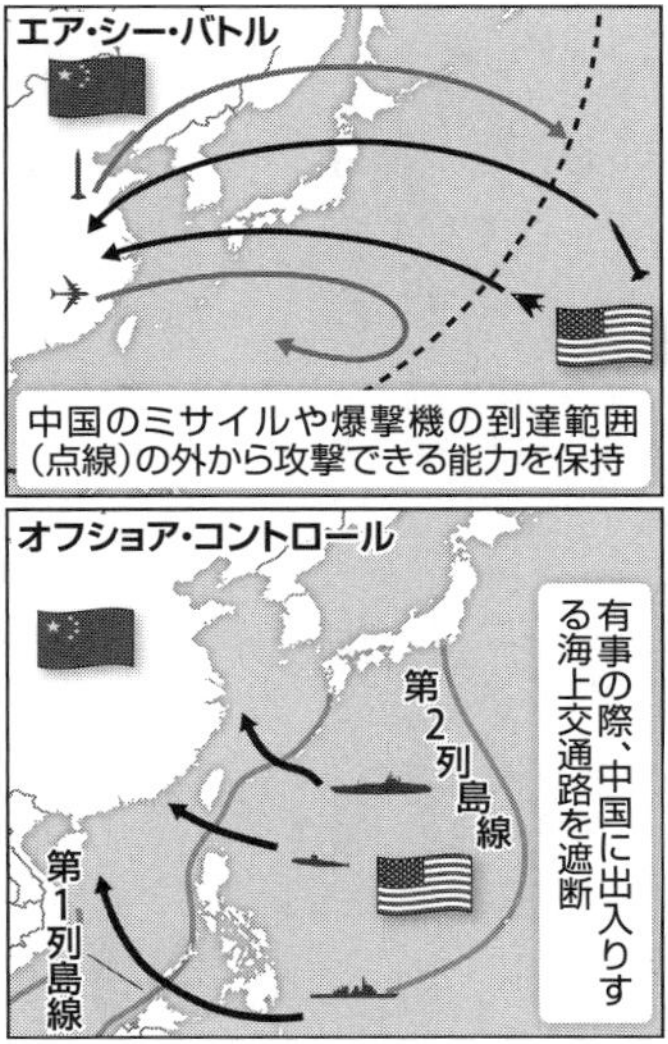
エア・シー・バトル
中国のミサイルや爆撃機の到達範囲（点線）の外から攻撃できる能力を保持
オフショア・コントロール
有事の際、中国に出入りする海上交通路を遮断
第2列島線
第1列島線

CSBAの報告書が公表されると、中国弾道ミサイルの射程内に

位置する日本では、米国がアジア太平洋地域へのリバランス政策でグアムや東南アジアに米軍の作戦拠点を確保する動きを加速したことと相まって、「米軍の空母は有事の際には一度、A2／AD圏外に出て、長距離爆撃を行った後に戻ってくる構想ではないか」などと不安視する声が出た。

ただ、エア・シー・バトルはその後、国防総省内の検討で、変貌《へんぼう》を遂げた。2013年5月に初めて公表された国防総省の公式文書では、「特定の地域や敵を想定した作戦計画や戦略ではない」として中国を名指しした記述がなくなる一方、敵が事前警告なしで攻撃を仕掛けてくることを前提に、空、海、陸、宇宙とサイバーのすべての領域における行動の自由を確保し、作戦上の優位性を増すためのものだとして、CSBA報告書よりも幅広い対応を求めている。

CSBAのジム・トーマス副所長は、読売新聞のインタビューで、エア・シー・バトル構想の現状について、次のように説明している。

「米国の戦力投入は過去数十年間、比較的容易でした。米軍は海を横断して他国の沿岸まで空母を進めたり、付近の基地を使って作戦を行ったりすることができました。しかし、対艦ミサイルや高度化した防空システムによる挑戦で、将来は難しくなるかもしれません。

特に中国の人民解放軍は過去15年にわたり、外部勢力が西太平洋地域に介入するのを困難にしたり、多大な犠牲を強いたりするという『介入阻止戦略』に焦点をあてた軍事力の近代化を進めています。

そこで私と同僚は2010年、議論のたたき台となる構想を策定しました。今、国防総省や同盟国がいかにそれを実践していくかという段階に入っています。

現時点では、この構想に重要な要素は六つあります。①敵のA2／AD圏内で共同で作戦を遂行する能力②偵察や爆撃、宇宙やサイバー空間の活動などA2／AD圏外から長距離で任務を果たす能力③同盟国に自分たちのA2／AD圏を構築させ、米軍に作戦行動が可能な聖域を提供すること④敵に損失を与えることができる周辺地域での作戦遂行能力⑤敵の指揮・統制・通信・コンピューター・情報・監視・偵察の能力を無力化する『目くらまし作戦』⑥（最新兵器などによる）高強度の脅威だけでなく、低強度の脅威に対する沿岸警備隊など準軍事的な能力を用いた対処――といったものです。これらのバランス、優先度を考えることが重要になってきます」（2014年3月15日付読売新聞朝刊）

オフショア・コントロール

エア・シー・バトルに対しては、国防費削減傾向の中、新型長距離爆撃機などの新たな装備開発に膨大なお金がかかることや、敵を長距離爆撃するという構想が敵を刺激し、戦争を拡大しやすい傾向があるといった批判が出された。

このため、同盟国などと協力してエネルギーや工業品の輸出入ルートを絶つという脅しによって中国を抑止しようとする「オフショア・コントロール」戦略が、２０１２年に登場した。

提唱者のトーマス・ハメス米国防大学戦略研究所上席研究員は、オフショア・コントロールについて、読売新聞のインタビューで次のように説明している。

「オフショア・コントロールは中国の封じ込めではありません。日米を含めて世界各国が中国との貿易を求めています。中国が国際法を順守し、友人を脅さない限りは、中国と貿易をしますとメッセージを送る戦略です。ただ、いざというときには、中国経済に打撃を与えられるのだと示しておくことが、抑止力となるのです。

敵を抑え込むならば、敵が価値を置いているものの呼吸を止めてしまう必要があります。中国の場合は海上ルートの封鎖です。九州、沖縄、台湾、フィリピンを結んだ『第1列島線』を封鎖することで、中国経済の弱点を突くことができます。中国は貿易のためには、第1列島線を通過しなければならず、我々に大きな地理的優位性があります。

中国の共産党政権は統治の正統性を経済成長に求めています。輸出を止められると、その経済成長ができなくなります。中国は、経済封鎖の可能性に直面してまで、尖閣諸島を取ろうとするでしょうか。

中国は急速に軍事力を増強していますが、米国と日本は現在の軍事力で、今日にでも第1列島線を封鎖することができます。エア・シー・バトルと違い、オフショア・コントロールは爆撃機などに高価な投資をする必要はなく、財政状況に影響されません」（2014年3月16日付読売新聞朝刊）

ただ、オフショア・コントロールに対しても、広大な中国を包み込む国際的な包囲網の構築は困難で、中国は抜け穴を見いだすことが可能だといった指摘や、オフショア・コントロールは中国本土への攻撃を含んでおらず、軍事面での優越を維持する「覇権的安定」を放棄しようとするものだ、といった批判が出ている。また、オフショア・コントロールは国防総省が採用していないため、米軍内での認知度はあまり高くないともされる。

いずれにしても、米国でさえ、軍事的に膨張を続ける中国のA2／AD戦略に対する明確な回答を持っているわけではないのである。このことが、日本をはじめ東南アジア諸国を不安にさせている遠因ともなっている。

中国共産党の真意探れず

中国の活動家を乗せた漁船が尖閣諸島周辺で日本の海上保安庁の船舶と衝突し、活動家が尖閣に上陸した――。

米ワシントンの戦略国際問題研究所（ＣＳＩＳ）は２０１３年11月、尖閣危機の際の米政府の対応についてシミュレーション（模擬訓練）を行った。

「中国本土のミサイル基地が尖閣諸島方面に照準を向け、人民解放軍の報道官は『釣魚島の12カイリを排他的水域に指定する。他国の船はすぐに退去せよ』と言っている」

「容認できる範囲を越えた行動だと知らせる必要がある。12カイリの設定など到底受け入れられない」

「サンディエゴから中東に向かっているニミッツ級空母を向かわせる」

「中東方面は大丈夫なのか？」

「今の問題は尖閣だ。米国の国益に関わる。今、動く必要がある」

リチャード・アーミテージ元国務副長官ら元政府高官が国防長官や国務長官などの役割を演じ、約1時間半、緊迫したやり取りが交わされた。

終了後、参加者たちは、「中国側の指導者の意図を把握できない状況で対応を考えなければならない」「中国側との公式対話のチャンネルが非常に限定的だ」と語り、中国の政権中枢の意図が見えないことが大きな問題になるとの見方で一致した。

危機に際し、各国の外交当局は、相手国の外交当局と連絡を取り、偶発的な行為なのか、政権中枢の承認を得た組織的な行為なのか――などの真意を探るのが常だが、中国が相手の場合は、そうした手法が通じない可能性がある。

中国にも、米国の国務省や日本の外務省に相当する外務省が存在するが、「中国共産党が決めた政策を執行する機関に過ぎない」（日本外務省幹部）。王毅外相は、205人いる共産党中央委員の1委員に過ぎず、党指導部とされる政治局の25人にすら含まれていない。

実際、中国国防省が東シナ海へのADIZ設定を発表した2013年11月23日、北京の日本大使館が中国外務省に接触したが、外務省の担当者は「所管でないからわからない」などと答え、ほとんど役に立たなかったという。

では、中国の外交政策はどこで決められるのか。外交上の重要な意思決定は、党の中央外事工作指導小組、軍事的な決定は党中央軍事委員会が担《にな》う。2014年2月現在、中央外事工作指導小組は、習国家主席（総書記）が組長に座り、副組長を李克強首相ら、秘書長を楊潔篪国務委員が務める。外相、公安相、国防相、軍副総参謀長らがメンバーだ。中央軍事委員会は、同じく習氏が主席で、副主席には制服組をあて、メンバーには国防相、総参謀長、海軍・空軍司令官らが含まれる。これらは党の機関で、米国や日本の外交・防衛当局は緊急事態などに際して、組織同士で接触することは困難だ。そのため、そこでの議論は外部からは全く見えない。

個別の外交案件が共産党内の権力闘争の材料に使われることも、中国との外交を複雑にしている。古くは中曾根《なかそね》康弘《やすひろ》元首相が著書『天地有情』（文芸春秋）の中で、1985年の靖国神社参拝後、参拝をやめた背景に、「（親日的な）胡耀邦《フーヤオバン》さん（中国共産党総書記）が私の靖国参拝で弾劾《だんがい》されるという危険性があった」ことを明らかにしている。

日本への融和的な姿勢が、政敵からの攻撃材料になる構図は、現在も続いている。中国に詳しい在京欧州外交筋は習主席の置かれた立場をこう見る。

「習氏にとって、安倍首相と会談すればライバルたちから攻撃されるリスクがある。関係を悪化させておいた方がいいと考えているのだろう」

進まぬ危機管理メカニズム

尖閣諸島を巡る中国側の威圧的な行動が強まる中、偶発的な事故が軍事衝突にエスカレートしないよう、あらかじめ連絡方法などのルールを定める「危機管理メカニズム」を構築する必要性が指摘されている。

「父がよく言っていました。『意図する衝突よりひどい衝突というのは一つしかない。それは意図しない衝突である』。読み違いや過《あやま》ちの可能性はかなり高いわけでありまず」

来日したバイデン米副大統領は2013年12月3日、安倍首相と会談後の共同記者会見でこう述べ、次の訪問地である中国で、日中の危機管理メカニズム、つまり必要な対話のチャンネルを作るように中国指導者に働きかける意向を示した。

しかし、中国との危機管理メカニズム作りは、口で言うほど簡単ではない。

日中間では、第1次安倍内閣の2007年4月、海上での不測の事態の発生を防ぐため、防衛当局間の「連絡メカニズム」の整備について、安倍首相と温家宝首相（当時）が合意したが、具体化は進まなかった。

米国にしても、中国との間には1998年1月に調印した「軍事海事協議協定（M

MCA)」があるが、細部は不明で、2001年4月の南シナ海での米海軍機と中国戦闘機の衝突事故や2009年3月の南シナ海での米海軍調査船への妨害事件の際には役立たなかった。

第1次オバマ政権で、中国側との次官級国防協議の米側責任者を務めたミシェル・フロノイ元国防次官は、「我々はMMCAを機能させようとしたが、中国側は後ろ向きだった。メカニズムはあるが、中国はこれにきちんと従う気はほとんどない」(2014年2月13日付読売新聞朝刊)と中国側の対応を批判した。

尖閣にらんだ新防衛大綱

2013年12月6日、中国の著名な軍事サイト「米爾ネット」に、尖閣諸島を巡って対立が続く日本に対して、中国政府が取るべき方策が提案された。

▽中国政府の許可なしに釣魚島の海域、空域に入った場合、撃墜、撃沈する
▽中国人の釣魚島への大量の旅行を促す
▽数日内に釣魚島海域でのミサイル演習を計画し、国際社会に通告する
▽釣魚島を巡る日本とのいかなる交渉も無期限に中断し、沖縄海溝を中日の境界線とする

▽日本本土への中距離ミサイルによる攻撃を準備する

筆者は不明だが、中国軍事科学学会の羅援・副秘書長（少将）が尖閣諸島や南シナ海に対して講じるべき手段として2012年に提唱した内容と酷似していた。羅氏は、軍のシンクタンク、軍事科学院世界軍事研究部副部長などを務めた軍のスポークスマン的存在で、当局が、羅氏の発言を通じて、国内外の反応を探っているとみられていた。羅氏の提言は、日本の防衛関係者も「中国の政策上の選択肢を示唆《しさ》している」と注目していた。

米国も、中国による尖閣奪取の可能性が現実的なものになってきたと見ている。米太平洋艦隊情報幕僚部のジェームズ・ファンネル副参謀長は2014年2月13日、米カリフォルニア州で開かれた海軍関連団体の会議で、中国が前年秋に尖閣諸島を侵攻するシナリオで上陸訓練を行ったことを紹介し、「我々は、中国人民解放軍が、東シナ海で自衛隊を壊滅し、尖閣諸島を奪取する短期決戦の任務を与えられたと結論づけた」と強調した。

「尖閣諸島は米国を頼らず、自衛隊が独自に守れるようにしてほしい」

安倍首相は2013年6月、新たな防衛計画の大綱（防衛大綱）と、2014年度から5年間の中期防衛力整備計画（中期防）の策定にあたり、防衛省幹部にこう指示した。

防衛省は新防衛大綱策定に向け、中国軍による尖閣諸島侵攻や台湾有事、北朝鮮のミサイル攻撃など複数の緊急事態を想定し、極秘で自衛隊の能力評価を実施した。自衛隊と相手国の装備や能力を数値化し、米軍の来援がないことを前提にコンピューターで分析したという。

その結果は「散々なものだった」（防衛省幹部）。尖閣に関しては、自衛隊の戦闘力や輸送力の不足が著しく、島の奪還も難しいという厳しい結果が出た。もはや日本だけの力では中国の侵攻を防ぎきれないことが明らかになったのである。報告を受けた小野寺防衛相は絶句し、ショックを隠さなかったという。

これを踏まえ、防衛省は7月26日にまとめた「防衛力の在り方検討に関する中間報告」で、尖閣など離島防衛のため強化すべき課題をずらりと列挙した。

▽航空機の質
▽空中における戦闘・哨戒《しょうかい》能力
▽対潜哨戒能力
▽対艦ミサイル

▽輸送力
▽補給拠点整備
▽水陸両用部隊
などだ。

しかし、防衛予算は限られている。「あれもこれも足りないと言われても……」。小野寺氏は嘆いた。

年末にできあがった中期防では、「南西地域の防衛態勢強化を始め、各種事態での抑止や対処を実現するための前提となる海上優勢や航空優勢の確実な維持に向けた防衛力整備を優先する」と明記された。

「南の守り」重視へ転換

日本の防衛力整備は長い間、旧ソ連の日本上陸作戦を陸上自衛隊の戦車部隊が北海道で食い止めるという「北の守り」に重点が置かれてきた。今回の防衛大綱は、中国の脅威に対して島嶼《とうしょ》防衛を中心とした「南の守り」重視へと大転換することを意味した。

こうした大転換は、陸海空3自衛隊の主要装備品を巡る予算割合（契約ベース。人件費など固定費を除く）にも如実《にょじつ》に表れた。

２０１４年度当初予算では、海上自衛隊が43・０％（３７９８億円）でトップを維持する一方、陸上自衛隊は右肩下がりの傾向に拍車がかかり、25・６％（２２６２億円）に下落。冷戦終結以降は予算が抑えられ、約25年にわたり最下位に低迷してきた航空自衛隊の31・４％（２７７５億円）に逆転され、３自衛隊の中で最も低くなった。

空自の予算が大幅に増えたのは、２０１２年12月に中国国家海洋局のプロペラ機に尖閣上空を領空侵犯されたショックによるところが大きい。尖閣上空は地上レーダーの死角に入っており、航空自衛隊は事前に中国機を探知できずに領空侵犯を許した。このため、レーダー機能を持った早期警戒機Ｅ２Ｃの常時運用など、主に警戒・監視態勢の強化に予算を振り向けることを決めたのだった。

警戒監視を巡っては、米軍はグアムを拠点に活動している無人偵察機グローバルホークを、２０１４年から青森県の米軍三沢基地に展開させる方針だ。グローバルホークは、高度１万８０００メートル超の高高度から、広い範囲の監視を行う能力が高い。１回の航続時間は32時間以上と有人機に比べて非常に長く、東日本大震災の際には、グアムから日本上空に飛来し、被害状況を把握するための画像撮影などを行ったが、日本の基地で離着陸を行った実績はなかった。

一方、陸自は予算削減を迫られる中、新型輸送機「MV22オスプレイ」を新規に導入することを決めた。陸自は「戦車などの既存の装備の予算が削られる」（幹部）と消極的だったが、島嶼防衛の切り札として期待する首相官邸の意向を受け、防衛省「背広組」（内局）が導入を主導した。

ただ、防衛費そのものは大きく伸びたわけではない。２０１４年度の防衛予算は、人件費などの義務的経費の増額分を除くと、わずか０・８％（約４００億円）しか増えておらず、防衛関係者の焦《あせ》りは深い。

「中国の軍拡に合わせて日本も装備を充実させていかないと、日中の軍事バランスが崩れてしまう。『勝てる』という誤解を中国に与えれば、戦争に発展しかねない」

防衛大学校の村井友秀《ともひで》教授（国際関係）は、こう懸念《けねん》を漏らす。

「離島奪還」足りぬ実力

２０１４年１月下旬のある夜、太平洋の米サンディエゴ沖から、約10隻のゴムボートが岸へと向かうと、それぞれのボートから８人ずつの男たちが、冷たい海に音も立てずに飛び込み、瞬《また》く間に上陸した。

米カリフォルニア州のコロナド海軍基地で行われた日米合同実動演習「アイアンフ

イスト（鉄拳《てっけん》）」。敵が占拠する離島に極秘に上陸する訓練だ。

2月24日まで続いた演習には、陸上自衛隊で「離島奪還」の任務を担うとみられている西部方面普通科連隊（西普連、長崎県佐世保《させぼ》市）などから約270人が、米海兵隊とともに参加した。

西普連の浜松賢二中隊長（3佐）は、「技術的な動きや部隊の流れを確認できた。実戦を意識した米海兵隊のノウハウが参考になった」と手応《てごた》えを口にした。

日米両国は決して公式には認めないが、この訓練は、沖縄県の尖閣諸島を中国に占拠されたケースを想定したものだ。ゴムボートによる上陸も、「治安出動下令前に行う情報収集」（自衛隊法79条の2）など、偵察目的で先遣隊を派遣するために必要となる活動だ。

日本は2013年末に策定した新たな防衛大綱、中期防で、米海兵隊にならった「水陸機動団」を新設することを決めた。3000人規模で、水陸両用車52両も導入する計画だ。尖閣防衛の切り札となる存在で、西普連の700人が中核となる。

小野寺防衛相は2014年3月2日、長崎県佐世保市の陸上自衛隊相浦《あいのうら》駐屯地で、西普連の上陸訓練を視察した。

海面すれすれを低空飛行してきた陸自の輸送ヘリ「CH47」から水温12度の海に飛

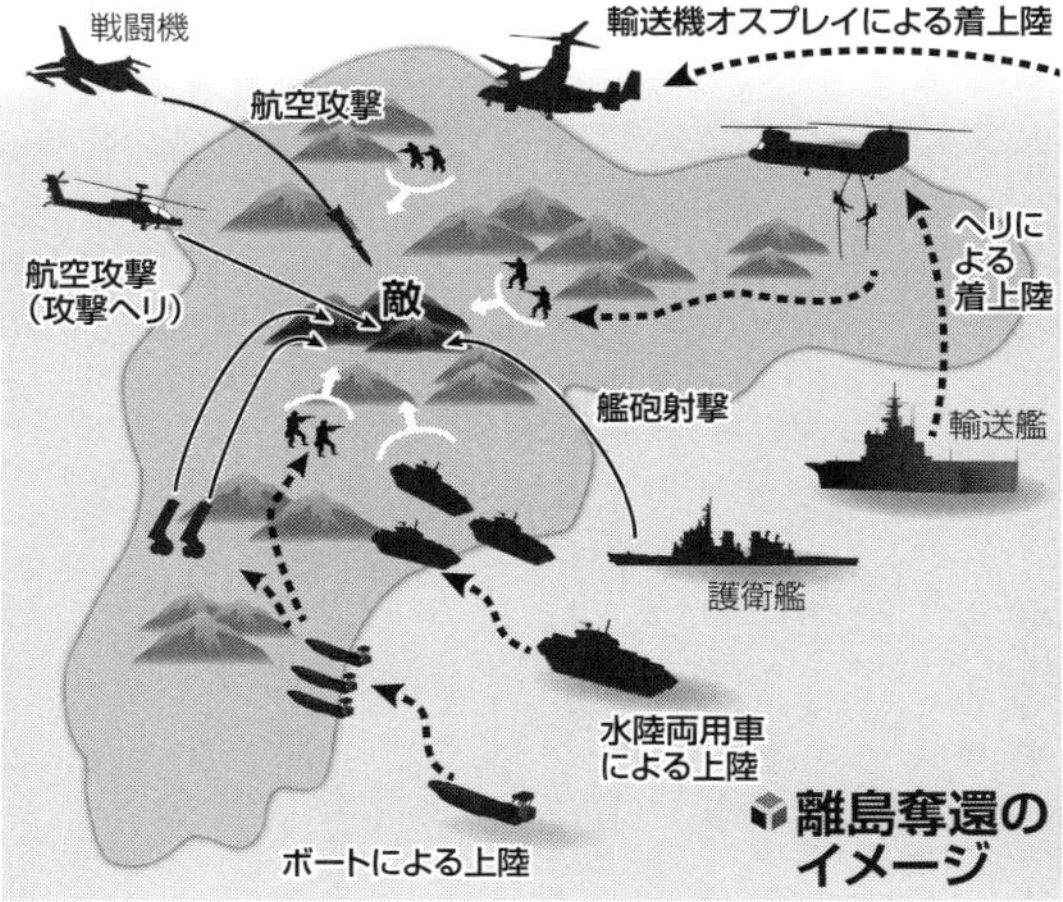
戦闘機
輸送機オスプレイによる着上陸
航空攻撃
航空攻撃
(攻撃ヘリ)
敵
ヘリによる着上陸
艦砲射撃
輸送艦
護衛艦
水陸両用車による上陸
ボートによる上陸
離島奪還のイメージ

び込んだ隊員たちが、泳いで上陸し、安全を確保しながら上陸作戦を実演した。満足そうに見守った小野寺氏は、「我が国は多くの離島、島嶼部を持っている。これが世界第6位の排他的経済水域の根幹になっていると思うので、今後とも離島についての防衛が重要だ。水陸機動団を新編するが、西普連はその中核となるものだと改めて確認された」と記者団に強調した。

だが、軍事専門家は、「離島奪還作戦に関しては、陸自の実力は米海兵隊の足元にも及ばない」と冷静に分析する。

海から上陸して陸地を奪い返す水陸両用作戦では、上陸地点の安全が確保できなければ、大きな被害を受ける可能性が高くなる。このため、航空機と艦船の打撃力で敵を排除する支援が不可欠だ。

この点で、米海兵隊は、航空部隊を自ら有し、さらに平時から海軍と一体的に行動している。沖縄に駐留する第3海兵遠征軍（3ＭＥＦ）の場合、岩国基地の戦闘機部隊、佐世保の強襲揚陸艦や横須賀の原子力空母などの海軍艦艇がセットで作戦を遂行する。

ところが、自衛隊の場合、水陸機動団は陸自、戦闘機は航空自衛隊、輸送艦や護衛艦は海上自衛隊に分かれたままになる予定だ。兵器調達や訓練を別々に行ってきた経緯もある。防衛大綱では、3自衛隊を一体的に運用する「統合機動防衛力」構想を打ち出したが、一朝一夕に実現できるわけではない。

たとえば、2013年11月、自衛隊は台風で大きな被害を受けたフィリピン支援に向かったが、陸自ヘリコプターを海自輸送艦に積み込むために2日間かけて分解し、現地での組み立てにもやはり2日間を要した。陸自のヘリはローターと呼ばれる回転翼の折りたたみができないため、積み込みの際にいったんローターを取り外し、現地到着後にローターを取り付ける必要があるためだった。これでは、島嶼防衛には使い勝手が悪い。ちなみに米海兵隊のオスプレイは、スイッチ一つでローターを折りたたむことができる。

同年10月に台風26号による豪雨に見舞われた伊豆大島（東京都大島町）に派遣された際には、港が使えなかったため、離島奪還作戦にも使うホーバークラフト型エアクッション艇「LCAC」で荷揚げを行ったが、陸自が台風以前の調査に基づいて計画した砂浜は使えず、予定以上に時間がかかった。

日本には、陸海空統合で本格的な離島奪還訓練を行うことができる演習場もない。2014年1月には、自衛隊は千葉県の陸自習志野演習場を海に囲まれた離島に見立て、離島奪還訓練を行った。訓練は、「海」とされるエリアにウエットスーツを着た陸自の第1空挺《くうてい》団員がパラシュートで降下することから始まったが、最後は、離島に運ぶことが難しい10式戦車が敵部隊を制圧するシナリオだった。

防衛省は、米海兵隊のグアム移転に合わせて整備されるグアムの演習場で実戦並みの訓練を行いたい意向だが、完成には数年以上待たなければならない。

防衛省幹部は、「米海兵隊と共同訓練をしても、装備や訓練が追い付いていない。統合運用や実戦を想定していなかったことからくる現実だ」と認めた。

自衛隊の「海兵隊化」の道のりは始まったばかりだが、現実は待ってくれないかもしれない。

離島防衛のグレーゾーン

離島防衛に関しては、法制度も追いついていない。

2012年7月、東シナ海に面する長崎県・五島列島の荒川漁港が一時、106隻もの中国漁船で埋め尽くされた。「台風からの避難」を理由とした寄港だったが、同じ入り江に中国国旗を掲げた漁船が寄り添うように停泊した。同県五島市の久保実市長公室長は、「異様な光景だった」と振り返る。

表向きの理由は「避難」だが、日本国際問題研究所の小谷哲男主任研究員は、「これは中国が尖閣を攻略する予行演習だ。中国漁船には、民兵や装甲車を乗せられるものもある。日本が手を出せない隙に、民兵や装甲車を上陸させるシナリオを試したのだ」と指摘する。

日本は、日本に対する「組織的、計画的な武力の行使」（武力攻撃）がなければ、防衛出動による自衛権の発動はできない。中国がこうした漁船を使った尖閣上陸を試みた場合、「武力攻撃」とみなして防衛出動を発令するのは困難だとの見方が強い。警察力で対応できない事態には、自衛隊を治安出動（自衛隊法78条）させることができるが、正当防衛など警察的な武器使用が原則だ。小銃、機関銃、砲、化学兵器、生物兵器などで武装する集団などに対しては、例外的に「事態に応じ合理的に必要と判断される限度」（自衛隊法90条）の武器使用が認められてはいるが、離島防衛には不十分だとされている。「離島には守るべき治安がないから、治安出動を出すことはできない」と語る政府関係者もいる。

武力攻撃と即座には判断できず、防衛出動が出せないような事態を、政府は「グレーゾーン事態」と呼んでいる。政府の有識者会議「安全保障の法的基盤の再構築に関する懇談会（安保法制懇）」（座長＝柳井《やない》俊二《しゅんじ》・元駐米大使）が２０１４年5月15日に首相に提出した報告書の中で法整備の必要性が指摘されているが、尖閣への威圧が強まっているだけに、法改正は喫緊の課題だ。

また、グレーゾーン事態では、米軍がすぐに来援してくれるとは限らない。米軍が日米安保条約5条の対日防衛義務を負うのは、日本が防衛出動を発令した場合に限られるためだ。自衛隊と米軍の役割分担を定めた日米防衛協力の指針（ガイドライン）には、グレーゾーン事態の際、米軍がどのような支援を行うかの明確な規定はなく、「事態に応じて米軍の適切な支援を得る」とされているだけだ。つまり、「米軍が介入できない方法で尖閣奪取が可能だ」と中国側に誤解させる余地があるのだ。

民主党政権時代に防衛相を務めた森本敏《さとし》拓殖大特任教授は2014年2月4日のBS日テレの「深層NEWS」で、米海兵隊と自衛隊の実力差を踏まえ、「中国が、米軍の軍事介入を回避し、日本の法の隙間を突くやり方で尖閣に上がり、実効支配をする可能性がないとはいえない」と指摘した。

尖閣にらんだガイドライン改定

こうした「最悪の事態」への日米両政府の対応のカギとなるのが、日米防衛協力のガイドラインの見直しだ。

日米両政府は2013年10月の外務・防衛担当閣僚による日米安全保障協議委員会

（2プラス2）で、2014年末までにガイドラインを改定することで合意した。日本側には今回の改定で、中国が「尖閣奪取」を実行に移した場合の米軍の支援内容を明確にし、「中国の冒険主義を抑止する強力なメッセージを出したい」（自衛隊関係者）という思惑があった。

現在のガイドラインは1997年に改定されたもので、再改定は17年ぶりの大事業だ。

最初のガイドラインは1978年に策定された。米ソ冷戦下の当時は、旧ソ連の日本侵攻への対処、つまり日本防衛が主眼だった。その後、1991年の旧ソ連崩壊や、1994年に起きた北朝鮮の核兵器開発に伴う朝鮮半島危機を受けた1997年の改定で、日本有事に加えて、周辺事態の際の日米協力の在り方が新たに盛り込まれた。

ガイドラインは、その時々の日本を取り巻く安全保障情勢に応じて、約20年ごとに改定される周期があるようだ。今回の改定は、軍事力を急速に拡大し、海洋進出を進める中国への対処や、宇宙・サイバーなどの新たな領域における日米同盟の強化がテーマとなるとみられている。

ただ、2プラス2合意に基づく日米間の協議は思うように進まなかった。日本側で検討していた集団的自衛権の行使やグレーゾーン事態などに関する憲法解釈および法制の見直し作業が、大幅に遅れたためだ。

2プラス2の時点では、安保法制懇が新たな憲法解釈に関する報告書を2013年中に出し、政府が新たな解釈や法制について同年末までに表明している見込みだった。しかし、安保法制懇の報告書の取りまとめは2014年5月にずれ込み、政府の憲法解釈見直しのスケジュールは当初予定より半年遅れた。

新たな憲法解釈・法制が決まらないと、敵の尖閣奪取に対する自衛隊の作戦は決められない。当然、米軍の支援内容も決められなかった。

自国と密接な関係にある国が攻撃された際、自国が直接攻撃されていないにもかかわらず、実力をもって阻止する権利と定義される集団的自衛権を巡っては、政府は、「権利は保有するが、行使はできない」とする憲法解釈を守ってきた。このため、尖閣諸島周辺の公海上で米軍の船が攻撃され、近くに自衛隊の船がいても、自衛隊は米艦を救援できなかった。こうした制約は、日本の安全保障体制の柱である日米同盟を揺るがす事態につながりかねない。

米側は今回の改定で、国防費の削減につながるような日本側の役割分担の拡大を期待していた。具体的には、朝鮮半島有事の際の自衛隊の支援策の大幅拡大などだ。そのためには、集団的自衛権の行使を可能にする憲法解釈の見直しが不可欠だった。集団的自衛権の行使が可能になり、日本が米軍への支援や地域の安全保障における責任を拡大することにつながらないのであれば、米国にとって、ガイドライン見直しを積極的に進める意欲は沸かないというのが本音だった。

米側は実際、ガイドライン改定を巡る日米の事務レベル協議で、「ガイドライン改定には日本の憲法解釈見直しが関わるから、作業が終わるまで待ちましょう」と非公式に伝えていた。

日米ガイドラインの変遷と今回の改定のポイント
1978年に策定。旧ソ連による日本侵攻を想定
1997年に改定。北朝鮮の核開発や、朝鮮半島有事に対応
2014年末までに改定。中国の軍拡、海洋進出などに対応
◆中国の武装漁民による尖閣諸島上陸など、即座には武力攻撃と判断できない緊急事態での協力関係の強化
◆日本の集団的自衛権行使を前提にした役割分担の明確化
◆宇宙・サイバー空間など新たな戦略的領域への対応
◆テロ・海賊対策、災害支援など、グローバル分野での協力拡大
◆日米両国以外の地域パートナーとの安全保障協力の促進

ガイドラインの改定作業には、米軍と自衛隊が顔をつきあわせ、様々な想定される事態をもとに図上演習を繰り返し、問題点を浮き彫りにして新たな対処法を検討するといった地道な作業が必要だ。憲法解釈見直しの閣議決定が遅れれば、２０１４年末までとされるガイドライン改定も先送りせざる

を得なくなる。そのような事態を喜ぶのは中国だ。高木誠一郎・日本国際問題研究所研究顧問（米中関係）は、「米国が国防費を削減していく中で、日米同盟の抑止力を維持するためには、日本はこれまで以上の役割を担っていく必要があり、スケジュール通りの改定が求められる」と指摘する。

東シナ海をはさんだ日中冷戦にどう立ち向かっていくのか。日本には、立ち止まっている余裕はない。

第２章
尖閣烈々

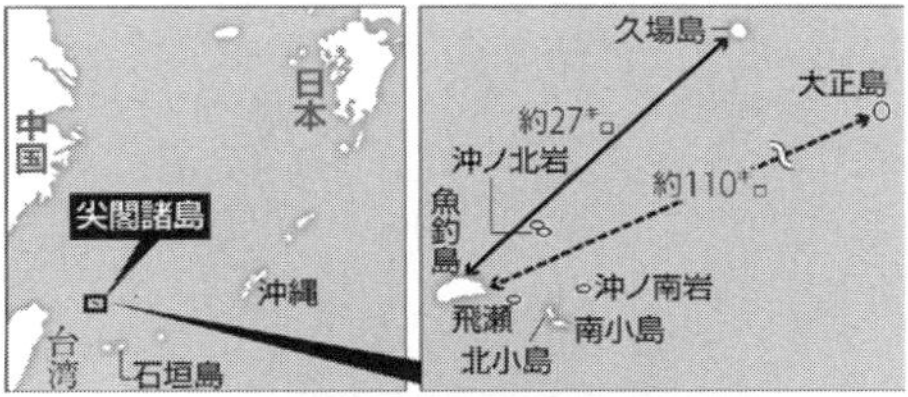
中国
日本
尖閣諸島
沖縄
台湾
石垣島
久場島
大正島
約27キロ
沖ノ北岩
約110キロ
魚釣島
沖ノ南岩
飛瀬
南小島
北小島

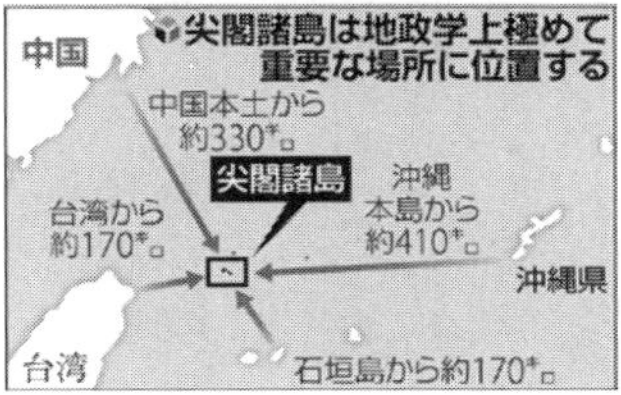
尖閣諸島は地政学上極めて重要な場所に位置する
中国
中国本土から約330キロ
尖閣諸島
沖縄本島から約410キロ
台湾から約170キロ
沖縄県
台湾
石垣島から約170キロ

東シナ海に浮かぶ尖閣諸島は沖縄県石垣市に属する。魚釣島《うおつり》（3・6平方キロ）、北小島（0・26平方キロ）、南小島（0・32平方キロ）、久場島《くば》（0・87平方キロ）、大正島（0・04平方キロ）の五つの島と、沖ノ北岩、沖ノ南岩、飛瀬《とびせ》の三つの岩で構成され、その総面積は山梨県の河口湖ほどにしかならない。

この小さな島々をめぐり、世界第3位、2位の経済大国である日本と中国が激しく角突き合わせている。領土や海洋の問題は、前章でみたとおり外交や安全保障、世界規模のパワーゲームと無縁ではない。本章では、尖閣諸島をめぐる対立の経緯と背景を掘り下げてみたい。

荒波にもまれる島々

尖閣諸島は文字通り絶海の孤島だ。台湾の東岸を北上する黒潮がこの付近で流れを北東に転じ、大陸棚の沿岸流とぶつかる。ダークグリーンの海は荒々しいが、カツオやマグロ、カジキなどの好漁場となっており、日本のみならず中国や台湾の漁船も操業している。

尖閣諸島で最も大きい魚釣島は、石垣島から約170キロ、沖縄本島から約410キロ離れている。中国本土からは約330キロ、台湾からは約170キロだ。

魚釣島には363メートル、327メートルのふたつの峰がそそりたち、南端部は切り立った崖《がけ》になっている。島全体がパンノキやガジュマルなどの木々で覆《おお》われ、平地は少ないものの、飲料に適した水が豊富にわき出しており、明治から大正にかけ日本人によってカツオ節工場などが建設されて活況を呈した。今でも当時の建物跡などを確認することができる。

魚釣島には悲しい歴史も刻まれている。

第2次世界大戦末期の1945（昭和20）年7月、石垣島の住民ら約180人を乗せて台湾に向かった疎開船《そかいせん》が米軍機に襲われ、この島に漂着した。手持ちの食糧を食べ尽くすと、人々はすさまじい飢えに襲われ、高齢者やけが人が次々と命を落とした。犠牲者は最初のうちは浜辺に穴を掘って埋められたが、やがて木の葉をかけるだけになったという。

島に打ち上げられた難破船を修理して決死隊が石垣島に向かい、救援船が到着した時は漂着から約50日が過ぎていた。生き残ったのは120人程度だったと言われている。「あの島は、人間を拒絶しているようでした」。惨劇の体験者のひとりはこう言う。

魚釣島には戦後、犠牲者を悼《いた》む慰霊碑が建立《こんりゅう》された。しかし、中国と台湾が領有権を主張しはじめると、島を管理する日本政府はトラブルを恐れ、遺族にも島への上陸を認めなくなった。尖閣諸島は東シナ海の荒波だけではなく、国際政治の荒波にも翻《ほん》弄《ろう》されているのだ。

ここで時計の針を戻し、日本による尖閣諸島領有の経緯を振り返ってみたい。

きっかけとなったのは、福岡県出身で、那覇を拠点に手広く事業を展開していた古賀辰《たつし》四郎《ろう》氏が1884（明治17）年に実施した尖閣諸島の調査だ。古賀氏は、羽毛を採取できるアホウドリが多く生息していること、魚介類の採取に適していることなどを確認した。

この調査結果を踏まえ、沖縄県は翌年、尖閣諸島に日本の領土であることを示す「国標」を建てるための上申書を、山県有朋《やまがたありとも》内務卿《きょう》に提出した。

日本政府が国標設置を閣議決定し、尖閣諸島の沖縄県編入を決めたのは、それから

10年近くたった1895（明治28）年1月のことだ。維新の元勲であり、明治政府の有力者だった山県内務卿は国標設置を認める意向だったものの、井上馨《かおる》外務卿が中国（当時は清《しん》）とトラブルになることを懸念《けねん》したため、慎重に対応することになったと言われている。

この間の状況について、外務省は『尖閣諸島の領有権についての基本見解』で次のように説明している。

〈尖閣諸島は1885年以降政府が沖縄県当局を通ずる等の方法により再三にわたり現地調査を行ない、単にこれが無人島であるのみならず，清国の支配が及んでいる痕《こん》跡《せき》がないことを慎重に確認の上、1895年1月14日に現地に標杭《ひょうぐい》を建設する旨《むね》の閣議決定を行なって正式にわが国の領土に編入することとしたものです〉

国際法では、どの国にも属さない無主地は、他国に先駆けて支配することで自国領土とする「先占《せんせん》」が認められている。尖閣諸島は清の支配下にないことが確認されたため、先占で取得したというのが外務省の見解だ。

政府は1895年1月の閣議決定を踏まえ、翌年に魚釣島、北小島、南小島、久場島の4島を古賀辰四郎氏に30年の期限付きで無償貸与した。

古賀氏はさっそく、アホウドリの羽毛採取やカツオ節製造、サンゴ採集などの事業に乗り出す。尖閣諸島には「村」が置かれ、最盛期には魚釣島に248人が居住した記録が残っている。

政府は1932（昭和7）年になって、古賀氏の息子である古賀善次氏の求めに応じ、貸与していた4島を払い下げた。しかし、戦争が迫った1940（昭和15）年ごろ、船舶の燃料油など物資が次第に不足してきたため、島民は全員引き揚げ、尖閣諸島は無人島に戻る。

戦争が終わると、日本は1952年発効のサンフランシスコ平和条約に基づき、台湾などの領有権を放棄した。ただ、尖閣諸島は、日本の領土である南西諸島の一部と位置づけられ、沖縄本島とともに米国の施政下に置かれた。米軍は久場島と大正島を爆撃演習場として使うため、久場島を所有していた古賀善次氏と1958年に賃借契約を結び、賃借料を支払った。1972年に沖縄が米国から日本政府に返還されると、日本政府は引き続き久場島を賃借し、国有地の大正島とともに米軍に提供した。

その後、古賀善次氏が所有していた4島（魚釣島、北小島、南小島、久場島）は、1974年から1988年にかけ埼玉県の実業家一族に譲渡されたが、尖閣諸島をめぐって日中両国の緊張が高まったことから、日本政府は2002年、魚釣島、北小島、南小島の3島を地権者から賃借し、管理を強化することにした。これで尖閣諸島の主要な5島はすべて国の管理下に入り、第三者の上陸を制限したり、島の転売に一定の歯止めをかけたりすることができるようになった。

中国の主張は無理筋

「日本が盗んだ中国の領土は返還されねばならない」

２０１３年5月26日、中国の李克強《リークォーチャン》首相は、訪問先のドイツ北東部の古都ポツダムで講演し、どぎつい表現で尖閣諸島の〝返還〟を日本に迫った。なぜ李氏は「日本が盗んだ」などと言ったのか。しかも、遠く離れたドイツの地で。

尖閣諸島の〝返還〟を求める中国の論法をまとめると次のようになる。

▽尖閣は日本が中国（清）から奪い取った。

▽第2次世界大戦で敗北した日本は奪った土地を返さなくてはならない。

▽従って、日本は尖閣の領有権を有しない。

ポツダムは第2次世界大戦末期の１９４５年、連合国が日本に無条件降伏を求めた「ポツダム宣言」がまとめられた場所だ。同宣言は、「日本国が清国人より盗取したる一切の地域」を中国に返還することを明記したカイロ宣言（１９４３年）の履行も求めていた。ポツダムは中国からみれば、日本の尖閣諸島領有の「不当性」を国際社会にアピールするには絶好の場所だった。

たしかに、日本政府が尖閣諸島を領土に編入した1895（明治28）年1月は、日清戦争の真っ最中だった。日清戦争は1894（明治27）年夏にはじまり、このころはほぼ日本の勝利が見えていた。しかし、日清両国が1895年4月に結んだ下関条約と呼ばれる講和条約は、第2条で清国が日本に「台湾と附属する島嶼《とうしょ》」「澎湖《ほうこ》列島」を割譲すると明記したものの、日本が割譲を受けた島々に尖閣諸島は含まれていない（外務省『尖閣諸島の領有権についての基本見解』）。尖閣諸島は日清戦争と無関係に、国際法で認められた先占によって日本領となったのであり、中国から「盗んだ」わけではないのだ。

そもそも、中国が尖閣諸島の領有権を主張しはじめたのは1971年で、日本が領有を閣議決定して76年もたってからだ。1951年、日本は米国など連合国とサンフランシスコ平和条約を結び、翌52年に戦争状態に終止符を打って独立を回復した。尖閣諸島は日本領であることを前提に、沖縄とともに米国の施政下に置かれたが、この時も中国は異議を唱えていない。

「Aさんの家の前を通りかかったBが、いきなり『これは俺の家だ』と言い出したようなもの」

国際法が専門の小寺彰《あきら》東大教授（故人）は、尖閣諸島の領有権に関する中国の主張のおかしさをこのようにたとえていた。

1971年になって突然、中国が領有権を主張しはじめたのは、尖閣諸島を含む東シナ海の海底に石油が埋蔵されている可能性が浮上したからだ。

国連アジア極東経済委員会が1969年に発表した報告書は、「台湾と日本との間に横たわる浅海底は将来一つの世界的な産油地域となるであろうと期待される」と指摘した。すると、中国外務省は1971年12月に声明を出し、「釣魚島（魚釣島の中国名）などの島嶼は昔から中国の領土である。明代《みん》に、これらの島嶼はすでに中国の海上防衛区域の中に組み込まれており、琉球、つまり今の沖縄に属するものではなくて、中国の台湾の付属島嶼だった」などと主張しはじめた。台湾もこれに先立つ1971年6月、尖閣諸島の領有を主張する外交部声明を発表した。

だが、尖閣諸島を日本領と認識していたことを示す中国側の資料は多い。1953年1月8日付の中国共産党機関紙・人民日報は、「琉球諸島は、我が国（注・中国）の台湾東北部及び日本の九州南西部の間の海上に散在しており、尖閣諸島、先島《さきしま》諸島、大東《だいとう》諸島、沖縄諸島、大島諸島、トカラ諸島、大隈諸島の7組の島嶼からなる」と書いている。また、1920(大正9)年には、尖閣諸島の魚釣島に漂着した中国漁船を救助した日本人に対し、中華民国の長崎総領事が「日本帝国沖縄県八重山郡尖閣列島」と明記した感謝状を贈っている。

第2次世界大戦後の日本の領土は、米国など連合国と結んだサンフランシスコ平和条約で確定した。カイロ宣言やポツダム宣言は戦争中に連合国が発表した一方的な政治的文書に過ぎず、戦争の結果として日本の領土を最終的に確定するものではない。しかも、日本政府は、サンフランシスコ平和条約第2条(b)で日本が領有権を放棄した「台湾及び澎湖諸島」に尖閣諸島は含まれないとする。実際、条約の交渉過程で、日本の尖閣諸島領有は特に問題にはならなかった。

日本政府は、こうした事実を踏まえ、尖閣諸島が日本領であることは疑いなく、外国との領土問題など存在していないとしている。たとえば、2012年5月18日付の政府答弁書は次のように記している。

〈尖閣諸島が我が国固有の領土であることは、歴史的にも国際法上も疑いのないところであり、現に我が国はこれを有効に支配している。したがって、尖閣諸島をめぐり解決すべき領有権の問題はそもそも存在しない〉

中国の主張に対する日本の反論

中国	日本
明や清の時代の書物には、久米島までが琉球領だったとの記述があり、それより西側の尖閣諸島は中国の海上防衛区域に含まれ、中国の領土だった	中国側が証拠とする書物には、久米島より西にある尖閣諸島が明や清に属することを示す記述は全くない。領有権の証拠とするには全く不十分なものだ
日本は、日清戦争に乗じて尖閣諸島を奪った	日清戦争前の1885年から何度も現地調査をし、尖閣諸島が無人島で清の支配が及んでいないことを10年かけて確認したうえで編入した
日本が清から盗取したすべての地域を返還するとしたカイロ宣言(1943年)やポツダム宣言(1945年)を日本が受け入れた結果、尖閣諸島は台湾と共に中国に返還されることになった	日本はサンフランシスコ平和条約で台湾などの領有権を放棄したが、この際、尖閣諸島は含まれず、米国の施政下におかれた。1972年の沖縄返還の際、尖閣諸島も沖縄の一部として日本に返還された
日本は、世界の反ファシズム戦争の勝利の成果を公然と否定し、戦後国際秩序に挑戦している	中国は、石油埋蔵の可能性が判明した後の1971年まで領有権を主張してこなかった。サンフランシスコ平和条約に基づいた処理に異議を唱える中国の行動こそ、戦後国際秩序への深刻な挑戦だ

しかし、日本国内には中国の主張に理解を示す人もいる。首相を務めた鳩山由紀夫《はとやまゆきお》氏もそのうちのひとりだ。

鳩山氏は首相退任後の2013年1月に中国を訪問し、北京の人民大会堂で賈慶林・人民政治協商会議主席と会談した。席上、鳩山氏は尖閣諸島は「係争地」であると発言し、日中間には尖閣をめぐる領土問題が存在するという、日本政府の主張と真っ向から反する考えを示した。

鳩山氏はその後も、日本政府を戸惑わせる発言を繰り返した。2013年6月には香港のテレビ番組に出演し、「中国側から見れば（日本が尖閣を）盗んだと思われても仕方ない」と述べた。

その論拠は中国の主張と同じだ。番組が放送された夜、東京・田園調布の自宅前に集まった記者団に対し、鳩山氏はとうとうと語った。

「ポツダム宣言に書いてあるでしょう。北海道、本州、四国、九州が固有の領土だと。日本は戦争に負けて、それが固有の領土になったんです」

「棚上げ論」をめぐる暗闘

中国の王毅《ワンイー》外相は〝知日派〟と言われている。日本語が堪能《たんのう》で駐日大使を務めた経験もあるからだ。その王毅氏が今、国際社会に向けて訴え続けているのが、尖閣問題の「棚上げ論」だ。

２０１３年9月20日、ワシントンのシンクタンクで講演した王毅氏は、聴衆にこう語りかけた。

「41年前、中国と日本が外交関係を正常化したとき、両国指導者は非常に重要な合意に達した。それは、この問題（尖閣問題）を棚上げし、後になって対処、解決するというものだ」

王毅氏の言う棚上げ論とは何なのか。

日中両国は１９７２年に国交を結んだが、その交渉にあたって、尖閣の領有権争いに決着をつけることを「棚上げする」と合意した、というものだ。尖閣の国有化（２０１２年）でこの合意をほごにしたのは日本であり、「両国関係を混乱させた責任は日本にある」と批判する論拠となっている。

こうした棚上げ論は、かつての中国最高指導者・鄧小平氏も言及している。鄧氏は１９７８年10月、日中平和友好条約の批准書《ひじゅんしょ》交換のため来日した際、日本記者クラブにおける記者会見で次のように述べた。

「尖閣諸島を我々は釣魚島と言う。名前も呼び方も違っている。中日国交正常化の際も、双方はこの問題に触れないと約束した。今回、平和友好条約を交渉した際も触れないことで一致した」

「こういう問題は一時棚上げにしても構わないと思う。10年棚上げにしても構わない。我々の世代の人間は知恵が足りない。次の世代はきっと我々より賢くなるだろう。その時は皆が受け入れられるよい方法を見つけることができるだろう」

鄧氏の発言は、両国の友好のため、「対立を棚上げしよう」と呼びかけているようにも読める。だが、中国の主張する棚上げ論は、尖閣の領有権が未確定であることを前提にしている点がポイントだ。棚上げ論を認めれば、「中国と領有権について交渉しなくてはならず、やがて尖閣の共同管理といった話にならざるを得ない」(小寺彰東大教授)。

そもそも「尖閣問題を棚上げする合意があった」という中国の主張は、これまでの中国の行動からも疑問符がつく。1992年2月、中国は領海法を定め、尖閣諸島を自国の「領土」、周辺を「領海」に指定しているからだ。領海法は、「領海侵入」に「必要なあらゆる措置を取る」と明記している。中国が現在、パトロールと称して尖閣周辺に政府の船(公船)を派遣し、日本領海への侵入を繰り返しているのは、この法律に基づく措置だ。中国は、領有権問題を棚上げする合意があったと主張しておきながら、その主張に反して現状変更につながる法律を制定しているのである。もっとも、日本政府の対応にも問題がなかったとは言えない。中国が領海法を制定した際、抗議はしたものの、「新たな措置を取ろうとするものではない。（棚上げという）中国の従来の立場を変えるものではない」などとする中国側の説明を受け、大きな外交問題にはしなかったからだ。

棚上げ論を明確に否定してこなかったうらみもある。外務省条約課長として国交正常化交渉に携わった栗山尚一《たかかず》・元駐米大使は、アジア時報（２０１２年12月号）の論文で、中国側が「棚上げ」を主張し、日本側はあえて反対しなかったという意味で「暗黙の了解」はあったという見解を示している。ただ、栗山氏は「中国側の『棚上げ』に関する日中間の明確な合意が存在するとする主張は、一方的に過ぎる」とも書いている。

現在、日本政府は、鄧小平氏が述べた「尖閣問題に触れない約束」（＝棚上げ）をした事実は、国交正常化交渉においても、平和友好条約交渉においてもなかったと明言している（２０１０年10月26日政府答弁書）。

一方、日本国内には中国の主張する棚上げ論を〝事実〟と認める向きがあり、やっかいなことになっている。

２０１２年９月23日、ひとりの日本人が中国国営中央テレビに出演した。元外務省国際情報局長で防衛大教授などを歴任した孫崎享《うける》氏だ。

孫崎氏は中国全土に放映されるニュース番組・新聞聯播で、「(日中間に)尖閣問題を棚上げにする合意があったと思う」と述べた。日本政府が今になってこのことを認めないのは、何らかの目的があるからだ、といった見解も示した。

孫崎氏は何をもって棚上げの合意があったと言うのか。著書『日本の国境問題　尖閣・竹島・北方領土』(ちくま新書)では、その論拠として、１９７２年９月に行われた田中角栄首相と中国の周恩来首相の会談記録を次のように紹介している。

「(周恩来)日中は大同を求め小異を克服すべきである。

(田中)大筋において周総理の話はよく理解できる。具体的問題については小異を捨てて、大同につくという周総理の考えに同調する。

(田中)尖閣諸島についてどう思うか？　私のところに、いろいろ言ってくる人がいる。

(周恩来)尖閣諸島問題については、今回は話したくない。今、これを話すのはよくない。石油が出るから、これが問題になった。石油が出なければ、台湾も米国も問題にしない。」

孫崎氏はその上で、こう記している。

「棚上げという言葉は使用していない。しかし、中国側は実質的には『棚上げ』を提案し、日本側はこれを受け入れている」

この通りのやりとりであれば、孫崎氏が結論づけたように、田中氏が「小異を捨てて大同につく」考えで棚上げ論を受け入れたように見える。ところが、公開された会談記録をまとめた東京大学東洋文化研究所の「日本政治・国際関係データベース」を見ると、孫崎氏の引用方法は誤解を招くものと言わざるを得ない。

田中・周会談は4日間で4回開かれたが、周氏の「日中は大同を求め……」という発言は1972年9月25日の第1回会談、田中氏の「同調する」という発言は26日の第2回会談で出たものだ。しかも、いずれも尖閣問題と無関係の文脈における発言である。

そして、田中氏が尖閣の認識を尋ね、周氏が「話したくない」と応じたのは、27日の第3回会談のやり取りだ。つまり、孫崎氏による田中・周会談の引用は、記録の一部を切り貼《ば》りしたものなのだ。

孫崎氏は同書で、「日中間で尖閣問題についてもっとつっこんで議論したのが、日中平和友好条約時における鄧小平・園田外相会談である」とも書いている。日中平和友好条約は1978年8月12日に調印され、日本側の交渉責任者を務めたのが当時の園田直《すなお》外相だった。

確かに、園田氏は1979年5月30日の衆院外務委員会で、鄧氏との会談について説明し、「尖閣列島の領有権については中国側にも中国側の主張がある」「今のままでもいいじゃないかというような状態で通すことが日本独自の利益から言ってもありがたいことではないかと考える」と述べている。

だが、園田氏は翌31日の衆院本会議では、「尖閣列島の問題は、日中友好条約の条件でもなければ議題でもない。領土問題は論議されていない」と明言しているのだ。外務省は「園田氏と鄧氏の会談で尖閣問題の棚上げで合意したなら紙にして残さないはずがない」（幹部）として、孫崎氏の主張を一蹴《いっしゅう》している。

1972年9月25日から28日にかけて行われた田中・周会談の記録は、日本の外務省が2011年に公開している（原本ではなく「昭和63年9月タイプしたもの」と注釈がある）。

これに対し、中国政府は会談記録を公開していない。ただ、人民日報は2012年

1972年9月に行われた田中角栄・周恩来両首相の会談の主なやりとり

第1回会談（9月25日）

周

　戦争状態終結の問題は日本にとって面倒だとは思うが、大平外相の提案に、完全に同意することはできない。サンフランシスコ平和条約以後今日まで戦争状態がないということになると、中国は当事者であるにもかかわらず、その中に含まれていない。
　日中は大同を求め小異を克服すべきであり、共通点をコミュニケにもりたい

第2回会談（9月26日）

　双方の外交関係樹立の問題に、日華平和条約やサンフランシスコ平和条約を入れると、問題が解決できなくなる。これを認めると、蔣介石が正統で我々が非合法になるからだ。
　我々は日中両国人民の友好のために、賠償放棄を考えた。しかし、蔣介石が放棄したからもういいのだという考え方は我々には受け入れられない

田中

　大筋において周総理の話はよく理解できる。日本側においては、国交正常化にあたり、現実問題として処理しなければならぬ問題がたくさんある。
　賠償放棄についての発言を大変ありがたく拝聴した。中国側の立場は恩讐(おんしゅう)を越えてという立場であることに感銘を覚えた。中国側の態度にはお礼を言うが、日本側には国会とか与党の内部とかに問題がある。
　具体的問題については小異を捨てて、大同につくという周総理の考えに同調する

第3回会談（9月27日）

　尖閣諸島についてどう思うか？ 私のところに、いろいろ言ってくる人がいる

　尖閣諸島問題については、今回は話したくない。今、これを話すのはよくない。石油が出るから、これが問題になった。石油が出なければ、台湾も米国も問題にしない

（太字は孫崎氏の著書での引用部分）

10月12日、尖閣諸島に関して日本外務省が明らかにしていない以下のようなやりとりの記録があると報じた。

周恩来「他の問題が大きくないのではないが、現在差し迫った問題は両国関係の正常化だ。いくつかの問題は時の推移を待って話そう」

田中「ひとたび国交が正常化すれば、その他の問題は解決できると私は信じる」

この報道について、日本外務省は「日本の記録にそのようなやり取りは残っていない」(幹部)と否定している。

中国は尖閣問題で日本を追い込むため、「三戦」を展開しているといわれる。自国に有利な情報を流して世論を導く「世論戦」、有利なルールを作る「法律戦」、情報操作や威嚇《いかく》で相手の意志をくじく「心理戦」だ。棚上げ論を広めようとする中国の行動は、まさに世論戦にほかならない。

ついに日中衝突

2010年9月7日午前9時過ぎ、尖閣諸島・久場島沖の領海内で、海上保安庁の巡視船「よなくに」が、違法操業している中国漁船を発見した。漁船は停船命令を無視し、「よなくに」と、近くにいた別の巡視船「みずき」に相次いで体当たりする前《ぜん》代未聞《だいみもん》の事件を起こした。

巡視船は放水して漁船を停船させようとしたものの、従わなかったため、ゴム製の緩衝材をつけた船首部分を漁船にあててようやく停船させることができた。「よなくに」は甲板の支柱が2本破損し、「みずき」は右舷側の外板が長さ約3メートル、幅約1メートルにわたって壊れ、右舷の支柱も数本破損した。海保は公務執行妨害容疑で41歳の中国人船長の身柄を拘束した。

事件の経緯はすぐに首相官邸に報告された。

当時の首相は民主党の菅直人氏、官房長官は仙谷由人氏。菅首相は一週間後に迫った民主党代表選で前幹事長の小沢一郎氏と激しい選挙戦を展開しており、事件には仙谷氏が中心となって対応した。

政府がまず決断しなければならなかったのは、身柄を拘束した中国人船長の処分だった。逮捕して裁判にかけるか、それとも日中関係に配慮して帰国させて政治決着を図るか。逮捕すれば内外に毅然《きぜん》とした姿勢を示すことができるが、中国の反発は必至であり、政治決着を図れば「弱腰」と批判されかねず、挑発行為を繰り返していた中国にも誤ったメッセージを送りかねなかった。

尖閣で違法行為を犯した中国人の処分は、これまでも日本政府にとって頭の痛い問題だった。2004年3月、7人の中国人が魚釣島に不法上陸した際は、沖縄県警が出入国管理・難民認定法違反（不法入国）で現行犯逮捕したものの、当時の小泉純一郎政権は7人を起訴せず、入管難民法65条の特例を持ち出し強制送還で決着させた。7人には魚釣島に日本の政治団体が設置した祠《ほこら》を損壊した疑いもあったが、これを事実上不問に付した政治決着だった。こうした小泉政権の対応について、民主党は「国会の審議でただしていく」と問題視した経緯があった。

さて、今回はどうするか――。仙谷氏は、海保を所管する前原誠司・国土交通相、岡田克也《かつや》外相と連絡をとって対応を協議した。小泉政権にならい、入管難民法65条の特例を活用して中国人船長を強制送還すれば早期に事態を収拾させることができたが、65条は入管法以外に容疑事実がない場合にしか適用できない条文だった。今回の事件では巡視船に大きな被害がでていることがすでに報道され、海上保安庁が事件の一部始終を撮影したビデオもあった。中国人船長の行動は刑法の公務執行妨害にあたるのは明白で、強制送還で済ませるのは難しかった。

悩んだ政府は9月8日未明、ようやく中国人船長の逮捕を決断した。尖閣をめぐる問題で、中国人を公務執行妨害で逮捕するはじめてのケースとなった。

仙谷氏は9月8日午前の記者会見で船長の逮捕を発表し、「我が国の法令に基づいて厳正に対処していく」と強調した。記者団から「外交的配慮はなかったのか」と問われると、仙谷氏はきっぱりと答えた。

「なかったということです」

逮捕された中国人船長は裁判にかけられる可能性が高まったものの、容疑を否認しており、慎重な裏付け捜査が必要だった。那覇地裁は9月10日、中国人船長の10日間の勾留《こうりゅう》を認め、19日にはさらに10日間の勾留を認めた。時間が経過していくうちに、中国政府の反発はどんどんエスカレートしていった。

「情勢判断を誤らず、賢明な政治決断を下してほしい」。中国の戴秉国・国務委員は9月12日に丹羽《にわ》宇一郎・駐中国大使を呼び出し、船長の早期釈放を迫った。時計はすでに午前0時をまわっており、こんな時間に外国の大使を呼び出すのは外交儀礼に反する行為だった。しかも、中国が丹羽大使を呼び出したのは、事件発生以来、5回目だった。

中国政府は、東シナ海のガス田開発をめぐる日本政府との交渉をキャンセルし、ニューヨークの国連総会にあわせて検討されていた日中首脳会談にも応じなかった。中国の温家宝《ウェンジアバオ》首相は9月21日夜、ニューヨークで開かれた在米中国人の会合であいさつし、「釣魚島は中国の神聖な領土で、船長を拘束したことは完全に不法な行為だ」と日本政府を批判した。さらに「日本が独断専行で（船長への司法手続きを）進めるなら、中国は一層の行動をとる。これによって生じる一切の重大な結果は、日本が全責任を負わなければならない」と警告した。

その言葉通り、日本政府には驚くようなニュースが次々と飛び込んできた。

「レアースの新規契約や船積み手続きの停止指示が出ていることを把握している」

大畠章宏《おおはたあきひろ》・経済産業相は9月24日の記者会見で、中国がレアアース（希土類）の対日輸出を停止していることを明らかにした。レアアースは希少金属の一種で、金属素材に混ぜると耐久性や耐熱性などが向上するため、ハイブリッド車や液晶テレビなどハイテク製品の製造に欠かせない。市場で取引されるレアアースは、採掘費や精錬費が安い中国産が大半を占めていた。供給が滞れば、日本の製造業各社が干上がってしまう恐れがあった。

この前日には、中国国営新華社通信の報道が日本を揺るがしていた。河北省石家荘市の国家安全当局が、軍事管理区域をビデオ撮影していた日本人4人を取り調べていると報じたのだ。4人は建設会社・フジタの社員で、数日前に「救命（たすけて）」と関係者にメールを送ってきたのを最後に行方がわからなくなっていた。日本政府は、漁船体当たり事件との関連について「結びつけるのは強引過ぎる」(仙谷官房長官)と表向き冷静な姿勢を示したが、スパイとみなされれば死刑になる可能性もあるだけに、関係者の緊張感は高まった。

エスカレートする中国の対日ハラスメント。中国国内では「くたばれ日本」などと過激な横断幕を掲げたデモ隊が街頭に繰り出し、民間の交流イベントまで次々とキャンセルされた。ミサイル駆逐艦を東シナ海の日中中間線付近に派遣することが検討されているとも伝えられた。

こうした危機の高まりを懸念し、米政府も動き出した。9月23日、ニューヨークのホテルで開かれた日米外相会談で、クリントン米国務長官は「尖閣諸島には、日米安全保障条約5条が適用される」と明言した。安保条約5条は米国の対日防衛義務を定めた条項であり、クリントン氏の発言は、日米で尖閣諸島を守ることを意味する。中国に軍事行動の自制を求めたのは明らかで、日本政府はクリントン氏の発言を歓迎した。日米関係は、米軍普天間飛行場移設問題の迷走で揺らいでいたが、尖閣問題はくしくも、「多くの日本人が日米安保の重要性、離島防衛の必要性を再認識する契機になった」(玄葉光一郎国家戦略相)。

一方で、菅首相は、日中関係の改善策が見いだせないことにいらだちを深めていた。9月14日の民主党代表選で前幹事長の小沢一郎氏を破り、改造内閣を発足させたものの、世論の関心の高い尖閣問題で対応を誤れば、政権の勢いは失速しかねなかった。しかも、11月には横浜市でアジア太平洋経済協力会議（APEC）首脳会議が予定されており、これに中国が欠席する事態となれば、ホスト国としてのメンツが失われかねなかった。菅首相は周囲に「超法規的措置はとれないのか」と声をあらげ、事件の早期解決を仙谷氏に強く求めた。

異例の結末

たった1隻《せき》の漁船が日中両国を大きく揺るがせた事件は、極めて異例な形で結末を迎えた。

9月24日午後、那覇地検の鈴木亨次席検事が緊急の記者会見を開き、勾留していた中国人船長を処分保留のまま釈放すると発表したのだ。

「被疑者の身柄を勾留したまま、捜査を継続した場合の我が国国民への影響や、今後の日中関係を考慮いたしますと、これ以上、被疑者の身柄の拘束を継続して捜査を続けることは相当ではないと判断した次第であります」

日中関係を考慮して捜査を打ち切るという異例の方針表明。鈴木次席は、用意したペーパーを淡々と読み上げた。

これを受け、仙谷官房長官は同日夕の記者会見で、「検察が捜査を遂げた結果、処分保留という現在の判断で身柄を釈放するという報告を受けたので、それはそれとして了とした」と述べ、検察の判断で船長が釈放されることになったと強調した。船長は25日未明、処分保留のまま釈放され、中国政府が石垣空港に差し向けたチャーター機にVサインを示して乗り込み、帰国した。

東京の最高検察庁には「検察が政治判断をするのはよくない」「中国の圧力に屈するのか」といった苦情や抗議が100件以上殺到した。しかし、政権のかなめである官房長官が「厳正に対処していく」と明言していたのに、司法機関にすぎない検察の、しかも那覇地検という地方部局が「日中関係」を理由に事件の幕引きを図ったのはあまりに不自然だった。

しばらくすると、この幕引きは、「検察の判断」を隠れみのにした政治決着であったことが明らかになる。一貫して「検察の判断」と説明してきた仙谷氏が、報道各社の取材に対し、法務省幹部らに船長の釈放を水面下で働きかけたことを認めたからだ。

２０１０年10月４日午後、ブリュッセルのベルギー王宮。アジア欧州会議（ＡＳＥＭ）に出席した菅首相は、夕食会終了後、会場外の廊下のイスに座り、中国の温家宝首相と約25分間会談した。「首脳同士のあうんの呼吸」（日本政府関係者）で行われることになった会談で、両首脳は日中関係について「現在の状況は好ましくない」という認識で一致した。双方とも英語通訳を介した即席の会談であったが、日中両国の対立にとりあえず終止符を打つ格好となった。

ただ、会談で両首脳は、尖閣がともに自国領であるという原則論を述べ合った。政治決着で何とか事件をおさめ、首脳会談にこぎつけたものの、対立の火種は残ったままだった。

「尖閣国有化」の決断と波紋

こうした日中両政府の動きに不満を募らせていた人物がいた。中国に対する厳しい姿勢で知られていた石原慎太郎・東京都知事だ。

「ちょっと物議を醸《かも》しにいってくる」

こう言って２０１２年４月に訪米した石原氏は、16日にワシントンの保守系シンクタンク・ヘリテージ財団で講演し、尖閣諸島を東京都が買い上げる構想をぶちあげた。

「(中国は) 尖閣を俺たちのものだという。とんでもない話だ。東京都はあの尖閣諸島を買います。本当は国が買い上げたらいいが、中国が怒るから外務省はびくびくしている」

講演終了後、石原氏は、事実関係を確認しようと集まった記者団に、すでに地権者と購入話を進めていることを明らかにしたうえで、「東京が買ってくれるなら売りますということで、買うことにしました。もう話もつけて、今、おそらく代理人の弁護士どうしが話をして手続きをしていると思います」と述べた。

この時点で、尖閣諸島の主要な五つの島のうち、大正島は国有地で、魚釣島、北小島、南小島の3島は埼玉県在住の実業家の男性が、久場島は男性の妹がそれぞれ所有していた。政府は4島を地権者から賃借して管理していたが、石原氏は地権者と水面下で島の購入話を進め、しかも合意寸前だというのだ。

石原氏は帰国すると、ただちに購入の準備を進め、4月末には都庁に尖閣諸島購入の専従チームを設置し、購入費用にあてる募金活動をスタートさせた。石原氏の構想は大きな反響を呼び、募金は10日あまりで3億円以上も集まった。中には数十万円をポンと寄付した人もいたという。

仰天したのは政府だった。中国に厳しい石原氏のもとで東京都が尖閣諸島を購入すれば、中国政府を刺激することは確実だった。当時の野田佳彦《よしひこ》首相は、長浜博行《ひろゆき》官房副長官らに情報収集を指示するとともに、都に先んじて国が地権者から島を購入する「国有化」の検討に入った。

中国政府も敏感に反応した。4月26日、中日友好協会の唐家璇《タンジアシュエン》会長（前国務委員）が来日し、首相官邸で野田首相と会談した。唐氏は会談終了後、尖閣諸島の話はなかったと記者団に説明したが、「一部分の問題によって両国関係が損なわれることはないように望んでいます」とも述べ、政府が石原氏に「待った」をかけることへの期待をにじませた。唐氏はその思いが伝わらないとみたのか、6月に上海で開かれたシンポジウムでは、「両国民の世論を動かし、利益を手に入れようとしている」「陰謀とも言える」などと厳しい言葉で石原氏の動きをけん制した。

日本政府関係者は、この問題は佐々江賢一郎・外務次官と河相《かわい》周夫《ちかお》・内閣官房副長官補、中国の戴秉国・国務委員と張志軍・筆頭外務次官らが中心となって善後策を協議したといい、「一言で言えば、石原知事に引っかき回されるより国有化したほうがましだろ、と言って中国を説得した」と明かす。東京都が購入すれば、船だまりや灯台などの施設を建設する可能性があり、そうなれば中国政府も引くに引けなくなるだろうが、国有化なら施設は作らないと約束する。だから、尖閣諸島の国有化を理解してほしい――というわけだ。

日本側は戴氏らと接触した結果、「国有化やむなし」との感触をつかんだという。だが、中国政府の最高レベルの理解を得るにはいたらなかった。

当時、中国は胡錦濤《フージンタオ》体制から習近平《シージンピン》体制に権力が移行する微妙な時期だった。「戴秉国が上に報告したら一蹴されたのか、それとも戴秉国が上層部への根回しをあきらめたのか、よくわからなかった」と先述の政府関係者は証言する。

日本政府は尖閣諸島国有化に対する中国政府の反応を読み切れなかったが、事態はめまぐるしく動いていた。２０１２年８月15日、香港の反日民間団体「保釣行動委員会」の抗議船が尖閣諸島・魚釣島西側の岩場に接岸し、香港の活動家ら７人が島に上陸した。抗議船は「わずかな土地でも失うことはできない」などと書いた横断幕を掲げ、活動家の上陸を阻止しようとする海上保安庁の巡視船にレンガ片を投げつけて抵抗、上陸した７人は中国や台湾の旗を振って気勢をあげた。

沖縄県警と海上保安庁は、抗議船の乗員を含め14人を逮捕したが、日本政府は17日、小泉政権当時の対応にならい、14人を裁判にかけず入管難民法65条で強制送還することを決めた。

保釣行動委員会は１９９６年に設立され、メンバーをその年のうちに尖閣に上陸させている。ただ、同会はその後少なくとも7回、尖閣への上陸を試みたが、日中関係に配慮した香港当局に阻止され、目的を果たせなかった。それが今回、香港当局が尖閣に向かうことを阻止しなかったのは、尖閣を「都有地」にすることに反発する中国政府の意向をくんだのは確実だった。

一方、地権者の心も揺れ動いていた。埼玉県に住む地権者の男性は、長浜官房副長官と接触を重ねるにつれ、東京都ではなく政府に売却する方向に傾き出した。政府関係者によると、かなり思い切った買収金額を示したことが奏功したという。

問題は、石原氏だった。8月17日の記者会見で、中国人の魚釣島上陸を許した日本政府の対応を「弱腰外交と言うか、中国にへつらう情けない姿がまた出た」と厳しく批判した。ただ、石原氏は、都が尖閣諸島を購入した場合でも、最終的には政府に譲渡するなど国有地とする考えも示していた。政府が島を購入することに何が何でも反対というわけではなさそうだった。

野田首相は8月19日、石原氏に近いたちあがれ日本（当時）の園田博之《ひろゆき》衆院議員を介し、首相公邸に石原氏を招いて極秘に会談した。野田氏が国有化の検討状況を説明し、石原氏の理解を求めたところ、石原氏は政府が尖閣諸島を購入する条件として、漁船が荒天時に一時避難できる船だまり（避難港）や無線施設の整備などを求めたという。

この会談を受け、政府はA～Hの尖閣活用案を作成した。

A案は島に手を加えず現状維持とする内容で、B案は環境保護策の実施、C案は灯台改修、D案は石原氏が求めた船だまりの建設、E案は海洋資源の調査で、徐々に中国や台湾の強い反発が予想される内容となっていた。最も強硬なH案は「自衛隊の常駐」であり、この案には「中国や台湾の反発は計り知れない」と但《ただ》し書きがそえられた。

8月30日、首相官邸に野田首相や藤村修官房長官らごく少数の政権中枢《ちゅうすう》が集まり、A～H案をもとに尖閣国有化に向けた詰めの協議を行った。中国の反発を最小限に抑えたい玄葉光一郎外相は、「何もしないA案でいきたい」と訴えた。だが、野田氏は石原氏の意向も考慮して「何もしないわけにはいかない」と否定的な考えを示し、B案やC案に関心を示した。

玄葉氏は、中国を刺激すべきではないと考える岡田克也副総理と共に、野田氏の説得を続けた。野田氏は、魚釣島にある灯台の光源を発光ダイオード（LED）に切り替えるぐらいはいいのではないか、とこだわったが、最後は玄葉氏らの説得を受け入れ、A案の採用に同意した。

9月11日、政府は閣議で、尖閣諸島のうち魚釣島、北小島、南小島の3島を埼玉県に住む地権者の男性から20億5000万円で購入し、国有化することを決定した。東京都は全国からの募金で14億6000万円を集めていたが、政府はこれを大幅に上まわる額で3島を購入した。久場島は、地権者である男性の妹が売却を拒否したため、引き続き賃借を続けることとなった。

藤村官房長官は11日午前の記者会見で国有化の狙《ねら》いを「長期にわたって平穏かつ安定的に維持管理する」ためと説明し、「日中関係の大局に影響を及ぼすことは全く望んでいない」と中国側に冷静な対応を求めた。

だが、政府が東京都に先んじて島を購入して「国有化」する事情は、諸外国にはなかなか理解されなかった。

国有化の6日後、来日した米国のパネッタ国防長官（当時）は、歓迎昼食会で防衛省幹部を質問攻めにした。

「所有者はなぜ急に島を売る気になったのか」

「どうして東京都知事が絡《から》んでいるのか」

昼食会に先立つ日米防衛相会談では、当時の森本敏《さとし》防衛相にこう迫った。

「我々は中国の挑発行為が大きな事態に発展することを懸念《けねん》している。ただ、日本政府にも建設的な対応をお願いしたい」

米国にとって、経済力や軍事力をつけた中国との関係は「複雑であり、競争と協力がミックスしたもの」（バイデン副大統領）になっている。米政府は日米同盟を重視し、尖閣諸島を日米安全保障条約の対象に含めるという公式な立場を表明していたものの、尖閣をめぐる日中の争いに巻き込まれることは避けたい、というのが本音だった。

広がる反日デモ

日本政府が国有化を正式決定する直前の2012年9月9日、ロシア極東・ウラジオストク。環太平洋の21か国・地域の首脳が参加し、この地で2日間にわたって開かれていたアジア太平洋経済協力会議（ＡＰＥＣ）が、ワーキングランチをもってまもなく終了しようとしていた。

各国首脳が集まっていた控室で、野田首相は遅れて入ってきた中国の胡錦濤国家主席に歩み寄った。この2日前に中国雲南省で大地震が発生し、多数の犠牲者が出ていたため、野田氏はお見舞いを述べようと思ったのだという。

ところが、「日本に何かやれることがあったら何でも言ってください」と声をかけた野田氏に対し、胡氏は怒気を込めて尖閣諸島の国有化方針を非難した。「どのような方式であろうと『島購入』は不法であり、無効だ。断固として反対する」

両首脳の間に緊迫した空気が流れた。野田氏は「国際法上も、歴史的にも何も問題はない」と言い返し、「現下の日中関係については大局的観点から対応したい」と訴えたが、胡氏の表情は硬いまま。この間約15分。通訳を傍らに、両首脳は立ったまま応酬を繰り広げた。

日本政府が、尖閣の国有化を閣議決定するのはこの2日後だ。中国国防省は9月11日、国有化に抗議する談話を発表し、「相応の措置をとる権利を留保する」と対抗措置を示唆《しさ》した。人民日報も、「日本が釣魚島を侵犯、占領するたくらみ」の打破を訴えた。

中国は、「メンツを極めて重視する」(外務省幹部)と言われる。尖閣諸島国有化をめぐる中国政府の激しい反発は、野田首相と胡主席がウラジオストクで接触してから2日後に国有化を決定したことも影響した可能性があった。9月27日、日中国交正常化40周年に合わせて北京を訪問した河野《こうの》洋平・元衆院議長ら日中友好7団体の代表を夕食に招待した唐家璇・中日友好協会長は、不機嫌そうに言った。

「メンツをつぶされた」


中国国内では、これまでみられなかったほど激しい反日デモの嵐《あらし》が吹き荒れた。

「小日本を打倒しろ！」「日本製品をボイコット！」

日本政府による尖閣国有化後、初めての週末となった9月15日午前、北京の日本大使館前には、毛沢東の肖像画を掲げたデモ隊約100人が集まり、拳《こぶし》をふりあげてシュプレヒコールを繰り返した。

続いて第2、第3の100人規模のデモ隊がやってきて同じようにシュプレヒコールをあげた。大使館前の片側3車線の道路があふれかえると、デモ隊は卵やペットボトル、トマト、石などを大使館に投げつけはじめた。大使館の警備にあたる警官隊は、立ち止まらないように指示しただけ。デモ隊はしだいに暴徒化し、取材していた記者団にも「日本人記者がいるだろう」と罵声《ばせい》を浴びせ、石などを投げつけた。

デモ隊は正午前には1万人規模にふくれあがった。完全装備の武装警察が3重、4重の列を作って大使館の正門前をガードし、デモ隊が大使館の柵《さく》を蹴《け》ったり、中に侵入しようとしたりすると取り押さえるようになった。

地方都市の反日デモは、北京よりも過激だった。この日、香港に近い広東省東莞市の長安鎮では、デモ隊に次々と通行人が加わり、瞬《また》く間《た》に3000人規模に膨れあがった。人数が増えるにつれて隊列が乱れ、日系企業とみられる事業所の窓ガラスを割ったり、駐車中の日本車をひっくり返したりして暴れ回った。市内の回転寿司店は入り口のガラス戸を破られ、乱入した数十人のデモ隊によって徹底的に破壊された。

東シナ海に面した山東省青島では15日午後、パナソニックグループの電子部品工場など日系企業10社の工場にデモ隊が乱入し、放火したり、生産ラインを破壊したりした。暴徒化したデモ隊は日系スーパーのジャスコも襲い、商品を略奪した。

焼き打ちされた工場から黒煙があがる様子は、世界中に報じられた。中国外務省はデモの前日に北京駐在の各国の記者を集め、「明日は何が起きるかわからない。くれぐれも身の安全に注意するように」と警告した。

中国各地で吹き荒れた反日デモは、中国当局によって組織された「官製デモ」の色合いが濃かった。デモの現場にバスが次々と乗り付けられ、中国国旗を手にした人たちが降りてきてデモに参加する光景もみられた。

一方、日本政府は、反日デモが燃えさかる中国を刺激しないよう努めた。

那覇市の西北約60キロ、沖縄県渡名喜村《となきそん》にある無人島・入砂島《いりすなじま》。日米両政府は、米軍が射爆撃場として使っているこの島で、2012年11月に離島奪還訓練を行う計画をたてた。陸上自衛隊と在沖縄海兵隊が航空機の支援のもと、敵に占領された離島を奪い返す想定で、自衛隊が国内で実施する初の本格的な離島奪還訓練だった。

しかし、日本政府はこの訓練を直前になってキャンセルした。尖閣諸島の近くでこうした訓練を行えば、中国を刺激しかねないと危惧《きぐ》したからだ。関係者によると、米政府が直前のキャンセルに不快感を示したため、政府高官を米国に派遣して釈明したという。

また、政府は、東シナ海で中国海軍艦艇を監視する海上自衛隊に対し、中国の艦艇から目視できない距離まで離れるよう指示した。海上で他の艦艇を目視できる距離は約30キロとされ、海自はそれ以上離れた場所からレーダーによる監視に切り替えた。中国艦艇が近づいてきた場合は、海自艦艇がその分、後退して距離を保った。海自と中国軍が接近して緊張が高まる事態を懸念した措置であったものの、中国に対し、日本が引いたかのような「誤ったメッセージ」を与えてしまった可能性があった。この措置は当時の野田政権が退陣するまで続いた。

尖閣諸島をめぐって日中関係が急激に悪化した時期は、民主党が政権を担《にな》っていた期間（２００９年９月～２０１２年12月）に重なる。この間、日本の安全保障のかなめである日米同盟は揺らぎ、中国への対応は「毅然」と「宥和《ゆうわ》」の間で揺れた。２０１２年12月の衆院選で民主党が政権を失い、自民党と公明党による第２次安倍晋三政権が発足したとき、元外務次官の谷内《やち》正太郎氏は読売新聞のインタビューで民主党政権下の日中関係を次のように振り返った。

「中国は国内総生産（ＧＤＰ）で日本を追い抜き、世界第２位の経済大国となった。自信を深め、自己主張を強めている。それが、沖縄県の尖閣諸島などを巡って日本に強硬姿勢を取る背景にある。加えて、民主党政権、特に鳩山政権で日米関係がぐらつき、国際社会から、日本は国力の陰りがあるのみならず、国家の運営に問題が出てきたと見られるようになってしまった。中国は『米国は日本をバックアップしないかもしれない』と考えたのだろう。日本は足元を見られてしまった」（12月25日付読売新聞朝刊）

外交の迷走や危機管理の失敗が尖閣をめぐる問題の傷口を広げた。中国はますます挑発的な行為を重ねるようになり、日本の政権が交代しても、その傷口の修復は容易ではなくなった。

エスカレートする対立

「大変異常なことであり、一歩間違えると大変危険な状況に陥る。そのようなことを我が国としては認識しております」

２０１３年2月5日夜、小野寺五典《いつのり》防衛相は東京・市ヶ谷の防衛省で、海上自衛隊の護衛艦とヘリコプターが、中国海軍艦艇から火器管制レーダーを照射されたことを明らかにした。

火器管制レーダーは、敵の艦船や航空機を攻撃する際、砲やミサイルの照準を合わせるために照射される。ミサイルなどがいわゆるロック・オンの状態となり、発射準備が完了する。

防衛省によると、レーダー照射があったのは尖閣諸島北方百数十キロの公海上だった。1月30日午前10時頃、海自の護衛艦「ゆうだち」が航行中、約3キロ離れた場所にいた中国海軍のジャンウェイ2級フリゲート艦からレーダーを照射された。照射は数分間続き、「ゆうだち」は進路変更などの回避行動を取ったという。

同月19日午後5時ごろにも、護衛艦「おおなみ」の搭載ヘリ・SH60が、警戒飛行中に中国海軍のジャンカイ1級フリゲート艦からレーダーの照射を受けた。

一般に、火器管制レーダー照射後、数秒でミサイルなどの発射が可能になる。まさに「武力による威嚇」(小野寺防衛相)にあたる危険な行為だった。米軍ならば、相手からレーダー照射された時点で攻撃を受けたとみなし、反撃することが許されている。

防衛省幹部によると、護衛艦はレーダーの電波を周波数ごとに音に変換し、監視している。通常のレーダーであれば音と音の間に一定の間隔があるが、火器管制レーダーを照射された場合は「ピー」と音が鳴り続けるため、すぐにわかるという。だが、防衛省は念のため、記録していたデータを東京に送り、解析したうえで、中国軍によるレーダー照射に間違いないと確認してから公表した。

レーダー照射が現場の艦長の独断だったのか、中国政府によって計画された行動だったのか、日本政府は事件の背景分析に努めた。

「海のルールを知らない田舎海軍の暴走」(自衛隊幹部)であったとしても、偶発的な衝突から戦争に発展する恐れがある。日本と中国の間には、現場の部隊同士が予期せぬ形で衝突した場合、上級指揮官同士が連絡をとりあって本格的戦闘に発展することを防ぐシステムがない。2011年の防衛次官級協議でホットライン設置などの検討をはじめることで合意したものの、協議は尖閣諸島国有化で中断していた。

レーダー照射が中国政府の意図によるものであれば、問題はさらに深刻だ。

一連のレーダー照射事件が起こる直前の2013年1月9日、産経新聞は朝刊で「中国軍、領空に連日接近、政府、警告射撃も検討」と見出しをつけ、中国軍の挑発行為に対し、「警告射撃など自衛隊の対抗措置を強化する検討に入った」と報じた。記事は、具体的な対応として、「領空侵犯機が無線での警告に従わない場合、曳光弾《えいこうだん》を使った警告射撃を行うことや、海軍艦艇が領海付近に進出してくれば海上自衛隊の艦艇を一定の範囲内に展開させることが柱となる」と書いた。

東京の中国大使館は、新聞に掲載されている首相の動静を逐一チェックし、交友関係などを綿密に分析している。記事が出る前日の8日夜、安倍首相は東京・赤坂のANAインターコンチネンタルホテル東京で産経新聞の清原武彦《たけひこ》会長、熊坂隆光《くまさかたかみつ》社長らと会食していた。「安倍首相が産経新聞に記事を書かせたのではないか、と中国側は疑ったフシがある」（政府関係者）。

記事が掲載された翌日の10日、中国軍のJ（殲）10戦闘機2機と偵察機1機が東シナ海の日本の防空識別圏（ADIZ）に入り、航空自衛隊のF15戦闘機がスクランブル発進する事態となった。中国機は日本の領空には入らなかったものの、高速で移動する戦闘機同士が相まみえる事態となれば、偶発的な衝突が起こる可能性が飛躍的に高まる。戦闘機の接近は中国政府が意図したものであることは確実だ。そしてこの9日後、最初の火器管制レーダーの照射事件が発生した。

絶えざる緊張の海

尖閣周辺の領海は、海上自衛隊第5航空群（那覇市）に所属するP3C哨戒機《しょうかいき》が警戒している。中国の公船や軍艦のほか、漁船団の動きにも目を光らす。

東シナ海を航行する船舶をレーダーに捉《とら》えると、P3Cは目視するため高度を150～170メートルに下げて接近する。船の進行方向右側を並走するように飛び、搭乗員が一眼レフのカメラで撮影する。

2013年7月25日、宮古島の北東約100キロの海域で、駆逐艦を含む5隻の中国軍艦隊がP3Cにとらえられた。日本海のウラジオストク沖でロシア軍と実弾射撃訓練を行った後、宗谷海峡を通って太平洋に出てきたとみられた。中国軍の艦隊が日本列島をぐるりと一周したことが確認されたのははじめてだった。

その前日には、沖縄本島と宮古島の間を中国軍の早期警戒機Y8が飛んだ。中国軍機が南西諸島を越え、太平洋に出てくるのもはじめてだった。ちょうど鹿児島県の海上自衛隊鹿屋《かのや》航空基地を視察していた小野寺防衛相は、この事実を記者団に明かし、

「中国がこれから太平洋に進出してくる」と危機感をあらわにした。

Y8機は太平洋上で5隻の艦隊と何らかの共同訓練を実施したとみられている。中国本土から遠く離れた太平洋で、航空機と艦艇が連携して行動するにはそれなりの練度が必要だ。海上における中国軍の部隊運用能力は大きく向上しているとみられた。

自衛隊は地上レーダー網でも中国軍の動向を監視しているが、2012年12月13日、尖閣諸島周辺の領空を侵犯した中国国家海洋局の航空機を捕捉《ほそく》することができなかった。目撃した海上保安庁の巡視船から連絡を受け、スクランブル発進した航空自衛隊のF15戦闘機が現場に到着した時、中国機はすでに飛び去っていた。

これを機に、防衛省は航空機による空からの警戒監視体制を強化した。空自警戒航空隊（浜松市）の空中警戒管制機（AWACS）が東シナ海に派遣され、早期警戒機E2Cの一部が沖縄に移駐された。政府は今後、無人偵察機グローバルホークの導入や地上レーダー網の強化を図る方針だが、当面は有人機による警戒監視を続けざるを得ない。警戒航空隊の津田昌隆《まさたか》司令は「装備品や人的戦力は限られている。いかに効果的、効率的に運用するかが課題だ」という。

厳しい状況のもとで中国と向かい合っているのは、自衛隊だけではない。

「今のままでは現場がもたなくなる。体制強化の計画を作ろう」

　2012年9月下旬、海上保安庁の北村隆志《たかし》長官（当時）は約10人の幹部職員を長官室に集め、こう指示した。尖閣周辺海域を所管している第11管区海上保安本部（那覇）は、100トン以上の大型巡視船を7隻保有しているが、日本の領海で挑発行為を繰り返す中国政府の公船に対応するには数が少なすぎ、全国各地の保安本部から巡視船の応援をうけて何とかしのいでいた。

　北村長官のもと、約2か月の検討作業でまとまった案は、石垣海上保安部（沖縄県石垣市）を拠点とする「尖閣専従部隊」の新設だった。2015年度末までに大型巡視船12隻、600人の体制を築き、中国に対応するという。

　要員確保のため、海上保安官の定年延長も決めた。2012年度は、これに86人が応じた。


　日本に対抗するため、中国も海上警察力を増強させている。

　2013年7月22日、北京中心部の建物に「中国海警局」と書かれた約2メートルの大看板が掲げられた。

　中国の海上警察にはこれまで、国家海洋局の海監総隊、農業省漁業局、公安省の辺防海警、税関総署、交通運輸省海事局――の五つの組織があり、バラバラで活動していた。その反省から、交通運輸省海事局を除く4機関を統合して強力な中国海警局（海警）を置いたのだ。

海上警察力の強化は、尖閣問題で日本を追い詰める狙いがあるとみて間違いない。2013年1月、北京で開かれた中国政府の全国海洋工作会議で決定された活動方針にはこうある。

〈海上の法執行能力を増強し、統一的に協調させる〉

〈釣魚島の海域での主権維持の巡視航行、法執行の常態化を堅持する〉

尖閣諸島の沖にほぼ常駐するようになった海警。その背後の海域では、「武装民兵も乗っている」（防衛省幹部）とされる多数の中国漁船が操業し、中国軍の艦艇もしばしば姿を現す。

防衛省が2012年にまとめた中国安全保障レポートによると、尖閣に送り込まれる恐れのある中国の公船は約40隻。海上保安庁には、中国がさらに50隻の公船を新造するといった情報も入っている。

いつ終わるかわからない日中のにらみあい。「10年は続くだろう」と見る政府関係者もいる。

首脳会談できず　打開策もなし

中国の習近平《シージンピン》国家主席の顔が一瞬、凍り付いた。

２０１３年9月5日夜、主要20か国・地域（G20）首脳会議が開かれたロシア・サンクトペテルブルクのコンスタンチン宮殿。安倍首相は会場で習氏をみつけると、さっと近づき、「ミスター・シー・ジンピン」と声をかけた。

とまどいながらも、差し出された安倍氏の手を握った習氏。口の中でモゴモゴと言葉を反すうしてから「中国外務省の報道官がいつも口にするような、尖閣問題での公式見解を語った」（首相周辺）。この間わずか4～5分だったものの、尖閣諸島をめぐり激しく対立する日中両国の首脳が、２０１２年9月の尖閣国有化以来はじめて言葉をかわした。

日中両国政府は、サンクトペテルブルクで首脳会談を設定していなかったが、安倍氏はチャンスがあれば習氏と言葉を交わしたいと考えていた。ロシアに向かう政府専用機内でも、「習近平」の中国語の読み方を同行の政府高官に尋ねるなど、並々ならぬ意欲を示していたという。

ただ、尖閣諸島周辺では、日中の海上警察当局によるつばぜり合いがやむことはなかった。両首脳が握手を交わした直後の9月6日夜も、中国海警局の公船「海警」4隻が、海上保安庁の警告を無視して日本の領海に侵入した。

シンガポールの有力紙ストレーツ・タイムズは2013年末、この年アジアで最も影響力のあった人物「アジアン・オブ・ザ・イヤー」に、安倍氏と習氏の2人を選んだ。日本経済を立て直し、国際貢献にも熱心な安倍氏と、経済力や軍事力を急速に拡大させた中国を率いる習氏。「アジアの顔」であり、同時に世界のトップリーダーでもある両氏は、なかなか正式な会談を開けないでいる。安倍氏は「対話のドアはオープンだ」と繰り返しているが、中国側は「成果の見通しがないまま首脳会談は組めない」と冷ややかだ。安倍氏が2013年12月に靖国神社を参拝した後は、「中国の人民は歓迎しない。中国の指導者も会わない」（秦剛・外務省報道局長）と首脳会談を拒否する姿勢を鮮明にした。

日中両政府の外交当局は、何とか外交交渉で対立を回避できないか、水面下で妥協案を模索したことがある。

日本政府が尖閣を国有化してからちょうど1年たった2013年9月、中国国内では大規模な反日デモはみられなかった。放火や略奪など反日デモが行きすぎれば、社会の混乱につながりかねず、ちょっとしたきっかけで共産党独裁の中国政府批判にも転じかねない。中国政府が反日デモを認めなかったのは明らかだった。そして9月下旬、中国外務省で日本問題を担当するアジア局の熊波・副局長が来日し、数日間にわたって外務省幹部らと極秘で協議を重ねた。

政府関係者によると、この時期、両国の外務省が中心となって尖閣問題の妥協案を議論していたのだという。

その案は、両国が尖閣をめぐって「問題」が存在していることを認め、日本は「問題」を「外交上の問題」ととらえ、中国は「領土問題」ととらえる。言葉の遊びのようだが、尖閣をめぐる領土問題は存在していないという日本政府と、領有権を主張する中国政府のメンツをたてるため、問題をあいまいにして折り合いをつけるという苦肉の策だった。合意文書を交わすことも検討された。

しかし、首相官邸は、この妥協案を認めなかった。外交上の問題を認めるのはいいが、領土問題を認めることになれば、中国政府の公船が大手を振って日本の領海に侵入する口実を与えかねなかったからだ。「絶対に譲ってはいけない線があった」。政府高官は当時を振り返ってこう語った。

中国政府指導部も、妥協案を受け入れることはできなかった。2012年11月に発足した習近平体制は、重慶市共産党委員会の元トップ、薄熙来《ボーシーライ》・元政治局員の裁判や、周永康《ジョウヨンカン》・前共産党政治局常務委員（前党中央政法委書記）周辺の腐敗摘発などを通じ、国内の権力基盤固めを続けていた。軍の掌握も道半ばであり、内政上の微妙な時期に、尖閣問題で日本に歩み寄ったと受け止められれば、対立する勢力に足をすくわれかねなかった。

対立は世界を舞台に

「中国の釣魚島に対する主張には妥当性がある」。米有力紙ニューヨーク・タイムズは2013年12月5日付の紙面でこんな内容のコラムを掲載した。筆者は著名なコラムニストのニコラス・クリストフ氏。日本政府はただちに同紙とクリストフ氏に抗議したが、こうした論調が海外の新聞で目立つようになっている。

2012年秋、外務省を驚がくさせる事態があった。世界各国の新聞に、日本を批判する広告が次々と載ったのだ。ワシントン・ポストやニューヨーク・タイムズなど有名紙だけではない。太平洋の島国やアフリカなど「えっ？と思うような国」（外務省幹部）も含まれていた。各国のテレビ番組にも中国の外交官が頻繁に出演し、日本批判を繰り広げた。

対する日本政府の広報戦略は、国際社会の世論形成に影響力のある人物に日本の立場を理解してもらうことが柱となっている。当事者である日本政府が情報を発信するよりも、こちらのほうが世論に浸透しやすいとみているためだ。

２０１３年７月、政府は、米タイム誌の東京支局長を務めた米国人ジャーナリスト、ジム・フレデリック氏を日本に招き、沖縄県石垣市の海上保安庁の基地などを見学してもらった。フレデリック氏は約１週間日本に滞在し、海保や外務省の担当者と意見交換を重ね、ツイッターに英語で感想などを書いた。

政府はこの翌月、「対外広報戦略企画チーム」の初会合を首相官邸で開き、フレデリック氏のような有名ジャーナリストの招聘《しょうへい》や、海外の親日派、知日派への働きかけなどを進めていく方針を確認した。集中豪雨のような中国の広報戦の前に、いかにも蟷螂《とうろう》の斧《おの》といった感じがなきにしもあらずだが、政府の広報戦略の責任者である長谷《はせ》川《がわ》栄一・内閣広報官は、「日本に関心がない人にいきなり領土や領海の話をしても意味がない」という。まずは日本に関心を持つ人を増やすことが大切で、そうなれば日本の主張に共感してもらえるのだと説く。

日本政府は、南シナ海で中国の強引な海洋進出に悩む東南アジア諸国連合（ＡＳＥ

AN）加盟国などとの連携も重視している。事実上の対中包囲網を敷く狙いがあり、中国はこうした日本政府の動きに神経をとがらせている。

２０１３年９月、日本で開かれた地味な国際会議に、中国共産党機関紙・人民日報が激しく反応した。「新興海洋国能力構築支援セミナー」と題したこの会議は、新興国の海上警察力の体制強化を支援しようというもので、バングラディシュ、ジブチ、インドネシア、ケニア、マレーシア、ミャンマー、パプアニューギニア、フィリピン、スリランカ、タイ、トンガ、イエメン、ベトナムの13か国が出席した。会議の冒頭、ホスト役を務めた外務省の城内実《きうちみのる》政務官は、海洋の問題に関して「力による現状変更は認められない」と強調した。

人民日報（９月26日付日本語電子版）は城内氏の発言を引用して次のように書いた。「この発言は暗に中国を非難しており、海洋版『中国脅威論』の売り込みであり、海洋秩序の守護者としての日本のイメージを築こうとするものだ。日本は道徳的に優位に立ち、関係国に海上安全保障支援を気前よく提供することで、中国を牽制《けんせい》し、さらに海洋係争、海上安全保障問題で発言力を獲得し、優位につくという最終目的を達成することを望んでいる」

確かに、人民日報が注目した「力による現状変更は認められない」という考えは、海洋政策に関する日本政府のキャッチフレーズになっている。こうした考えが国際社会に広がれば、中国が挑発行為を繰り返しても、たとえ武力で尖閣諸島を奪取しても、日本は領有権の正当性を訴え続けることができるからだ。安倍首相も先頭に立って、外遊先などで「力による現状変更」に反対する考えを繰り返し表明して理解を求めている。

２０１３年９月５日、ロシアのサンクトペテルブルクで行われた日米首脳会談では、オバマ大統領も「威圧によって解決する試みに反対する」と明言し、日本の考えに理解を示した。外務省幹部は、大統領の発言について「１時間の会談のうちの、たった十何秒かの発言だが、大きな意味があった」と解説する。

戦後の国際秩序を力で変更しようとしているのは、日本なのか、中国なのか。国際社会が日中いずれの主張に理解を示すかが、尖閣問題の行方にも大きくかかわる。

国際機関は頼れず

国際社会で注目されるようになった尖閣問題。日本国内の一部の政治家や知識人は、国家間の紛争を裁く国連機関である国際司法裁判所（ＩＣＪ）の活用を主張している。

日本維新の会の橋下《はしもと》徹《とおる》共同代表もそのひとりだ。弁護士でもある橋下氏は２０１

3年4月27日、自身のツイッターにこう書いた。

「最も有効な方法の一つは、国際司法裁判所（海洋法裁判所も含む）の活用だ」

「尖閣問題が、国際司法裁判所のテーブルに乗れば、中国を完膚なきまで叩《たた》きのめせばいい。それはあくまでも法廷の場の論戦で」

こうしたICJ活用論は、「絶対に日本の主張が通るはずだ」（橋下氏）という見通しのもとで主張されている。法の支配を重視する日本の姿勢を国際社会にアピールできるメリットもある。

しかし、ICJ活用論は両刃《もろは》の剣《つるぎ》だ。

日本政府は、尖閣諸島について「我が国固有の領土であることは歴史的にも国際法上も明らか」という立場だ。尖閣を有効に支配し、解決すべき法的な紛争が存在していないにもかかわらず、日本からICJに問題を持ち込めば「尖閣の領有権が未確定である、と日本自身が認めた」と国際的に見なされるリスクがある。

外務省幹部は「日本が中国にICJでの解決を迫っても、中国はそれを逆手にとって『争いがあることを日本自身が認めているのだから、日本は中国と2国間交渉に応じるべきだ』とたたみかけてくる。日本にとって『百害あって一利なし』の愚策でしかない」と指摘する。

一方で、政府関係者の間には、「中国がＩＣＪに提訴するなら構わない」とする意見もある。中国は尖閣をめぐる法的な紛争があると主張するならば、自ら証明してみせよ、というわけだ。２０１４年1月に国家安全保障会議（日本版ＮＳＣ）の国家安全保障局長に就任した谷内《やち》正太郎氏も、２０１３年3月12日に東京都内で開かれたシンポジウムで、「中国に対し国際司法裁判所で公平な判断を仰ぐことを提言してもいい」と語っていた。

もっとも、中国にはＩＣＪを活用する気はさらさらないようだ。

２０１３年9月、日本維新の会の小沢鋭仁《さきひと》・国会対策委員長が訪中し、中国政府指導者の執務室などが集中する北京の中南海で唐家璇・中日友好協会会長と会談した。尖閣に関する中国の主張を延々と繰り返す唐氏に対し、小沢氏は「尖閣の問題は見解の相違がある。国際司法裁判所に提訴してはいかがか」と水を向けた。だが、唐氏は「これは2国間で解決すべき問題だ」と答えただけだったという。

ＩＣＪが裁判をはじめるには条件がある。具体的には、①当事国双方の合意がある場合、②ＩＣＪの裁判を受けることをあらかじめ宣言（＝義務的管轄権《かんかつけん》を受諾）した国が訴えられた場合、③提訴された国が裁判を受けることに応じた場合――だ。

日本は②の義務的管轄権を受諾しているが、中国は受諾していないため領土問題などで提訴されても裁判を受け入れる義務を負わない。中国は国際機関の裁判に消極的で、①や③の条件をみたす可能性も低い。

中国がＩＣＪの活用に否定的な理由について、日本政府は「尖閣問題で勝訴する自信がないことに加えて、南シナ海の島々をめぐるアジア各国との領有権争いへの悪影響を懸念しているからだ」（外務省幹部）と分析している。

中国は、ほかの領有権をめぐる問題についても、国際機関における裁判や話し合いに消極的だ。たとえば、フィリピンが実効支配する南シナ海のスカボロー礁《しょう》。２０１２年４月、フィリピン海軍が付近にいた中国漁船を拿捕《だほ》したことをきっかけに、中国が公船を周辺海域に送り込み、緊張が高まった。危機感を募らせたフィリピンは２０１３年１月、国連海洋法条約に基づき仲裁裁判所（紛争を仲裁・調停する国際機関）に提訴したものの、中国は「スカボロー礁は中国固有の領土である」と主張し、審理に応じなかった。一方で、同年９月に中国国内で開いた「中国・ＡＳＥＡＮ博覧会」へのフィリピン大統領の出席を、直前になって拒否するなど有形無形の圧力をかけた。

解決策見えず

「政冷経涼」

２０１２年の尖閣諸島国有化以降、人民日報など中国のメディアは日中関係をこんな言葉で表現するようになった。政治関係が冷え込み、経済交流も冷えだしているという意味だ。

「経涼」については、変化の兆《きざ》しもある。財務省が発表した貿易統計によると、13年の中国への輸出は前年比９・７％増の12兆６２８７億円で、３年ぶりの増加に転じた。中国からの輸入も同17・４％増の17兆６５０２億円で、過去最大の輸入額となっている。

問題は「政冷」だ。

「大変いいことが書いてある」。日本政府高官が目をみはるほどの文書が中国で公表された。２０１３年10月、習近平国家主席が中国共産党総書記として表明した「重要講話」だ。習政権のアジア外交の基本指針を示したもので、同月24、25日に北京で開かれた中国共産党の重要会議「周辺外交政策座談会」で公表され、周辺国には善隣外交で臨む方針を宣言した。

〈わが国の周辺外交の基本方針は、周辺国と親しくし、周辺国をパートナーとし、周辺国の経済成長を促進し、「親・誠・恵・容」の理念を際立《きわだ》たせることである〉

〈周辺国との善隣友好関係の発展はわが国の外交の一貫した方針だ。友好と助け合い、

対等と感情を重視し、話し合いと相互訪問を通じ、人心をつかみ、温かくする必要がある〉

〈周辺国がわが国の発展から利益を得るようにし、わが国も周辺国との共同発展から利益と助力を得るようにする必要がある。より大きな度量と積極的な姿勢で地域協力を促進し、周辺の平和・安定という大局の維持に力を入れる必要がある〉

だが、日本に対する態度は善隣外交とは到底呼べない。中国が尖閣諸島の上空を含む形で一方的に防空識別圏（ＡＤＩＺ）を設定したのは、この講話が発表されてからちょうど1か月後のことだ。

中国共産党は、国民党との内戦や、抗日戦争に勝利して中華人民共和国を建国した歴史を強調している。中国は、尖閣諸島をめぐる日本との対立を歴史問題とも位置づけており、この点でも譲歩や妥協は難しくなっている。

領土に関する問題では結局、どこの国が実際に支配しているか、という現実が重要だ。日本は尖閣諸島を有効に支配している現状を維持し続けられるか否《いな》かがカギとなる。２０１３年2月2日、沖縄県で海上保安庁巡視船を視察した安倍首相は訓示した。

「今後も厳しい情勢が続いていくことが予想されますが、諸君には日本の主権の堅持のため引き続き職務に精励していただきたい」

第3章
冷え切る日韓

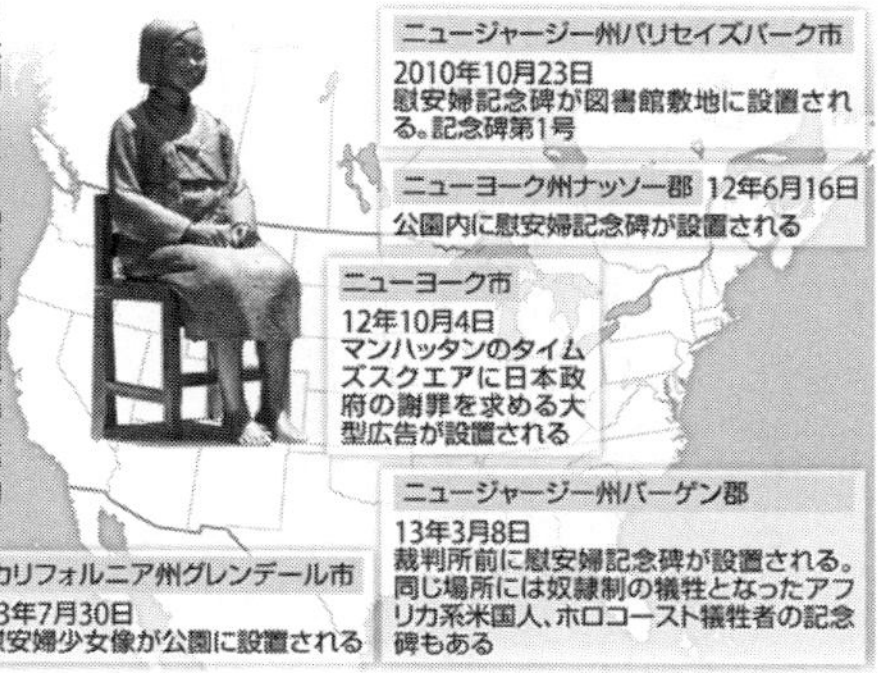
ニュージャージー州パリセイズパーク市
2010年10月23日
慰安婦記念碑が図書館敷地に設置される。記念碑第1号
ニューヨーク州ナッソー郡 12年6月16日
公園内に慰安婦記念碑が設置される
ニューヨーク市
12年10月4日
マンハッタンのタイムズスクエアに日本政府の謝罪を求める大型広告が設置される
ニュージャージー州バーゲン郡
13年3月8日
裁判所前に慰安婦記念碑が設置される。同じ場所には奴隷制の犠牲となったアフリカ系米国人、ホロコースト犠牲者の記念碑もある
カリフォルニア州グレンデール市
13年7月30日
慰安婦少女像が公園に設置される
米国における「慰安婦問題」追及の動き

「韓国ほど扱いにくい国はない」。日本政府の外交担当者からこんな声が聞こえてくるようになった。時には中国と一緒になって、あるいは中国以上に、過激な反日運動を展開している。

韓国は歴史的に、中国に対して恐怖感を抱き、日本には侮蔑《ぶべつ》と反感を抱いてきた。米国への不信感も根深い。こうした感情をぬぐい去るのは極めて困難だ。しかし、日本にとって、中国の台頭や北朝鮮情勢に対応するには、安全保障面で米韓両国と協力することが望ましい。韓国の理不尽な反日運動には毅然《きぜん》と対応しつつ、韓国に「日米韓」の枠組みの重要性を理解してもらう――。日本はそんな難しい対応を迫られている。

中国に取り込まれる韓国

中国黒竜江省の省都・ハルビンは、かつて満州と呼ばれた地域の主要都市だ。もとは松花江に面した漁村であったが、1898（明治31）年にロシアが東清鉄道建設の拠点としたことから大きく発展した。現在でもロシア風の建造物が市内のあちこちに残る。

1909（明治42）年10月26日、日本の初代首相を務めた元老の伊藤博文《いとうひろぶみ》がこの地で暗殺された。当時は日露戦争が終わり、日本が朝鮮半島に対する支配を強めていたころで、伊藤はハルビン駅に停車していた列車の中でロシアのココフツォフ蔵相と会談し、満州や韓国に関する問題を協議した。会談が終わり、プラットフォームに降り立ったところを、銃で撃たれたのだった。

伊藤を撃ったのは、朝鮮の独立運動家だった安重根《アンジュングン》で、その場でロシアの官憲に取り押さえられ、日本側に引き渡された。

安は、日本による韓国併合の動きに反発して初代の韓国統監を務めた伊藤を狙《ねら》ったのだが、当時の日本国内には韓国併合に賛否両論があった。皮肉なことに、伊藤の死をきっかけに日本国内で「併合断行」の声が高まり、安が処刑された後の1910年8月に韓国は併合されてしまう。韓国が名実ともに他国に併合されてしまうのは歴史上はじめてのことだった。

伊藤の暗殺から100年以上たった2014年1月19日、中国はハルビン駅の貴賓室を改装して「安重根義士記念館」を華々しくオープンさせた。記念館は広さ約100平方メートル。安の生涯や暗殺の様子を説明したパネルが並べられ、窓からは暗殺現場のプラットフォームを望むことができる。

記念館の建設は、2013年6月に訪中した韓国の朴槿恵《パククネ》大統領が、習近平《シージンピン》国家主席に対し、記念碑の建立《こんりゅう》を提案したことがきっかけだった。習主席は「検討を指示する」と応じ、記念碑の要望を記念館の建設に格上げして韓国の期待に応《こた》えた。

一方、韓国メディアによると、中国は「大韓民国臨時政府」の軍事組織・光復軍の総司令部の建物を復元する方針も韓国に伝えてきたという。臨時政府は、日本の韓国併合に反発した韓国人らが樹立した組織で、はじめ上海に本拠地を置いたが、その後、重慶などに移ったとされている。

国を挙げて独立戦争を戦ったわけではない韓国にとって、安重根や臨時政府の存在は日本の支配に抵抗した〝証《あか》し〟であり、国民統合のよりどころとなっている。中国の狙いが、韓国の自尊心をくすぐって中韓の蜜月《みつげつ》を演出し、尖閣諸島問題などで対立する日本に圧力をかけることにあるのは明白だ。

韓国もそのことは十分に分かって中国に接している。韓国で発行部数最大の朝鮮日報は、安重根の記念館建設に関し、「中国は日本との関係を勘案し、安義士の記念事業に消極的だったが、歴史や尖閣諸島で日本と対立し、韓国と共同戦線を張っている」と書いた。

朝鮮半島は、古代から中国の圧倒的な影響を受けてきた歴史がある。朝鮮半島の国々は、中国の王朝の盛衰が自国の存亡に関わることから、常に大陸の動向に神経をとがらせてきた。

たとえば、1392年に高麗《こうらい》を倒して王位に就いた李成桂《イソンゲ》は、明の洪武帝に「朝鮮」という国号を選んでもらったが、明にかわって清が台頭すると、朝鮮国王は清の圧迫を受け、三跪九叩頭《さんききゅうこうとう》の礼（額を地にすりつける礼）をとって従った。

このような歴史的な経緯によって培《つちか》われた中国への独特の感情に加え、近年の中国経済の急速な発展が、韓国を中国に急速に近づけることになった。日本貿易振興機構（ジェトロ）によると、韓国の2012年の対中貿易依存度は、輸出24・5％、輸入15・5％で最大の貿易相手国になっている。さらに、韓国では「中国との良好な関係は安全保障にも役立つ」といった意見が強まっている。中国は、韓国と対峙《たいじ》する北朝鮮に一定の影響力を持つからだ。

韓国の中国への接近は、米国や日本とともに築いてきた戦後の安全保障体制を崩してしまう恐れがある。特に深刻なのは、日本との関係だ。

これまでも、韓国では激しい反日運動がたびたび巻き起こった。しかし、東西冷戦当時は、全斗煥《チョンドゥファン》大統領暗殺を謀《はか》った1983年のビルマ・ラングーン事件、ソウル五輪阻止を狙った1987年の大韓航空機爆破事件など北朝鮮によるテロが相次ぎ、安全保障の観点から、日本と決定的な対立に陥ることは得策ではないといった判断が韓国側にもあった。1980年代にソウルの日本大使館に勤務した経験のある元外交官は「当時、対日世論が急激に悪化しても出口は見えていた」と振り返る。

だが、そんな時代は終わりつつある。

2012年は、日中韓の3国関係が劇的に変化した年として後世に記憶されるかもしれない。

この年の8月10日、韓国が不法占拠している島根県・竹島（韓国名独島《トクト》）に当時の李明博《イミョンバク》大統領が上陸し、実効支配をアピールした。韓国の大統領が竹島に上陸したのは史上はじめてだった。李大統領はさらに、歴史問題で天皇陛下に謝罪を求める発言を行い、日韓関係をこれまでにないほど険悪なものにした。

日本と中国の関係も、同年９月11日、日本政府が尖閣諸島の国有化に踏み切ったことをきっかけに一段と悪化し、中国は日本の領海内に政府の船を送り込むなど露骨な挑発行為を繰り返すようになった。

そんな中、同年12月19日の韓国大統領選で、セヌリ党の朴槿恵氏が当選した。朴氏は１９５２年生まれ、父親は軍事クーデターで政権を握った朴正熙《パクチョンヒ》大統領（在任１９６３～79年）だ。

外交の世界では、しぐさや行動で無言のメッセージを発することがある。

朴槿恵氏は、大統領当選を決めた翌日の２０１２年12月20日、ソウルのセヌリ党本部で、ソン・キム駐韓米国大使、張鑫森《チャンシンソン》中国大使、別所浩郎《こうろう》日本大使の順に会談した。韓国の歴代大統領はこれまで、当選直後に米国大使の次に必ず日本大使と会談してきたが、朴氏は慣例を破り、日本大使を中国大使の次の３番目に「格下げ」する対応をとった。

２０１３年２月25日の大統領就任式の演説でも、「信頼を築いていく国」として

「米国、中国、日本」の順で言及した。さらに、同年6月、米国に次ぐ2番目の外遊先に選んだのも中国だった。歴代の韓国大統領で、日本より先に中国を訪問したのは朴槿恵氏がはじめてだ。この訪中の際に飛び出したのが、ハルビンにおける安重根記念碑の建立の提案だった。

中国に接近する韓国は、日本の存在を軽視し、歴史的なルサンチマン（憎悪《ぞうお》）を爆発させ、戦後しばらく続いてきた日米、米韓の同盟関係に支えられた「日米韓」関係はゆらぎはじめた。

朴氏は2013年5月、大統領就任後はじめて米国を訪問し、オバマ米大統領に「北東アジア地域の平和のためには日本が正しい歴史認識を持つべきだ」と述べた。欧州を訪問した際も「（日韓の）首脳会談をしても得るものはない」などと、日本批判を展開した。外交儀礼上、他国を訪問して第三国を批判するのは非礼にあたるが、朴氏は意に介していない。同年9月、韓国を訪問したヘーゲル米国防長官には、「日本の指導者の発言のため、信頼関係が作れない」などと訴えた。これには米政府の担当官も閉口したと言われている。

安倍首相は、韓国について「基本的価値を共有する重要な隣国だ」と繰り返し強調している。しかし、最近の韓国の度を越した反日の動きに、日本政府は「本当に価値観を共有する国なのだろうか」と戸惑いを隠せなくなっている。韓国は国を挙げ、時には中国と一緒になって反日運動に取り組んでおり、日本もこれまでのように黙っていたり、過去を反省する態度を示したりするだけでは、済まなくなっている。

ジャパン・ディスカウントの脅威

「日本をアジアで『のけ者』にする」

そう公言する韓国の民間団体がある。１９９９年に発足し、若者を中心に約12万人の会員がいるＶＡＮＫ（バンク＝Voluntary Agency Network of Korea）だ。

「日本海を東海《トンヘ》と呼ぼう」

「独島は韓国領だ」

このような主張を「正しい知識」と称し、世界中に広めようとしている。オバマ米大統領ら各国の指導者にいわゆる従軍慰安婦問題の資料を送付したり、２０２０年夏季五輪の開催地決定を控えた２０１３年4月には、国際オリンピック委員会（ＩＯＣ）に「日本は五輪招致の資格がない」と訴える書簡を送ったりした。

また、南京《ナンキン》事件やバターン死の行進など旧日本軍の行為を動画にまとめ、インターネットに流している。南京事件は日中戦争中の１９３７年、旧日本軍が中国・南京で多数の中国人を殺害したとされる事件であり、バターン死の行進は1942年4月、旧日本軍がフィリピンで米軍捕虜らを徒歩で移動させて多数の死者を出してしまった事件だ。動画は英語で作られており、「極悪非道な日本」のイメージを国際社会に広め、反日感情をあおる狙いがあると見られる。

VANKがこうした活動をするために養成しているのが、「サイバー外交官」と呼ぶボランティアだ。サイバー外交官には、次の12段階のプログラムをこなした韓国人を任命している。

①韓国に関する資料を集める
②英語で自分と韓国を紹介する練習をする
③世界中に友人を作り、韓国に関する正しい知識を伝える
④海外チャットを通じて、韓国を正しく広報する
⑤世界各国の正しい知識と情報を習得する
⑥国内外の韓国関連記事を翻訳し、世界の人々の韓国についての認識を知る
⑦インターネットで東海、独島など韓国に関する誤解を探す
⑧韓国を誤解している相手に抗議書簡を送る
⑨世界各国の機関に韓国の立場に理解を求める書簡を送る

⑩海外700万人の韓民族によるネットワークに加わる
⑪自分の夢を考えて、実現するよう心がける
⑫韓国をどうしていきたいか考える

サイバー外交官が中核となり、韓国国内の学校には反日サークルが次々に生まれている。韓国メディアの報道によると、現在、中学、高校、大学に約500の反日サークルが結成されているという。2013年9月には、世宗《セジョン》市の高校生約20人がソウルの米国大使館を訪ね、日本が慰安婦問題で心からの謝罪をするように、オバマ大統領へ働きかけを求める公開書簡を提出した。

VANKは、日本を国際社会で「のけ者」にするため、中国との共闘も意識している。中国も日本との間で歴史や領土の問題を抱えており、協力しやすいと考えているからだ。

韓国の通信社・聯合《れんごう》ニュースによると、VANKは2014年1月、韓国を訪れる外国人観光客に対し、竹島や慰安婦問題などで日本の「不当性」をアピールする活動を始めると表明した。韓国を訪れる外国人観光客は年間約1200万人。このうち3割を占める中国人観光客が主なターゲットだ。

VANKの活動は、韓国政府や有名企業の手厚い支援を受けてきた。韓国政府は2

005年から4年間、VANKの活動を国費で支えた。2013年2月には、当時の李明博大統領がVANKの朴起台団長を表彰している。

日本でも知られる大手酒造会社の真露《ジンロ》(現・ハイト真露)は2008年、1億1000万ウオン(現在のレートで約1100万円)をVANKに寄付した。この寄付金は、国際社会に「独島は韓国領である」と宣伝する人材を育成するため、VANKと韓国南東部の慶尚北道が共同で設けた青少年向け教育プログラム「サイバー独島士官学校」の運営に使われた。

こうした韓国の官民の活動は、ジャパン・ディスカウント(日本引きずり下ろし)と呼ばれている。日本に批判をぶつけるだけではなく、国際社会で日本の地位をおとしめようとする新たな反日運動だ。

VANKの朴団長は1974年5月8日生まれ。大学在学中、英語の勉強のため、欧米の大学生と電子メールで交流し、韓国についての「誤解」が広がっていることに衝撃を受け「正しい知識」を外国に知らせるためにVANKを発足させたという。朴団長は、読売新聞の取材に「帝国主義復活を推進する日本の政治家と右翼に対抗するために戦っている」と語った。

韓国政府も、様々な分野でジャパン・ディスカウントに取り組んでいる。たとえば、日本の若者文化の象徴でもある漫画。2014年、フランス中西部のアングレーム市で開かれた世界最大級の国際漫画フェスティバルに、韓国の女性家族省の主導で慰安婦問題をとりあげた漫画が展示された。少女が拉致《らち》され、慰安所に連行される様子などを描いた約60点で、会場には趙允旋《チョユンソン》女性家族相が駆けつけ、「この問題は韓国と日本の2国間の問題にとどまらない。ユニバーサルな問題だ」と訴えた。韓国政府は、作品を英語やフランス語、日本語に翻訳して世界各国に配布するとしている。

慰安婦とは、戦時中に「慰安所」と呼ばれる施設で対価を得て旧日本軍将兵の相手をした女性のことだ。当時、日本国内では売春を職業と認める公娼《こうしょう》制度があり、慰安所の存在は公娼制が戦地に持ち込まれたに過ぎない。しかも、慰安所の多くは民間業者の経営であり、日本政府が女性を強制連行した証拠は見つかっていないにもかかわらず、韓国は「強制連行された女性が性奴隷《どれい》にされた」などと主張している。慰安婦問題に詳しい現代史家の秦郁彦《はたいくひこ》氏によれば、かなりの高給で慰安婦を募集する広告が当時の新聞に出ており、秦氏は「こんなに収入のある奴隷なんてあり得ないでしょう。そもそも奴隷と呼ぶこと自体、失礼であり侮辱です」と指摘する。だが、慰安婦問題は、女性の人権に敏感な欧米諸国にアピールしやすいことから、韓国政府はこの問題をジャパン・ディスカウントの有力ツールとして最大限利用している。２０１４年１月14日、韓国女性家族省は、慰安婦問題の資料を、国連教育・科学・文化機関（ユネスコ）の世界記憶遺産への登録を目指す方針を表明した。慰安婦の証言や写真、元慰安婦らの描いた絵などを集め、中国や東南アジア諸国と共同で申請することも検討しているという。

主戦場は米国

韓国が、官民あげて取り組むジャパン・ディスカウントの主戦場と位置づけているのは、世界唯一《ゆいいつ》の超大国・米国だ。米国内における日本への中傷には、韓国系や中国系の米国人も加担している。米国民に反日意識を植え付け、日米同盟を揺さぶろうとする狙いが明白で、極めて憂慮される事態となっている。

２０１３年７月30日、米西海岸ロサンゼルス近郊のカリフォルニア州グレンデール市の緑豊かな公園の一角に、韓国系の「カリフォルニア韓米フォーラム」の働き掛けで、慰安婦を象徴する少女像が設置された。

設置の許可に先立ち、グレンデール市議会が開いた公聴会には、日系、韓国系の双方が出席し、賛否両論の意見を戦わせた。慰安婦像の設置に反対したのは、米国における日本のイメージ向上に取り組むNPO「日本再生研究会」の目良浩一《めらこういち》理事長（ロサンゼルス在住）たちで、「慰安婦が日本政府によって強制的に駆り出されたというのは作り話だ」などと訴えた。

だが、韓国系には切り札があった。1993年に日本政府の河野洋平官房長官（当時）が発表した河野談話をもとに、「韓国人女性が性奴隷にされた事実は隠せない」「日本政府自身が性奴隷の管理・運用への関与を認めているではないか」などと主張したのだ。河野談話とは、十分な裏付け調査をしないまま、慰安婦の募集について「官憲等が直接これに加担したこともあった」などと記し、日本政府による慰安婦の強制連行を認めたと誤解される結果を招いた政府文書だ。

公聴会の結果を踏まえ、市議会で採決が行われ、少女像の設置は市議ら5人のうち4人の賛成で認められた。

米国におけるジャパン・ディスカウントは、グレンデール市だけの話ではない。すでに全米の20か所以上で慰安婦像や記念碑の設置計画が進んでいる。ニュージャージー州バーゲン郡では2013年3月、裁判所の前庭に「性奴隷になるよう強制された」と明記した記念碑が建立された。同じ場所にはナチス・ドイツによるユダヤ人虐殺《ぎゃくさつ》や米国の奴隷制に関する記念碑がある。慰安婦問題を「ユダヤ人虐殺にならぶ歴史的蛮行」と印象づけようというわけだ。

こうした活動を推進している韓国系米国人は、強い結束力を誇る。米国世論に影響を及ぼすほどの政治力もつけ始めた。

その一例が、日系のヨーコ・カワシマ・ワトキンズさんが1986年に出版した自伝的小説『竹林《たけばやし》はるか遠く―日本人少女ヨーコの戦争体験記』の排斥運動だ。

ワトキンズさんは終戦直後に朝鮮半島から引き揚げ、米兵と結婚して米国に移住した。『竹林はるか遠く』は、ワトキンズさんの自伝的小説で、第2次世界大戦末期、朝鮮半島北部に住んでいた11歳の「ヨーコ」が、ソ連軍侵攻のうわさにおびえ、母と姉の3人で日本に向けて避難した体験をつづっている。戦争の悲惨さを訴える内容で、1998年に同書は米国の教師用ガイドブックで推薦図書となり、学校の読書教材にも使われた。

ところが、韓国で2005年に翻訳版が出版されると、作品の中で、朝鮮人が日本人女性を乱暴したり、日本人から金品を強奪したりする場面が問題となった。これに呼応した韓国系米国人が、「歴史を歪曲《わいきょく》している」などと主張して同書の排斥運動を展開したため、米国の一部地域で推薦図書から外される事態となった。

韓国系米国人は、「日本海」の名称を韓国名の「東海」に改称しようという運動にも熱心に取り組んでいる。米南部・バージニア州の議会は2014年2月6日、公立学校の教科書に日本海と東海を併記するよう求める法律を可決した。バージニア州に居住する韓国系米国人の数は全米50州の中で5番目に多く、法律の成立は、韓国系の働きかけの結果だ。州議会の採決にあたり、韓国系のマーク・キーム議員は「日本が韓国を侵略するためにこの海（＝日本海）を越えてきたことを思い出させる」と述べ、併記の正当性を強調した。

翌2月7日には、米ニューヨーク州の上院にも東海の併記を求める同様の法案が提出された。韓国系住民が多いクイーンズ地区が地盤のトビー・スタビスキー議員は、法案の目的を「日本と韓国の間に位置する海について、複数の名称の国際的使用が増えていることを認識させるためだ」と文書で説明した。

韓国から米国への移民は1970年代から本格化した。韓国系は祖国への強い帰属意識があり、米国民として熱心に反日運動に励んでいる。韓国系移民で作る「韓国系米国人の声」のピーター・キム会長は、2月6日の記者会見で「ワシントン周辺には多くの韓国系米国人がいる」と述べ、各州で反日運動を推進する意向を示した。在米日本大使館は、カリフォルニアやニュージャージーなど韓国系が目立つ州へも問題が飛び火する恐れがあるとみて警戒している。

こうした過激なジャパン・ディスカウントに米政府が介入することは難しい。自治体の問題であるうえ、米政府にとって韓国も同盟国のひとつであり、日本に肩入れしたと受け止められるのは得策ではないからだ。元国防総省顧問でカーネギー国際平和財団のジェームズ・ショフ上級研究員は、日韓の歴史問題を巡る米国の立場について、「米政府は一方の側の支援はしない。友人が2人いる場合、1人だけ選ぶことはできない」と指摘する。

北朝鮮情勢に対応できるのか

残忍で、耳を疑う事件だった。

北朝鮮は2013年12月13日、金正恩《キムジョンウン》第1書記を支え、政権ナンバー2と目されていた張成沢《チャンソンテク》・前国防委員会副委員長の処刑を発表した。朝鮮中央通信によると、12日の特別軍事裁判で、クーデターを計画したとして張氏に死刑判決が下り、すぐに執行されたという。韓国のニュース専門テレビ・YTNは、張成沢氏が「機関銃で撃たれ、火炎放射器で焼かれたと推定される」と伝えた。

日本政府も情報収集に追われた。北朝鮮は11月に張氏の側近2人を公開処刑し、12月8日の政治局拡大会議で、張氏のすべての役職の解任と、党からの除名を決定していた。しかし、日本政府は「ここまで事態が急展開するとは予想していなかった」(外務省幹部)。

２０１１年12月17日の金正日《キムジョンイル》総書記の死去後、北朝鮮では金総書記の息子である金第1書記の権力固めが進み、政権幹部の粛清が相次いだ。２０１２年7月、朝鮮人民軍の重鎮で、軍総参謀長だった李英鎬《リヨンホ》氏が失脚し、今回、張氏が処刑された。張氏の妻で、金第1書記の叔母にあたる金敬姫《キムギョンヒ》・朝鮮労働党書記も、張氏処刑後に北朝鮮を出国し、欧州に滞在しているとみられている。

日本などが北朝鮮の動向を警戒するのは、北朝鮮が核兵器や弾道ミサイルの開発を続けているうえに、他国に侵入してゲリラ戦やテロ活動を行う特殊部隊を擁しているからだ。国際社会の経済制裁にかかわらず、北朝鮮はプルトニウム生産炉の運転再開や、核実験場、ミサイル発射場の整備を進めている。一方で、国民生活は困窮しており、体制が動揺すれば、内乱や周辺国へのやぶれかぶれの軍事的冒険に打って出る危険もある。

ところが、その影響を最も受けるであろう韓国と日本の連携は十分とは言えない。

２０１２年12月19日の韓国大統領選で朴槿恵氏が当選する３日前、日本では自民党が衆院選で大勝し、安倍晋三総裁が５年ぶりの首相登板を確実にした。安倍氏は、衆院選勝利の興奮の中、韓国大統領選の行方にも関心を示し、周囲に「朴槿恵さんに大統領になってほしい。北朝鮮問題で米韓と手を組みたい。朴槿恵さんなら絶対に大丈夫だ」と語った。

北朝鮮は同月12日、日韓の政権交代にあてつけるように長距離弾道ミサイルの発射実験を強行しており、日韓両国は関係を改善して北朝鮮問題に対応する必要があった。朴氏は、韓国大統領選で安全保障体制を強化する考えを表明しており、日本側では安保をテコにした日韓関係改善への期待が高まった。

安倍氏は、官房長官在任時にハンナラ党（セヌリ党の旧党名）代表として来日した朴氏と会談したことがある。安倍氏の祖父である岸信介《のぶすけ》元首相は、朴氏の父である朴正熙元大統領と個人的に親しかった。こうした因縁があったことも、朴氏への期待感につながっていた。

安倍氏は、大統領選で朴槿恵氏が当選すると、他国に先駆け２０１３年１月４日に首相特使を韓国へ派遣した。特使を務めたのは、日韓議員連盟幹事長の額賀《ぬかが》福志郎・

元財務相で、安倍氏は2013年の元旦《がんたん》、東京・富ヶ谷の自宅に額賀氏を招き、「韓国は民主主義や市場主義など価値観が共通する最も重要な隣国だ。両国とも新政権がスタートすることになるので、いい船出にしたいという私の思いを伝えてきてほしい」と依頼した。

だが、朴氏が打ち返してきたのは、日韓協力よりもむしろ、歴史認識の問題を重視していくというメッセージだった。

就任式直後の2013年3月1日、朴大統領はソウルで行われた「三・一独立運動」記念式典の演説でこう言い切った。

「日本は歴史を正しく直視し、責任を負う姿勢を持たねばならない。（日本と韓国の）加害者と被害者という歴史的立場は1000年の歴史が流れても変わらない」

歴史問題を1000年も追及しつづける――。就任早々からここまで反日姿勢を鮮明にした韓国大統領ははじめてだった。

安全保障についても、朴槿恵政権の対応は、安倍氏が期待していたものとは違った。安倍政権は朝鮮半島有事をにらみ、集団的自衛権の行使を禁じた日本国憲法解釈の見直しを検討している。米国や韓国のような密接な関係にある国が戦争に巻き込まれた場合、これを助けなければ日本にも火の粉が降りかかってくる恐れがあるからだ。

朝鮮半島有事の際に日本が米国とより緊密に連携できれば、「韓国の被害も小さくなる」（防衛省幹部）という判断もあった。

ところが、朴政権は、日本の集団的自衛権の行使に一貫して批判的な態度をとっている。

２０１３年11月、韓国国防省の白承周次官が、防衛省の西正典《まさのり》防衛次官をソウルに招いた。西氏がわざわざ出向いて会談に臨むと、白次官は、集団的自衛権の問題について、「日本は地域の不安をあおってはならない。朝鮮半島の安全保障や韓国の国益に影響を及ぼすことは容認できない」と批判した。さらに、日本の防衛政策についても、「過去の歴史を土台にした反省がなければならない」などと注文をつけた。

韓国政府はこの防衛次官会談に先立ち、不法占拠している竹島で軍と海洋警察による上陸訓練を強行した。訓練は「外国人の侵入」を想定したものだったという。外国人とはどこの国の人を想定していたのか。韓国国防省関係者はこう説明する。

「日本は独島について不当に領有権を主張している。仮想の侵入勢力が日本である可能性が高いことは誰もが知っている事実だ」

日韓連携どころか、日本を仮想敵とみなさんばかりの韓国政府の対応は、韓国市民の反日感情に影響されているとみてよい。

韓国のシンクタンク「峨山政策研究院」の世論調査（２０１３年8月末～9月上旬実施）で、北朝鮮と日本が「韓国の軍事的脅威」になるかどうか尋ねたところ、北朝鮮については70・7％、日本については62・０％が「脅威になる」と答えた。半数を優に超える人が、日本を北朝鮮並みに「軍事的脅威」とみなしていたのだ。

「韓米、韓中、韓日は協力、競争のいずれの関係か」との質問では、「韓米」「韓中」が「協力関係にある」という答えは、それぞれ82・7％、55・4％。しかし、「韓日」の場合はわずか23・１％にとどまった。

緊急時の協力も困難

アフリカ中部の南スーダンは、２０１１年にスーダン共和国から独立を果たした新しい国だ。

日本や韓国などが国連南スーダン派遣団（ＵＮＭＩＳＳ）に人員を送り、インフラ整備や治安維持など国づくりを支援している。しかし、南スーダンは大統領派と副大統領派の武力衝突が頻発し、独立後も治安がなかなか安定しない。

「１万発の小銃弾を貸してほしい」

２０１３年12月21日深夜、南スーダンの首都ジュバで活動中の陸上自衛隊に、韓国軍部隊から差し迫った声で電話が入った。韓国部隊は同国東部のジョングレー州で輸送や警備などの業務にあたっていたが、同州の治安が悪化し、部隊の宿営地に避難民約１万５０００人を受け入れていた。戦闘に巻き込まれれば小銃弾の不足が懸念《けねん》されたため、ＵＮＭＩＳＳ参加国で韓国軍と同じ５・56ミリ小銃弾を使っている自衛隊に提供を求めてきたのだ。

しかし、日本政府にとって、弾薬の提供はたとえ無償であっても、武器輸出を禁じた「武器輸出３原則」に抵触する恐れがあった。ちょうど天皇誕生日を含む３連休中だったが、政府は緊急事態であるとして対応を検討、今回のケースを３原則の例外とする官房長官談話を出したうえで、提供を決めた。弾薬は23日、国連を通じ輸送機で韓国部隊に運ばれた。

韓国部隊の隊長からは、現地の陸上自衛隊の指揮をとる井川《いがわ》賢一１佐に対し、「小銃弾は宿営地と避難民を守るために使う。日本隊の協力に感謝する。この銃弾は日本隊と韓国隊の強い絆《きずな》の象徴だと考えている」と謝意が伝えられた。

ところが、その後の韓国政府の対応は、日本政府を戸惑わせた。

韓国政府は、「平和維持活動では、互いの協力で必要な物品の補充を受けることができる」（国防省報道官）、「ＵＮＭＩＳＳに小銃弾支援を要請し、ＵＮＭＩＳＳを通じて支援を受けた」（外交省報道官）などと〝たいしたことではない〟と強調する公式見解を表明し、日本への謝意を示すことはなかった。韓国メディアは、「日本の積極的平和主義を正当化する場を韓国が作った」（東亜日報）などと批判。韓国政府は現地で当面の危機が去った２０１４年1月16日、ＵＮＭＩＳＳを通じ、陸自に弾薬を送り返してきた。「日本に助けてもらったと言われるのは都合が悪いのだろう」（日本政府筋）と受け止められた。

日本と韓国の間では、緊急事態における物資の提供はおろか、軍事に関する情報交換の仕組みすら整備されていない。日韓両政府は２０１２年6月、重要情報の交換に向けた軍事情報包括保護協定（ＧＳＯＭＩＡ）を締結する予定だったが、韓国国会で批判が高まり、締結直前でご破算になった。極めて異例の事態だった。民主党の野田佳彦内閣で防衛相を務め、当時の経緯にも詳しい森本敏《さとし》・拓殖大特任教授は２０１３年10月のＢＳ番組でこう語った。

「韓国では北東アジアの安全がどう維持されるかよりも、感情が政策を動かしている」

反日の原因は世論にあり

韓国はなぜ反日で突っ走るのだろうか。

２０１３年10月27日、韓国プロ野球の王座決定「韓国シリーズ」第３戦。朴大統領が始球式のサプライズゲストとして登場し、スタンドは大いにわいた。だが、日本のアシックス製の運動靴を履いていたとインターネット上で指摘されると、朴大統領は「親日派《チニルパ》」と厳しく批判された。

韓国語で親日派という言葉には売国奴の響きがあり、侮蔑的な意味で使われる。朴大統領の父である朴正熙元大統領は、日本の陸軍士官学校を卒業し、１９６５年に国内の反対を押し切って日韓国交正常化を実現した。それゆえ朴大統領は親日派と見られることに細心の注意を払ってきたものの、思わぬところで文字通り、足をすくわれた格好となった。

韓国で親日派と見なされれば、命にかかわる恐れもある。

２０１３年５月、ソウル中心部・鍾路区の公園で、日本の統治時代を懐《なつ》かしむ発言をした95歳の老人が、38歳の男に殴られ死亡した事件が韓国内で報じられた。ところが、韓国のインターネット上には犯人を擁護する書き込みが相次いだ。

親日的な言論も許されない。評論家の金完燮氏は２００２年、日本の朝鮮統治を肯定的に評価した著書『親日派のための弁明』を出版し、激しいバッシングにさらされた。金氏は暴行を受け、裁判も起こされた。同書は「青少年有害刊行物」に指定され、事実上の発禁処分となった。

韓国政府は、こうした反日世論に過度に敏感になっている。

２０１３年10月7日夜、インドネシア・バリ島の国際会議場。アジア太平洋経済協力会議（ＡＰＥＣ）に参加した各国首脳が夕食会のテーブルを囲んだ。安倍首相の隣に座ったのは朴大統領だった。２人は英語の通訳を介してこんな会話を交わした。

安倍首相「韓国料理が好きで、よく食べているんです」

朴大統領「どんな料理が好きなんですか」

安倍首相「焼き肉」

たわいない会話だったものの、額を寄せ合って話す両首脳を見守っていた日本政府高官は「関係改善のきっかけになるかもしれない」と期待した。

ところが、韓国外交省は、両首脳の会話を公表しないよう日本政府にねじこんできた。

安倍首相は韓国で「極右」（東亜日報）などとレッテル貼《ば》りされている。大統領が首相と親しげに会話したと公表されれば、国内で批判される恐れがあった。日本政府は韓国の立場に配慮して「社交の話をした」とだけ記者団に発表したが、安倍首相周辺からは「こちらの首相の発言を公表するかどうかまで口を出してくるのはおかしい」と不満が漏れた。

東京電力福島第一原子力発電所事故の汚染水問題を理由に、韓国政府が福島や青森など8県の水産物輸入を全面禁止する措置をとったのも国内世論を恐れたためだとみられている。

輸入禁止を発表した2013年9月6日は、2020年夏季五輪の東京開催が決定する直前のタイミング。関係者によると、東京の韓国大使館は「いま発表すれば、韓国が五輪招致を妨害したと受け取られる」と懸念を伝えたが、聞き入れられなかったという。

日本政府は、水産物などに含まれる放射性物質については、食品に関する国際機関「コーデックス委員会」の基準をもとにガイドラインを決定している。2012年4月からは、基準値をそれまでの1キロ・グラムあたり500ベクレルから100ベクレルに厳格化し、都道府県はこのガイドラインに基づき、放射性セシウムの検出頻度が高い食品を重点的に検査している。基準値を超えた場合は回収、廃棄され、市場に出回ることはない。

日本政府は、韓国側から汚染水問題に関する問い合わせが寄せられた２０１３年８月以降、安全性を証明する膨大な資料を韓国政府に提供してきた。韓国政府も、食品医薬品安全庁のホームページで、日本産食品の放射性物質の検査結果を公表しているが、２０１１年３月の福島第一原発事故以降、水産物から基準値以上の放射性物質が検出されたことはなかった。

それでも、韓国政府は輸入禁止に踏み切った。

当時、汚染水について、韓国メディアは「津軽海峡を通じて韓国沿岸に流れ込む恐れがある」などと大々的に報道し、インターネット上には「放射能怪談」と呼ばれるデマが飛び交って不安をあおっていた。

韓国の尹炳世《ユンビョンセ》外交相は２０１３年９月26日、岸田文雄外相の抗議に対し、「日本産水産物への懸念から韓国産水産物の売り上げも減っている。禁輸はやむを得ず取った予防的措置だ」と説明し、科学的根拠よりはむしろ国内の風評被害対策を重視したことを認めた。韓国の尹珍淑《ユンジンスク》海洋水産相も、韓国紙に「このままでは我が国の漁民に大きな被害が出かねないため強行した」と説明した。

科学的根拠に基づかずに輸入禁止を強行した背景には、２００８年に当時の李明博政権が、BSE（牛海綿状脳症）問題で輸入禁止としていた米国産牛肉について、性急に輸入再開を決め、支持率を20％台に急落させたトラウマがあった。日本の外務省幹部は今回の禁輸措置について、「韓国政府はBSE問題の二の舞いになることを懸念し、日本の事情に配慮する余裕がなかったのだろう」と見る。

司法も世論を恐れる

政府だけではなく、韓国の司法も世論の影響を受けやすい。「憲法の上に『国民情緒法』がある」（日本政府関係者）と言われるほどだ。国民の反日感情を踏まえ、司法も日本がらみで厳しい判断を下しがちになる。

その最たるものが、「徴用工訴訟」だ。

徴用工とは、戦時中に日本の工場に動員された労働者を指す。一部の元徴用工が、三菱《みつびし》重工業や新日鉄（現・新日鉄住金）など日本企業に損害賠償を求めた裁判が徴用工訴訟だ。

「日本政府や企業は強制徴用の被害者の痛みに関心を持つべきだ」

韓国南部・光州《クァンジュ》の地方裁判所は２０１３年11月1日、戦時中に「女子勤労挺身隊《ていしんたい》」として名古屋市の軍需工場に動員された韓国人女性４人と遺族１人の計５人が、三菱重工業に慰謝料などの支払いを求めた損害賠償請求訴訟で、このように述べて請求を認めた。賠償額は、女性1人当たり1億5000万ウォン（約1500万円）、遺族には8000万ウォン（約800万円）。三菱重工業は判決を不服として控訴した。

こうした徴用工訴訟は、韓国各地の裁判所で争われ、日本企業が敗訴している。2013年7月10日には、ソウル高裁が新日鉄住金に対し、原告4人に、1人当たり1億ウォン（約1000万円）の賠償を認める判決を言い渡した。同月30日には、釜山《プサン》高裁が三菱重工業に対し、原告5人に1人当たり8000万ウォン（約800万円）を支払うよう命じた。

一連の裁判で問題になったのは、1965年の日韓国交正常化にあたって両国が結んだ「日韓請求権・経済協力協定」だ。韓国が植民地支配の賠償を求めないかわりに、日本が5億ドル（返済不要の無償資金3億ドル、長期・低利の円借款《しゃっかん》2億ドル）の経済協力資金を提供する内容で、これをもって両国間の賠償問題は「完全かつ最終的に解決された」と確認した。徴用工の訴えを認めれば、この協定は空文化しかねず、日本政府や企業に対し、膨大な訴訟が起こされる恐れがある。

日本が韓国に支払った5億ドルは、当時の韓国の国家予算のほぼ2年分に相当する巨額の資金だった。当時の朴正煕大統領は、これをソウル―釜山間の京釜高速道路や浦項総合製鉄（現・ポスコ）などの建設にあて、漢江《ハンガン》の奇跡と呼ばれる経済成長につなげた。

当時の日本にとっても5億ドル（当時のレートで1800億円）は非常に重い負担だった。1965年度の一般会計予算は3兆6580億円で、その約5％にあたる。2013年度の一般会計予算92兆6115億円にあてはめれば、単純計算で約4兆5000億円に相当する。さらに、日本は韓国に残した生産設備など推計53億ドル分の資産を放棄し、3億ドル以上の民間信用供与も行った。

日本政府は、韓国政府に対し、徴用工訴訟の行方が「日韓関係に重大な影響を及ぼす」と伝えた。しかし、韓国外交省は「政府が立場を表明することは適切ではない」とあいまいな態度を示すだけだ。

徴用工裁判で日本企業敗訴の判決が確定すれば、日本政府はオランダ・ハーグに置かれている国際司法裁判所（ICJ）への提訴を検討している。

ICJは、国際紛争を解決するための国連機関で、過去にも同様の賠償にからむ裁判を審理したことがある。イタリア最高裁が2004年、ドイツ政府に対し、戦時中に強制労働させたイタリア人への賠償を命じた案件で、ドイツ政府はこれを不服としてICJに提訴した。ICJは2012年、①イタリアの裁判所はドイツ政府に賠償を命じることはできない、②イタリア政府は国内裁判所の判決が効力を有しないようにする義務がある――などとドイツの主張を認める判決を出している。

日本政府は、ＩＣＪの裁判に持ち込めば「勝訴は間違いない」と踏む。韓国は裁判を拒否できるが、正当な理由を示さずに拒否すれば「協定（条約）を守らない国」であると、世界に自ら広めることになる。

だが、こうした事態になれば、両国関係がさらに悪化するのは確実だ。大手メーカーのソウル駐在員は「韓国での事業展開を見直さざるを得ないだろう」と言う。経団連など経済4団体も２０１３年11月６日、徴用工訴訟に関し次のような共同声明を発表して深刻な懸念を表明した。

「韓国への投資やビジネスを進める上での障害になりかねず、ひいては両国間の貿易投資関係が冷え込むなど、良好な両国経済関係を損ないかねない」

日韓の経済関係が冷え込めば、韓国経済への打撃も大きい。韓国政府は打開策として、２０１３年12月、日本の経済協力資金の恩恵を受けたポスコなど韓国企業と韓国政府が出資し、元徴用工に補償金を支払う財団を設立する考えを表明した。財団には、日本政府と日本企業にも資金を提供してもらう前提だ。だが、日本政府が資金を出せば結局、日韓請求権・経済協力協定が空文化するのと同じことになる。日本の外務省幹部は嘆息する。

「そんな財団に政府の予算を入れる法案が国会で通るわけないじゃないか」

韓国では2005年、左派勢力の支持を受けた盧武鉉《ノムヒョン》政権下で設けられた官民共同委員会が、日本による「反人道的な行為」の被害者は個人請求権を失っていないと断じ、元慰安婦、被爆者、サハリン残留韓国人は、日韓請求権・経済協力協定が結ばれていても、個人で日本政府などに賠償を求めることはできるとする新見解を示した。もっとも、元徴用工の請求権については、日韓請求権・経済協力協定に基づく日本側の資金提供で解決し、追加補償を求めるのは困難と結論づけた。盧武鉉政権も、これまで通り徴用工問題を国内の問題として扱い、韓国政府が補償金を支給するなどの対応をとった。しかし、これに不満をもった元徴用工が、裁判で日本政府や企業の責任を追及しはじめ、韓国の司法によって次々と認められているのが現在の状況だ。

不可思議な判決続々

長崎県・対馬《つしま》は国境の島だ。最近は韓国人旅行客が増え、地元でも歓迎ムードが高まっていたが、そんなムードを一変させる事件が起きた。

２０１２年10月、対馬の観音寺が所蔵していた県指定有形文化財「観世音菩薩坐像《かんぜおんぼさつざぞう》」と、海神神社の国指定重要文化財「銅造如来立像《どうぞうにょらいりつぞう》」が相次いで盗まれた。いずれも、地域の住民が大切に守り伝えてきた仏像だった。

約３か月後、犯人は韓国で逮捕された。文化財を盗んで転売する韓国人窃盗団の仕業だった。仏像は無事発見され、財部能成《たからべやすなり》・対馬市長ら関係者は「やれやれ」と胸をなで下ろした。

ところが、韓国の大田《テジョン》地裁は２０１３年２月、観世音菩薩坐像について、日本への返還を差し止める仮処分を決定した。韓国中部・瑞山《ソサン》市の浮石寺が「仏像は14世紀に倭寇《わこう》によって略奪されたものだ」と訴えたからだ。

韓国も加入している国連教育・科学・文化機関（ユネスコ）の文化財不法輸出入等禁止条約は、盗まれた文化財を被害国に返還するよう定めている。同条約に詳しい河《こう》野俊行《のとしゆき》・九州大教授（国際文化遺産法）は「韓国政府は速やかに仏像を返還しなくてはならない」と指摘する。

同年６月、対馬市の財部市長は、市民約１万７０００人分の署名を携えて韓国文化財庁を訪れ、同庁が保管する２体の仏像の返還を要求した。下村博文《しもむらはくぶん》・文部科学相も9月27日に韓国を訪れ、劉震龍《ユジンリョン》文化体育観光相に、仏像の早期返還を要請した。劉氏は「当然、日本に返還すべきだ」と応じた。

しかし、返還差し止めの仮処分があった観世音菩薩坐像はもとより、銅造如来立像もなかなか返還されない。下村氏に返還を約束したはずの劉氏は、韓国国内で猛反発を受けると、「原則を確認しただけだ」と軌道修正してしまった。

観世音菩薩坐像をまつっていた観音寺は、対馬の西岸に位置する静かな漁村にある。同寺の総代を務める村瀬敬三さんは「早く仏像を返して」と憤《いきどお》る。

対馬市も韓国の理不尽な態度に反発した。日韓交流イベント「厳原《いづはら》港まつり対馬アリラン祭」は2013年夏、韓国民謡を意味するアリランの文字を削り、「対馬厳原港まつり」に名称を変えた。江戸時代に朝鮮国王が派遣した外交使節・朝鮮通信使の行列を再現するメーンイベントも中止となった。

実は、日本で盗まれた文化財が、韓国の司法の判断で日本に戻ってこない例は少なくない。1994年に長崎県・壱岐島《いきのしま》の安国寺から盗まれた仏教経典「高麗版大般若経《こうらいばんだいはんにゃきょう》」が、韓国で1995年に国宝指定されてしまう事件があった。ソウル中央地検は、最終的な購入者が盗品とは知らずに買ったもので民法上の「善意の取得」にあたると判断、経典を日本に戻さなかった。現在、経典は韓国の実業家が所蔵しているとされる。

韓国の司法は、ほかにも日本がらみの裁判で首をかしげざるをえない判断を連発している。

２０１２年１月、ソウルの日本大使館に火炎瓶を投げつけた中国人の男が韓国警察に逮捕された。男は前年末に靖国神社へ放火したことも自供したため、日本政府は犯罪人引き渡し条約に基づき、身柄引き渡しを求めた。しかし、ソウル高裁は２０１３年１月、男を政治犯と認定し、韓国政府は男を中国に帰国させた。事実上の無罪放免

日韓関係に影響する韓国の司法判断

2011年8月	憲法裁、従軍慰安婦の賠償請求権について、韓国政府が解決に向けた努力をしていないのは元慰安婦らの権利を侵害しているとの判断
12年5月	第2次大戦中に徴用された韓国人元労働者が三菱重工業と新日本製鉄に損害賠償などを求めた訴訟で、最高裁が個人の賠償請求権は有効と初判断
13年2月	大田地裁、長崎県対馬の寺社から盗まれ、韓国で見つかった仏像について返還を当面差し止める内容の仮処分を決定
7月	ソウル高裁、韓国人元労働者が新日鉄住金(旧新日本製鉄)に損害賠償を求めた訴訟の差し戻し控訴審判決で、同社に損害賠償の支払いを命令。釜山高裁の差し戻し審も、三菱重工業に対する個人請求権認める
11月1日	光州地裁、「女子勤労挺身隊」として徴用された韓国人女性と遺族計5人による損害賠償請求訴訟で、三菱重工業に支払い命令

だった。

どうしてこんな判決を出したのか。ソウル高裁は、靖国神社について「侵略戦争を主導した戦犯」が合祀《ごうし》され、閣僚が参拝するなど「政治的象徴性がある」と断じた。中国人の男が靖国神社に放火したのは、日本の政策変更を狙《ねら》った政治的動機によるものであり、条約があっても引き渡しを拒否できる政治犯にあたるとみなしたのだ。

韓国には、日本に対してなら何をしても許されるという「反日無罪」という言葉がある。この判決は、まさに反日無罪を具体化したものとして、日本政府関係者をあきれさせた。

タレント弁護士として有名な自民党の丸山和也《かずや》参院議員も、韓国の司法に苦汁をなめさせられた経験があるという。日本企業の代理人として、韓国企業から数千万円の債権回収にあたったが、韓国の裁判所はまったく動いてくれなかった。困惑していると、事情を知った知り合いの韓国人から耳打ちされた。

「韓国は日本に恨みがある。韓国の司法は日本のために動かないよ」

「恨《ハン》」の感情

拓殖大の呉善花《オソンファ》教授は、韓国・済州島《チェジュド》出身で、日本留学後の1998年に帰化した韓国系日本人だ。『スカートの風』（角川文庫）など韓国に関する著書を多数出版し、韓国に厳しい評論活動で知られる。

呉教授は２０１３年７月27日、甥《おい》の結婚式に出席するため、韓国・仁川《インチョン》空港に到着した。しかし、入国審査で男性係官から「入国を許可できない」と告げられた。理由を尋ねても、係官は「言えない」「上からの命令だ」と繰り返すばかり。「結婚式に出席する友人に、日本から持って来た和菓子だけでも渡してもらえないか」と懇願したが、それも「ダメ」。結婚式出席はかなわず、その日のうちに日本へ戻されてしまった。

韓国の入国管理法は、「韓国の利益や安全」「経済や社会の秩序」を害する恐れのある人物の入国を拒否できると定めているが、韓国法務省報道官室は、呉教授の入国を拒否した理由について「答えられない」としている。

呉教授はこの年の４月26日、首相公邸で安倍首相らと会食し、韓国で「反韓の極右と夕食」（朝鮮日報）などと批判されていた。日本政府関係者は、この件が韓国政府に問題視された可能性があるとみる。日本の首相と会食したから入国を阻《はば》んだとすれば、呉教授の言論の自由への圧力となりかねないが、韓国メディアは「嫌韓を扇動する日本帰化韓国人の入国不許可」（朝鮮日報）などと当局の対応を好意的に報じた。

実は、呉教授が韓国の入国審査でストップをかけられたのは今回がはじめてではない。日本に厳しい姿勢をとっていた盧武鉉政権当時の2007年10月、母親の葬儀で帰郷しようとした際も入国審査で同様の目に遭ったという。この時は、日本の総領事館が抗議し、葬儀出席以外は何もしないという念書を書き、入国を許された。

呉教授は、こうした常軌を逸したかのような反日の背景に、韓国人特有の感情である「恨《ハン》」の存在を指摘する。

恨とは、「韓国民衆の被抑圧の歴史が培《つちか》った苦難・孤立・絶望の集合的感情」(広辞《こうじ》苑《えん》)を意味する。嘆きや恨みを行動のエネルギー源とする思考方法だ。「韓国人は相手に恨みがあるということを機会あるたびに言いたがる。日本にやられた、と言うことで力が増してくる」(呉教授)。

恨の感情は、様々な形で日本にぶつけられている。

〈韓国と北朝鮮の連合軍が長崎県・対馬に進攻。北朝鮮の中距離弾道ミサイル「ノドン」の援護射撃を受け、韓国が島を占領する〉

韓国で2013年4月に出版された小説『千年恨　対馬島』(李元浩著)のストーリーだ。

タイトルの「千年恨」は、朴槿恵大統領が2013年3月1日の「三・一独立運動」記念式典で演説した際に言及した「(日本と韓国の)加害者と被害者という歴史的立場は、1000年の歴史が流れても変えることはできない」という発想と、「対馬は古くから韓国の領土だ」という著者の主張を表している。

同書の裏表紙には、こうある。

「日本は歴史を捏造《ねつぞう》している　見よ、1000年のあいだ韓民族を侵奪し続けてきた悪魔の正体を」

日本人にとって「対馬が韓国領」という主張以上に荒唐無稽《こうとうむけい》に思えるのが、「北朝鮮と協力して日本を攻撃する」という発想だ。だが、これは『千年恨……』がオリジナルではない。

『ムクゲノ花ガ咲キマシタ』(金辰明著)——。1993年に韓国で出版され、500万部以上も売れたベストセラー小説だ。

日本が竹島奪回を狙って韓国に武力攻撃を仕掛け、航空自衛隊による韓国本土爆撃が始まったタイミングで、北朝鮮から『ムクゲノ花ガ咲キマシタ』というメッセージが寄せられた。韓国が北朝鮮と共同で極秘裏に進めていた核開発に成功したという連絡だった。これで形勢は一気に逆転。韓国は核ミサイルを日本に向けて発射し、日本の首相が韓国大統領に「どうか次からの攻撃をおやめ下さい。すべて大統領の意に従います」と哀願する——という内容だった。

『ムクゲノ花……』は1995年に映画化もされている。

当時、ソウルの映画館でこの映画を見た武貞秀士《たけさだひでし》・拓殖大特任教授は「核ミサイルが日本に向けて飛ぶシーンになると、韓国人観客が総立ちで拍手した」と証言する。

『ムクゲノ花……』が出版された1993年は、北朝鮮が核拡散防止条約（NPT）からの脱退を宣言、核開発阻止に動く米国との間で緊張が高まっていた時だ。翌94年、北朝鮮は「ソウルを火の海にする」と恫喝《どうかつ》までした。

にもかかわらず、北朝鮮と共同で日本を攻撃するというストーリーが韓国で流行するのはなぜか。北朝鮮には同胞意識がある一方で、朝鮮半島を植民地支配した日本は恨の感情を爆発させる格好の相手と考えているからではないのか。

日本への核攻撃と恨の感情が結びついた理解しがたい例は、ほかにもある。

韓国で人気のミュージカル「明成皇后《ミョンソン》」。朝鮮王朝第26代国王・高宗の王妃だった閔妃《ミンビ》（1851～95年）の生涯を描いた歴史ミュージカルだ。閔妃は1895（明治28）年の乙未《いつび》事変で、王宮に乱入した日本軍守備隊らに殺害された。当時、閔妃は高宗の実父で日本と関係が深かった興宣大院君と対立しており、ロシアと結んで排日政策をとろうとしたことが事件の背景にあったと見られている。

「明成皇后」は1995年の初演以来、国内外でロングランとなっているが、この作品をみた日本の外交官は強烈な違和感を抱いたという。冒頭が第2次大戦末期の日本への原爆投下シーンで始まる演出だったからだ。「悪い日本は原爆が落とされて当然だと言いたいらしい」と顔をしかめる。

2013年5月には韓国で発行部数第2位の中央日報が、原爆投下を「神の懲罰」とする論説委員のコラムを掲載した。安倍首相を念頭に「ある指導者は侵略の歴史を否定し、妄言でアジアの傷をうずかせる」と指摘し、「日本に対する懲罰が足りないと判断するのも神の自由だ」などと書いた。菅《すが》官房長官は記者会見で「原爆に対するこうした認識は断じて許せない」と怒り、日本政府が同紙に抗議する事態に発展した。被爆地からも「被爆者の思いを政争の具にする論理展開で、読むに堪えない」(松井一実《かずみ》広島市長)、「論理的でない感情の産物で、暴走した内容」(田上《たうえ》富久長崎市長)と憤りの声があがった。

批判の高まりを受け、中央日報は「個人の主張であり、公式な立場ではない」と釈明したものの、日本の国民感情を逆撫《さかな》でする結果となった。

「歴史を忘れた民族に未来はない」

2013年7月28日、ソウルで行われたサッカー東アジア杯男子の日韓戦。韓国側サポーターが観客席に、ハングルでこのように大きく書かれた横断幕を掲げた。試合開始の際は、伊藤博文を暗殺した安重根と、豊臣秀吉《とよとみひでよし》の水軍と戦った朝鮮王朝時代の武将・李舜臣《イスンシン》の巨大な肖像画も広げた。

2012年ロンドン夏季五輪では、日韓による男子サッカー3位決定戦が終わった後、韓国代表選手が、「独島は我が領土」とハングルで書いた画用紙大の紙を観客席に向けて掲げた。

スポーツの試合に政治問題が絡《から》めば、不測の事態が生じかねない。国際サッカー連盟の規則も、五輪憲章も、競技の場で政治的な主張をすることを禁じている。だが、韓国はそんなことにお構いなしだ。

学者や社会的立場のある人も日本に関する驚くような言動を繰り返している。

韓国で最大部数を誇る朝鮮日報は2013年9月、「風水で日本を制圧する努力」と題する寄稿文を掲載した。韓国には、日本に流れる「地の気」を遮断するために建てられた実相寺という寺があり、「釣り鐘に彫られた日本地図を連想させる部分を突く度に、富士山を1発ずつ殴ったことになる」のだという。筆者は全州市にある又石大学の教授だった。

韓国出身の潘基文《パンギムン》国連事務総長も２０１３年８月、ソウルの韓国外交省で記者会見し、日韓関係について「正しい歴史（認識）が、良き国家関係を維持する。日本の政治指導者には、深い省察と国際的な未来を見通す展望が必要だ」と述べた。韓国人記者から、日韓の歴史認識や領土問題を巡る対立に見解を求められて答えたもので、「日本の右傾化の兆《きざ》しを遠回しに批判した」（聯合ニュース）と受け止められた。政治的中立性に意をくだかなくてはならない国連事務総長の発言としては極めて異例だ。

恨の感情をむきだしにする韓国に対し、日本政府は謝罪を繰り返してきた。

日本は１９１０（明治43）年に韓国を併合し、35年間にわたって朝鮮半島を統治したが、１９６５年の国交正常化に先立って発表された日韓共同コミュニケに、「過去の関係は遺憾であって深く反省している」と明記した。戦後50年目の１９９５年８月15日には、当時の村山富市首相が、韓国を含むアジア各国に「痛切な反省の意」を示す談話を発表した。

昭和天皇も、１９８４年に韓国大統領として初来日した全《チョン》 斗煥《ドゥファン》氏に、「誠に遺憾」と述べられた。韓国側がさらに踏み込んだ天皇の謝罪を求めたため、１９９０年の盧《ノ》泰愚《テウ》大統領来日にあたり、現在の天皇陛下は「痛惜の念」を表明された。「植民地支配をこれほど謝罪した国はない」（外務省幹部）と言われるほどだ。

日本側は過去への謝罪を繰り返す一方で、日韓関係の将来を重視した「未来志向」の関係づくりに努めた。しかし、両国間で懸案がもちあがるたびに韓国では恨の感情が頭をもたげてくる。

１９９８年10月、当時の小《お》渕《ぶち》恵三《けいぞう》首相と金大中《キムデジュン》韓国大統領は、植民地支配について「痛切な反省と心からのおわび」を盛り込んだ日韓共同宣言を発表した。金大統領はこれを評価し、「韓国政府は今後、過去の問題を出さないようにしたい。自分が責任を持つ」と明言した。ところが、金大統領はその後も、日本の教科書の記述修正を求めるなど歴史認識の問題を主張し続けた。

朝鮮半島論が専門の武貞秀士・拓殖大特任教授はかつて、韓国人研究者らに「日本はどうしたら許されるのか」と質問したことがある。その答えはこうだった。

「韓国が35年間、日本を植民地統治してはじめて我々の気持ちは収まる」

武貞氏は暗澹《あんたん》たる気持ちになったという。

反日感情を生み出す韓国の教育

韓国文化財庁は2012年7月、ソウルの日本大使館の建て替え申請を却下した。大使館は朝鮮王朝時代の史跡「景福宮《キョンボックン》」の近くにあり、高層化すると「歴史、文化的環境の破壊が憂慮される」という理由だった。しかし、大使館周辺にはすでに高層ビルが林立している。韓国側の理不尽な対応について、日本政府関係者は「反日意識が根底にあるのだろう」と言う。日本側は大使館の高さを当初計画より4メートル低い32メートルに見直し、最終的に2013年7月、建て替えは認められた。ただ、建て替え問題を議論する韓国国会の会議を傍聴しようとした日本大使館員が退出を命じられるなど、ギクシャクは続いている。

その日本大使館の前では、1992年から毎週水曜、慰安婦問題で日本に抗議する「水曜デモ」が開かれている。外交関係に関するウィーン条約は大使館の保護を受け入れ国の義務と定め、韓国の法律も外国の公館から100メートル以内での集会やデモを禁じている。しかし、韓国の警察は日本大使館前のデモを見守るだけで、事実上黙認している。

デモを主催しているのは、市民団体の韓国挺身隊問題対策協議会（挺対協）で、参加者の中心は若者たちだ。

「日本の欲望で多くの国が苦痛を受けた」

「性奴隷《どれい》ハルモニ（おばあさん）の心は汚《けが》された」

こんなプラカードを掲げた小学生たちが教師に引率されて集まってくる。毎週水曜をむかえると大使館前は喧騒《けんそう》状態となり、繰り返されるシュプレヒコールに感極まって泣き出してしまう女子学生もいるほどだ。

デモに参加した韓国中部・大田市在住の22歳の女子大生は読売新聞の取材にこう語った。

「英語を勉強し、外国人に慰安婦問題を知らせたい。問題解決のためにはもっともっと水曜デモに足を運ぶことが必要だと思う」

韓国で恨の感情に裏打ちされた反日運動が続くのは、こうした若者たちへの教育が大きく影響している。

韓国では、朴正熙《パクチョンヒ》政権下で国定教科書が制定されて以来、民族主義色の濃い歴史教育が推進されてきた。

最近まで中学校で使われていた国定教科書「国史」は、戦前の日本の統治に関し、「長い間独自の文化を創造しながら発展してきた我が民族は、国を奪われ、日帝（＝日本）の奴隷状態に成り下がった。韓国に対する日帝の植民地支配方式は、憲兵警察を前に立たせる強圧的で非人道的な武断政治だった」などと書いていた。島根県・竹島については「日本が一方的に領土編入したが、光復（＝日本の統治からの解放）と共に取り戻した」と不法占拠を正当化していた。高校の教科書では、日本から提供された資金を活用した韓国の高度成長「漢江の奇跡」について、「外国から導入した借款と国内の豊富な労働力を結合させ、成し遂げられた」とだけ記述し、日本への言及はなかった。

このような歴史教育を受けた世代が今、韓国社会の中核になっている。１９９０年代に「30歳代」で、「80年代」に大学生活を送り、「60年代」に生まれた３８６世代と呼ばれている人たちだ（現在は40歳代になっているので、４８６世代とも呼ばれる）。学生時代に徹底した反日教育を受け、青年期に民主化運動を経験して反政府意識も強い。「歴代政権は日本と結託して韓国民を苦しめてきた」。そんな意識を抱きがちだとされる。

学校教育は、今後数十年にわたって国民感情に大きな影響を与える。憎悪《ぞうお》を植え付けるだけの教育は改められないのだろうか。

歴史教育に関し、朴槿恵《パククネ》大統領が２０１３年11月14日、唐突な提案を行った。ソウルの韓国国立外交院での演説で、日本を念頭に共同で歴史教科書をつくることを提案したのだ。

「ドイツとフランスのように、東北アジア共同の歴史教科書を発刊することで、欧州のように協力と対話を積み重ねることができる」

大統領はこのように述べた。しかし、日韓両国はすでに2002年から2010年にかけ、2度にわたり、歴史学者による共同研究を試みたことがある。

1度目は2002年に始まった。日本の歴史教科書の記述に韓国が反発し、外交問題に発展したことがきっかけだった。日韓の歴史研究家が11人ずつ参加して議論したものの、日韓併合条約の合法性や対日請求権の扱いなど主要な論点で溝が埋まらず、2005年に発表した報告書は両国の主張が併記されただけに終わった。

2度目は2007年から2010年にかけて行われたが、韓国側は日本の教科書を「朝鮮半島に対する侵略性を弱めて表現している」と批判し、日本側は、慰安婦と、戦時中に工場へ動員された「女子挺身隊」が韓国内で混同されていることなどを問題視した。

研究に参加した古田《ふるた》博司《ひろし》・筑波大教授（東アジア政治）によると、日韓の議論はまったくかみあわなかったという。日本側が客観的資料を提示して議論しようとしても、韓国側は大声で怒って受け入れないことが多かった。古田教授は「韓国が客観的史実に基づく歴史教科書を作ることは今後もないだろう」と話している。

日韓双方の違いを際立《きわだ》たせるだけに終わった歴史共同研究。2011年12月、当時の野田佳彦首相と李明博《イミョンバク》大統領による日韓首脳会談で、3回目の研究開始に合意したが、関係者の熱意は低く、具体化していない。共同の歴史研究すらできないのに、歴史教科書を作るなど不可能だ。

韓国メディアの罪

韓国メディアの報道も、韓国の国民感情に大きな影響を及ぼしている。

2013年5月12日、安倍首相が東日本大震災で被災した航空自衛隊松島基地（宮城県東松島市）を激励に訪れた時のことだ。首相は曲技飛行隊「ブルーインパルス」の練習機に乗り込み、笑顔で写真に納まった。

ところがその2日後の5月14日、韓国の夕刊紙・文化日報は「軍国主義の亡霊を起こすのか」と大見出しを付けて首相を批判した。首相が乗った練習機の機体番号は「731」であり、第2次世界大戦中に生物兵器を研究していたとされる旧日本軍「731部隊」を連想させ、戦争に巻き込まれた国々を挑発しているというのだ。

他の韓国メディアも一斉に追随した。

韓国で発行部数3位の東亜日報は「安倍の計算された〝数字〟政治だ」と確信犯であるかのように書き、「右傾化の火をつけている」と論じた。

どうしてこんな記事が韓国を代表する新聞に堂々と掲載されるのか。ある韓国人記者は、「上司から同じ記事を書けと命じられた」と打ち明ける。「文化日報の報道は言いがかりに近い」と反論したものの、「お前は親日派か」となじられ、渋々記事を書いたという。

2013年の終戦記念日には、安倍首相の全国戦没者追悼式のあいさつが韓国で批判された。安倍首相が失言したわけではない。過去を謝罪しなかったことが問題視されたのだ。

安倍首相は、「歴史に対して謙虚に向き合い、学ぶべき教訓を深く胸に刻みつつ、希望に満ちた国の未来を切り開いていく」と述べた。しかし、16日付の東亜日報は、「安倍、戦犯国の最後の良心まで捨てた」と見出しをつけ、「アジアの国々に対する加害と反省に一切言及しなかった」と酷評。安倍首相の狙いは、「戦争をできる普通の国に改造する」ことにあるなどと解説した。

このような言いがかりに近い報道は枚挙にいとまがない。

日本サッカー協会（ＪＦＡ）が2013年11月に発表した、サッカー・ワールドカップ・ブラジル大会の新ユニホームは左胸にJFAの八咫烏《やたがらす》のエンブレムをあしらい、そこから11本の直線が放射状に広がっているデザインだった。ユニホームを作成したアディダス・ジャパンのホームページによると、直線は、「円陣を組んだ後、試合開始に向けてピッチへと広がる選手を表現」しているのだという。ところが、韓国マスコミは、この新ユニホームにもかみついた。中央日報（11月14日付）は、放射状に広がる直線が「旭日旗《きょくじつき》を連想する」と書いた。旭日旗は旧大日本帝国海軍や自衛隊の艦船の旗で、昇る朝日をイメージしているが、韓国は「戦犯旗だ」などと批判している。記事は、「戦犯旗論争を呼んでいるユニホームを着たら処罰すべきだという主張も出てきている」などと難癖をつけた。

韓国では「朝《チョ》・中《ジュン》・東《ドン》」と呼ばれる朝鮮日報、中央日報、東亜日報の3大紙が計約412万部を発行しており、韓国の新聞全体の3分の1強を占める（2012年、韓国ABC協会調べ）。3紙の論調は北朝鮮に強硬なことから、右派・保守系と位置づけられている。一方、ハンギョレ新聞、京郷《キョンヒャン》新聞、ソウル新聞などは、北朝鮮に融和的な左派・進歩系とされる。

韓国の左右対立は、軍事政権下で民主化の闘士として活躍した金大中氏が1998

年に大統領に就任した頃から激しくなり、報道機関の二分化もそれを反映している。ただ、日本に関する報道になると、右から左までどの新聞も反日一色だ。

韓国における新聞とは、「そこに書いてあることが事実かどうかより、胸をスーッとさせるために読むものだ」（在韓日本人ジャーナリスト）とされる。国民の反日意識に応《こた》えようと、韓国の新聞は競うように反日記事を掲載する。それがまた、国民の反日意識に火をつける悪循環を生む。ある韓国人記者は、「記事の結論が反日でないとボツになりやすい」と内部事情を明かす。

もっとも、最近は行きすぎた反日を戒める記事も散見されるようになってはいる。京郷新聞は2013年8月1日、東京支局長の署名記事で「反日無罪のような態度は、韓国に好意を持つ日本人たちさえ敵にしてしまう」と警鐘を鳴らした。最大発行部数を誇る朝鮮日報も2013年11月13日、楊相勲論説室長のコラムで、世界中で韓国よりも日本が信頼されているのはなぜなのかと問うた上で、次のように書いた。

「興奮しやすく感情を前面に出す気質、理性的でなくてはならない時に非理性的にふるまう行動、他人が何を言おうと我々が内輪で万歳を叫べばいいという態度、これらを放置していては日本を巡る問題は永遠に克服できない」

こうした自省の呼びかけは韓国の世論に響くだろうか。

経済で自信

2012年4月、民主党の野田佳彦首相はワシントンの米大統領迎賓館「ブレアハウス」に宿泊して驚いた。部屋に置いてあったテレビが韓国・サムスン製だったからだ。野田氏は「韓国もがんばってると思った」という。

だが、こうした経済的成功は、日本への対抗心や反感をさらに増幅する結果となっている。韓国政治に詳しい奥薗秀樹《おくぞのひでき》・静岡県立大准《じゅん》教授は「反日を超え、日本なんて大したことはない、韓国の方が上だという『卑日』意識が芽生え始めている」と指摘する。

日韓が国交を正常化した1965年、国内総生産（GDP）は日本が937億9200万ドルで、韓国はその30分の1の30億ドルに過ぎなかった。これが2012年になると、日本の5兆7116億9000万ドルに対し、韓国は5分の1の1兆1292億ドルにまで差を縮めた。

一方で、韓国の対日貿易依存度を見ると、1965年は輸出25・5%、輸入37・8%だったのに、2012年には輸出7・1%、輸入12・4%で3分の1程度に下がっている（日本貿易振興機構調べ）。韓国は確実に国力を増し、さらに経済の日本離れを加速させているのだ。

「韓国の対日貿易依存度と、両国の1人当たりGDPの格差がかなり縮小された。かつての一方的な日本優位の構造から水平的な関係へと次第にかわっている」

2013年5月15日、申珏秀《シンガクス》駐日韓国大使（当時）は東京都内の講演で現在の日韓関係をこのように説明した。韓国にとって、日本は経済的に追いつく対象ではなく、競争相手になったというわけだ。競争相手ならば、日本の国力をそぐジャパン・ディスカウントや激しい反日運動は、国益にかなう行動となる。

そもそも、朝鮮半島は歴史的に、中国を中心とした東アジア文化圏の中で、中国を敬うとともに日本を劣った存在として見下そうとしてきた。経済力をつけた韓国は、「日本なんて大したことはない」と言わんばかりに、ことあるごとに日本を格下に見せようとしている。

2013年9月にソウルと東京で開催された「日韓交流おまつり」。良好な日韓関係を築くため両国政府などの主催で毎年開かれているイベントだが、韓国側は、開会式の日本側出席者を外務省に何度も問い合わせてきたという。

同月21日、東京の開会式には高円宮《たかまどのみや》妃久子さまと岸田外相、安倍首相夫人の昭恵《あきえ》さんが出席。これに先立つソウルの開会式に韓国政府の閣僚は姿を見せず、政府代表を務めたのは文化体育観光省次官だった。「日本よりも高位の人を出席させるわけにはいかない、という発想だったようだ」。日本の外務省幹部はあきれたように振り返る。

最強の反日団体

世界中から1億人の署名を集めて日本政府に突きつけよう――。

慰安婦問題を巡り、韓国でこんな運動が行われている。取り組んでいるのは韓国挺《てい》身《しん》隊《たい》問題対策協議会（挺対協）。韓国で最も政治力があり、政府も一目おくほど強力な市民団体だ。

挺対協のホームページには、韓国語のほか日本語、英語、ドイツ語、フランス語、中国語、スペイン語、ベトナム語で、署名を呼びかける激しい文言がつづられている。

〈日本はアジア太平洋侵略戦争で、幼い少女と女性を連行し性奴隷として人権を蹂躙《じゅうりん》した〉

〈女性たちは命を奪われ、故郷に帰っても沈黙を強いられ、苦痛の中で生きてきた〉

〈日本政府は慰安婦被害者に公式謝罪し、法的賠償せよ〉

挺対協によると、運動を始めて1年もたたないうちに、全世界から約280万人分の署名が集まったという。

挺対協は韓国の複数の女性団体などが結集し、１９９０年に設立された。代表の尹《ユン》美香《ミヒャン》氏は１９６４年生まれで、韓国の大学院を修了して挺対協に参加し、２００６年に代表となった。反日意識の強い３８６世代の象徴的存在だ。

挺対協の活動は署名集めだけではない。１９９２年からソウルの日本大使館前で慰安婦問題に抗議する「水曜デモ」を主催し、２０１１年12月には大使館前に慰安婦を象徴するブロンズ製の少女像を設置した。米国や台湾、フィリピン、インドネシア、フランスなどにある日本の外交施設の前でも水曜集会を開催し、慰安婦問題を国際社会に広めようとしている。

１９９０年代には、日本政府に賠償を求めて提訴した元慰安婦を、日本の〝人権派弁護士〟と共に支援した。

こうした活動は、韓国政府の支援も受けている。２０１２年5月、挺対協は慰安婦問題を後世に語り継ぐことなどを目的とした「戦争と女性の人権博物館」をソウルにオープンさせたが、建設資金のうち5億ウォンを韓国政府が負担した。

挺対協は、慰安婦問題の解決には日本政府が次の7つの対応をとる必要があると主張している。

▽戦争犯罪と認める▽真相究明▽公式謝罪▽法的賠償▽戦犯の処罰▽歴史教科書への掲載▽追慕碑と史料館の建設

日本政府は「こんな対応を取れるはずがない」（外務省幹部）と相手にしていない。慰安婦は主に民間施設で働き、日本政府の調査では、日本の官憲が朝鮮人慰安婦を強制連行したことを示す証拠は見つかっていないからだ。そもそも、日韓間の賠償問題は、１９６５年の日韓請求権・経済協力協定で解決している。

日本政府はそれでも、慰安婦だった女性に対し、１９９５年7月に設立された財団法人「女性のためのアジア平和国民基金」（アジア女性基金）を通じて生活支援などを行ってきた。

女性基金は、国民の募金と日本政府の公金（48億円）をもとに、①元慰安婦１人あたり２００万円の償い金支給、②医療・福祉事業を行う団体への支援――などに取り組んだ。償い金は、歴代首相の「おわびの手紙」とともに、韓国、台湾、フィリピンの元慰安婦２８５人に支給された。

ところが、韓国では、挺対協が「買収工作だ」などと反発、償い金の受け取り拒否運動を展開し、償い金を受け取った元慰安婦への嫌がらせも相次いだ。このため、元慰安婦と名乗り出た韓国人女性約２４０人のうち、償い金の申請者は約60人にとどまった。

慰安婦問題に携わった経験のある日本政府関係者は、「挺対協こそ慰安婦問題の解決を妨げる元凶だ」と怒る。さらに問題なのは、韓国政府が挺対協や世論を恐れ、慰安婦問題の解決に向けたイニシアチブを発揮できていないことだという。

2011年12月17日、京都市上京区の京都迎賓館。当時の野田佳彦首相が韓国の李明博大統領を迎えて夕食会を開いた。

日本側は、マッコリ(makgeolli)にビール(beer)を混ぜた韓国でMB酒と呼ばれる酒を出して歓待した。李大統領は、「明博」の英語表記「Myung-bak」のイニシャルから、韓国でMBというニックネームで呼ばれていた。李大統領は「うれしい」と、日本側の心遣いに満面の笑みを見せた。

席上、李大統領は、ベトナム戦争に参戦した韓国軍の話を持ち出した。韓国軍は現地で虐殺《ぎゃくさつ》や女性への乱暴を繰り返し、現在でもベトナムとの間で大きな問題になっている。李大統領は、この問題で韓国がベトナムに謝罪したことを問わず語りで語った。日本側の同席者は、「慰安婦問題で日本政府のさらなる対応を求めているな」と感じた。

案の定、翌18日に開かれた日韓首脳会談はほぼ慰安婦問題一色だった。

李大統領は会談冒頭から、「慰安婦問題を優先的に解決しなければならない」と言い出した。野田首相が「経済、安全保障の順番で話をしたい」と水を向けても、李大統領は「歴史の懸案である慰安婦問題について話さなければならない」などと譲らなかった。

それならば、と野田首相がソウルの日本大使館前に挺対協によって設置された慰安婦像の撤去を要請したところ、李大統領は「誠意ある措置がなければ第２、第３の像が建てられるだろう」と反論。結局、約１時間の会談時間の３分の２が慰安婦問題に費やされた。

李大統領は２００８年の就任以来、未来志向の日韓関係の確立に意欲的とみられたのに、慰安婦問題でかくも強硬な姿勢をとったのはなぜか。日本側は、韓国の世論が慰安婦問題で盛りあがり、日本に厳しい姿勢を取らざるをえなかったと受け止めた。

野田政権は、そんな李大統領の立場に配慮し、慰安婦問題で韓国の要求に応えようとした。日本政府は、元慰安婦に償い金を支給したアジア女性基金の解散後も、毎年１０００万円前後の予算を確保し、ＮＰＯを通じて元慰安婦に健康診断費用や医薬品などを提供していた。この予算と対象を増やす検討に入ったのだ。一歩誤れば、日韓間の賠償問題が「完全かつ最終的に解決された」と確認した日韓請求権・経済協力協定を空文化してしまう危険もあったが、野田政権はあえてこの橋をわたり、2012年3月、佐々江賢一郎外務次官を派遣して韓国政府に打診した。ところが、韓国政府は「そんな案では国民がとても持たない」と一蹴《いっしゅう》した。

慰安婦問題で韓国政府と交渉した日本外交官は嘆く。

「日本側が『何をすれば最終解決になるのか教えてくれ』と尋ねると、韓国側は『自分たちで考えろ。我々は被害者であり、許すかどうかは我々が決める』と言う。不毛な議論が延々と続いている。韓国政府は世論を気にして何も決断しない」

李明博政権を継いだ朴槿恵政権も、挺対協と一体となって日本批判を強めるばかりだ。韓国女性家族省は2013年6月、「慰安婦に関する真相究明」のため官民タスクフォースを設置し、挺対協の尹美香代表をメンバーに加えた。

野田政権で外交・安全保障担当の首相補佐官を務めた民主党の長島昭久《あきひさ》衆院議員は、野田政権退陣後の2013年8月に訪韓し、尹炳世《ユンビョンセ》外交相と会談する機会があった。日本側の歴史認識を痛烈に批判し、「日韓関係を改善できない理由は日本側にある」と言う尹外交相。長島氏は腹に据えかねて反論した。

「民主党政権は歴史問題で配慮したのに、韓国はその誠意を受け止めなかった。両国の共通利益にかなう対応を取らなかったじゃないか」

尹外交相は不機嫌そうな表情を浮かべ、「我々もリーダーシップを発揮すべきときには発揮する」と語ったという。

日本政府には、こうした韓国政府の姿勢にいらだちと無力感が募り始めている。特に、外交政策を担当する職員に「韓国疲れ」ともいうべき感情が広まっている。

ある外相経験者は指摘する。

「韓国は、文句を言えば日本が言うことを聞くと思っている。日本への『甘え』と言っていい。そんなことでは韓国の国益にもならないと理解してもらう必要がある」

細る知日派

韓国では、「知日派」と呼ばれる日本とのパイプ役を果たす人材が少なくなっている。

日韓両国は1965年に国交正常化したが、73年の金大中拉致《らち》事件や、74年の韓国大統領暗殺未遂事件（文世光事件）などで国交断絶寸前の対立に陥った。1980年代以降も、教科書問題や慰安婦問題、竹島問題、首相の靖国神社参拝問題などで対立を繰り返してきた。そのたびに、日本の朝鮮統治時代を経験し、日本に知己の多い韓国の有力者が動き、決定的な亀裂《きれつ》が生じる前に解決策を見いだしてきた。

だが、知日派は高齢化して次々と表舞台を去っている。2011年には、日本の経済協力資金で建設された浦項総合製鉄（現・ポスコ）の名誉会長で、韓日議員連盟会長も務めた朴泰俊《パクテジュン》・元首相が84歳で死去した。翌年7月には、知日派の最後の大物と目された、李明博大統領の実兄で韓日議員連盟元会長の李相得《イサンドゥク》・元国会議員が収賄《しゅうわい》容疑などで逮捕され、影響力を失った。

知日派が健在だった当時、日本政府は韓国に特別な対応をしてきた。

「いいか、韓国と付き合うときは『情7、理3』だぞ」

ソウルの日本大使館に勤務した経験のある日本人外交官は、赴任前に上司からこうアドバイスされたという。植民地支配の歴史を踏まえ、理屈ばかりではなく、韓国の立場に配慮した「情」も重視するように、という意味だ。

しかし、この外交官は「こうした考えは、もう古いんじゃないか」と自問する。知日派が減り、情を重視して対応しても何も生まれなくなっているからだ。

その象徴的な例が、民主党の菅直人政権が決めた朝鮮王朝儀軌《ぎき》の韓国への引き渡し（無償譲渡）だ。菅政権は日韓併合100年の節目を迎えた2010年8月10日、儀軌など旧朝鮮総督府が収集し、日本政府が管理していた貴重な図書1205冊を、韓国政府の要求に基づいて引き渡すことを決めた。強奪したり、だまし取ったりしたものではないことが確実な、日本政府が古書籍商から購入した図書も「未来志向の日韓関係」に配慮して対象に含めた。

図書を引き渡す方針は、過去の植民地支配に「痛切な反省と心からのおわび」を表明した菅首相談話にも明記された。

儀軌が実際に引き渡されたのは、翌2011年10月になってからだ。当時の野田佳彦首相が李明博大統領に儀軌を手渡したが、李大統領はその2か月後の首脳会談で慰安婦問題を蒸し返し、2012年8月には、韓国が不法占拠している島根県・竹島に韓国大統領としてはじめて上陸した。また、韓国の司法は日韓請求権・経済協力協定を無視する判決を相次いで出し、対馬から盗まれた仏像を返そうとしない。

期待を裏切られた野田氏は、首相退任後の2013年10月に米ワシントンで講演し、「日韓関係の発展に向け、韓国に対する朝鮮王朝儀軌の引き渡しに努力した我々は忸怩《じく》たる思いだ」と悔しさをにじませた。

毅然《きぜん》とした対応が欠かせない

福岡と韓国・釜山の間には高速フェリーが就航している。運賃が手頃なため、日韓両国民の往来に使われている。ところが、日本の外務省関係者は先日、福岡に向かうフェリーに乗船し、腰をぬかさんばかりに驚いたという。対馬が見えてくると、韓国人乗客が次々と島を指しながら「ウリナラタン（我が国の領土）」と叫びはじめたからだ。

古くから国防の要衝であった対馬は、これまで一度も韓国の領土となったことがない。663年、朝鮮半島の白村江《はくそんこう》の戦いで敗れた日本はその4年後、対馬に山城「金田城《かなたのき》」を築き、防人《さきもり》を配置して守りを固めた。当時の防人の詠《よ》んだ歌は万葉集にもおさめられている。

そんな歴史を持つ対馬について、韓国では「韓国領だ」という主張が公然と語られている。

ソウル近郊・京畿道《キョンギド》の議政府《ウィジョンブ》市議会は2013年3月、「対馬は地理的、歴史的にみて我が国の領土であることが明らかだ」とする決議文を採択し、韓国政府に国際社会への働きかけや日本と「領土返還交渉」を行うように求めた。

その根拠には朝鮮王朝時代の地理書などをあげているが、対馬では「韓国領という主張はまったく証明が不可能な事実。魏志倭人伝《ぎしわじんでん》に記されたとおり、日本国であることは言うまでもなく、今回の主張は笑止千万」（財部《たからべ》市長）と反発している。

韓国の「対馬返還要求」は今にはじまった話ではない。慶尚南道の馬山市（現・昌原市）議会は２００５年に「対馬の日」を定める条例を制定し、２００８年には韓国国会議員50人が対馬返還要求決議案を国会に提出した。古くは、韓国の李承晩《イスンマン》・初代大統領が戦後まもなく、「対馬は日本が文禄《ぶんろく》・慶長の役で占領した」などと主張し、対馬と竹島を韓国領とするよう米国などに働きかけた事実がある。

韓国は対馬を自国領とする要求を繰り返している

1948年	韓国愛国老人会が連合国軍総司令部（GHQ）総司令官のマッカーサー元帥に対し、対馬を韓国に割譲するよう請願
51年	サンフランシスコ講和条約の交渉過程で、韓国が米国に対し、「日本が放棄すべき島」として対馬を要望
2005年	馬山市が6月19日を「対馬の日」と定めた条例を制定
08年	韓国国会議員50人が対馬返還要求決議案を国会に提出
13年	議政府市議会が「（対馬は）地理的、歴史的にみて韓国領であるのは明らか」とする決議文を採択
	韓国と北朝鮮の連合軍が対馬に侵攻、島を占領する小説「千年恨 対馬島」が韓国で出版される

領有権の主張の一方で、韓国資本による対馬の土地買収も進んでいる。海上自衛隊対馬防備隊本部の近くの土地もホテル用地として買収され、「将来的に通信を傍受されたり、自衛隊の動きを監視されたりする可能性がある」（防衛相経験者）と憂慮する声が

出ている。小野寺五典《いつのり》防衛相は2013年11月に対馬へ飛び、問題の土地を視察した。小野寺氏は、記者団に「防衛上の重要な場所であり、監視は必要だ」と述べた。政府は自衛隊関連施設周辺の土地取引を規制することも検討しているが、憲法で保障されている財産権を侵害することにもなりかねないため、対応に苦慮している。

道下徳成《みちしたなるしげ》・政策研究大学院大教授（安全保障論）は、「日本人は主張もしないし、反論もしない。韓国は日本には何をやっても大丈夫だと思っている」と言う。そのうえで、「日本も国際社会に正論で訴えればいい。そうすれば日本の主張のほうがリーズナブル（理にかなっている）だという声が出てくるだろう」と述べる。

理不尽な行動や主張を繰り返す韓国に対し、日本の国民感情は急速に悪化している。内閣府の外交に関する世論調査（2013年9～10月実施）によると、韓国に「親しみを感じる」と答えた人は40・7％にとどまった。年末の紅白歌合戦に韓国人歌手が出場し、韓流ブームがピークを迎えた2011年調査では62・2％だったのに、12年調査で39・2％に激減して以来、2年連続で40％程度で低迷している。

日本、韓国と同盟を結んでいる米国は、日韓関係の悪化を懸念《けねん》している。「米国は二つの同盟国（＝日韓）が歴史問題を後回しにし、関係を改善する方法を見つける手助けをしたい」

ケリー米国務長官は2014年2月、ソウルを訪問し、米韓外相会談後の記者会見でこう述べた。中国の軍備拡張や北朝鮮の核・ミサイル開発に備えるため、日米韓の協力関係を強化したいといった思いがにじみでていた。

ただ、韓国は米国に対しても複雑な感情を抱いている。その原因も歴史にある。日露戦争で日本の勝利が見えてきた1905（明治38）年7月、後に米大統領となるタフト米陸軍長官は、日本の桂《かつら》太郎首相と「桂・タフト協定」を結び、朝鮮半島における日本の優越的支配を認める一方、米国のフィリピン統治を承認させた。第2次世界大戦後の1950年1月には、アチソン米国務長官が、極東における米国の防衛線を「アリューシャン、日本、沖縄、フィリピンを結ぶ線である」と演説した。いわゆるアチソン・ラインと呼ばれるもので、北朝鮮が「米国は韓国を防衛しない」と誤信し、同年6月の朝鮮戦争につながったとされる。

韓国では、米国が、桂・タフト協定で韓国を日本に売り渡し、アチソン・ラインで韓国を見捨てた――とみる向きがある。「韓国は本心では米国も信用していない」（日韓関係筋）とまで言われている。

韓国の将来に関し、米国でも「中国の勢力圏に入るだろう」といった見方がある。

米戦略国際問題研究所(CSIS)の上級アドバイザーで、歴史家のエドワード・ルトワック氏は、2012年に出版した『自滅する中国　なぜ世界帝国になれないのか』で韓国を次のように評した。

〈いわゆる「小中華」の属国として、しかも米韓同盟を続けたまま、中国による「天下」体制の一員となることを模索しているのかもしれない〉

〈中国の軍拡を阻止するための米韓同盟が持つ意味は、減ることはあっても増すことはない〉

日本にとっても、中国の台頭や北朝鮮の不安定な状況を考えれば、少なくとも韓国と安全保障面の協力は進める必要がある。日韓が協力すれば、極東地域で米国の安全保障上の負担を軽減し、ひいては、中国や北朝鮮に対する抑止力となる米軍のプレゼンスを維持することにつながるからだ。このことは、韓国の国益にもかなう。

安倍首相は、日韓関係を重視するメッセージを発し続けている。2013年11月29日、国会内で開かれた日韓・韓日議員連盟の合同総会に出席し、来日した韓国の国会議員を前に「日韓両国は最も重要な隣国同士です。私自身、対話のドアを常にオープンにし、あらゆるレベルの対話を通じて協力を深めていくよう、努力を進めて参ります」と語った。

　だが、膨張する中国に対抗する意味での、日米韓の枠組みの先行きは見通せない。日本も、韓国が「中国の側」に行ってしまうことを前提にした戦略を立てる必要に迫られている。その際、日本はどのように韓国に向き合うべきか。韓国出身の呉善花《オソンファ》・拓殖大教授はこう言う。

「日本は当分、距離を置いて韓国を眺めてみるのがいい。こちらから距離を縮めようとすれば足元を見られ、色々なことを要求されるだろう」

第4章
日米同盟と沖縄

沖縄の
米軍基地・施設（■）
（沖縄県の資料より作成）
北部訓練場
キャンプ・ハンセン
キャンプ・シュワブ
嘉手納弾薬庫地区
嘉手納基地

中国の脅威にさらされている日本のアキレス腱《けん》は、沖縄であろう。

沖縄は南北約400キロ・メートル、東西約1000キロ・メートルの広大な海域に浮かぶ島々で構成される。日本の最西端に位置する国境地帯であり、中国や朝鮮半島、シーレーンをにらむ戦略上の要衝だ。在日米軍施設・区域の7割強が沖縄に集中している事実は、軍事的重要性の証《あか》しでもある。しかし、沖縄は、「日本」に対する複雑な感情を抱き、米軍基地への反対運動も激しい。歴史的・文化的なつながりが深い中国は、沖縄への関与を強め、領有権を主張するかのような動きまでみせはじめた。日本は沖縄を守りきれるだろうか。

高まる沖縄独立論

かつて、沖縄に方言札とよばれるものがあった。

小さい木片にひもを通し、学校で方言を使った子供の首に罰としてさげさせた。沖縄は地域ごとに言葉が大きく違うことから、方言札には標準語に統一することで意思疎通《そつう》をしやすくする狙《ねら》いがあったが、中には強烈な屈辱感や反感を抱いた子供もいた。

1963年に石垣島で生まれた松島泰勝《やすかつ》・龍谷大《りゅうこくだい》教授もそのひとりだ。小学生の時に方言札をかけられた経験がある松島氏は、共著『「沖縄問題」とは何か』（藤原書店）に、「同じ民族、国民であればしてはいけないことを、日本は沖縄にしてきた」と書いている。

2013年5月15日、その松島氏が中心となって沖縄（琉球）の独立を目指す「琉球民族独立総合研究学会」が設立された。

松島氏たちが練り上げた設立趣意書は、日本政府と日本人に対する反感と怒りに満ちている。

「琉球は日本、そして米国の植民地となっている。琉球民族は、国家なき民族、マイノリティ民族となり、日米両政府、そしてマジョリティのネイションによる差別、搾《さく》取《しゅ》、支配の対象となってきた」

「日本人は、琉球を犠牲にして、『日本の平和と繁栄』をこれからも享受《きょうじゅ》し続けようとしている。このままでは、我々琉球民族はこの先も子孫末代まで平和に生きることができず、戦争の脅威におびえ続けなければならない」

学会と名乗っているものの、独立学会は研究者以外の一般市民も会員として受け入れている。ただ、会員になるには条件がある。沖縄にルーツを有する「琉球民族」でなくてはならないのだ。

設立当初の会員は約200人で、この中には、国会議員も含まれている。衆院沖縄2区選出の照屋寛徳《かんとく》衆院議員だ。社民党に所属する照屋氏は、日本人を「ヤマト」、沖縄県民を「ウチナンチュー」と呼び、沖縄独立についてこう主張する。

「ヤマトの政治家の圧倒的に多くは、沖縄問題に無関心であり、国策に『沈黙の同意』を与えてきた。ウチナンチューが主体的に未来を選択する可能性を追求する方策の一つとして沖縄の独立を考えている」

日本国内で独立論がまじめに語られているのは沖縄ぐらいであろう。本土ではほとんど知られていないが、沖縄独立論は息が長く、根が深い。

「ふぃてぃみてぃ（朝）」

「あこうくろう（夕暮れ）」

「れーふぁー（すり鉢）」

10人ほどの男女が公民館の一室で、テキストに向かいながら沖縄方言「しまくとぅば」を音読していた。沖縄市の会社経営、備瀬《びせ》善勝《よしかつ》さんが主宰する勉強会だ。２０００年から毎週1回、地元ラジオ局でパーソナリティーを務める男性を講師役に公民館などで活動を続けている。参加者は教師や主婦など様々だ。１９７２年の沖縄の日本復帰に反対だったという備瀬さんは、勉強会の狙いを「独立への備え」と明言し、「国家には独自の言葉が必要だ。独立するにあたって、言語をしっかり確立する必要がある」と力説する。

しまくとぅばを理解し、使うことができる人は県内でも少数派だ。しかし、沖縄県が２００６年に9月18日を「しまくとぅばの日」とする条例を定めるなど関心が高まっている。勉強会の講師役の男性は、その背景について、「沖縄とは何か、自分とは何かを問い直す動きがはじまっている。政治的な独立は無理でも、精神的に独立する必要があるというわけだ」と言う。

沖縄独立論の源流は、明治時代のはじめまでさかのぼることができる。琉球王国の廃絶に反発した一部の人が中国（当時は清）に逃れ、王国再興を求めたことが端緒だ。１９４５（昭和20）年に第２次世界大戦が終わり、沖縄が米軍の統治下に置かれた時代にも、日本への祖国復帰運動が盛りあがる一方で、経済人らが中心となって「沖縄人の沖縄をつくる会」が結成されるなど独立を模索する動きがあった。同会は日本復帰前の１９６９年、地元紙に「沖縄は沖縄人のものだ！」と独立を呼びかける意見広告を出している。また、沖縄でサミット（主要国首脳会議）が開かれた２０００年には、独立を論じる同人誌「うるまネシア」が市民団体によって創刊され、現在も不定期で発刊されている。

もっとも、多くの沖縄県民は独立論にくみしてはいない。独立論は、酒をのみながら口角泡を飛ばす居酒屋談議のたぐいと思われてきた。県政界の関係者に聞いても、「ロマンみたいなものだ」（仲井真弘多《ひろかず》知事）、「沖縄が独立するなんてありえない。沖縄は日本だ」（佐喜真《さきま》淳《あつし》宜野湾《ぎのわん》市長）といった答えが返ってくる。しかし、最近の沖縄独立論を居酒屋談議と一笑に付してしまうのは危険だ。尖閣諸島の領有権を主張しはじめた中国が、沖縄独立論になみなみならぬ関心を示しているからだ。

中国の影

琉球民族独立総合研究学会（独立学会）が旗揚げした翌日の２０１３年5月16日、中国共産党機関紙・人民日報系の環球時報は、社説で独立学会の活動にエールを送った。

「琉球民族独立総合研究学会の設立とその政治目標を支持すべきだ。沖縄の独立は、歴史が伝承する基礎と正当性がある。それが真の運動になるのであれば、沖縄の人たちの現実的な利益に合致する。中国側は国際法の許す範囲内で後押しすべきだ」

日本本土ではあまり関心を呼ばなかった独立学会の設立を、わざわざ中国の新聞が社説で取り上げ、インターネットを通じて世界中に流した。環球時報は、中国共産党の強い影響下にあり、その言説は共産党の対外政策を代弁するものとみてよい。

中国は、沖縄との歴史的・文化的なつながりも利用しようとしている。

県庁に近い那覇市中心部の久米地区。住宅街の一角に、中国の名勝を模した「福州園」がある。石造りの門を入ると、中国風の石塔や池を配

沖縄「独立学会」が10月27日に開いた公開シンポジウム。台湾やグアムの少数民族代表もパネリストとして参加した（那覇市の沖縄大で）

沖縄の歴史

1429年	琉球王国が成立
1609年	薩摩藩が琉球王国を支配下に
1872年	日本政府が、琉球王国を琉球藩とする
79年	日本政府が、琉球藩を廃止して沖縄県を設置
1945年	太平洋戦争末期、沖縄で地上戦。戦後は米軍占領下に
72年	日本本土に復帰
95年	米兵による少女暴行事件発生。県民の大きな反発招く
2000年	沖縄サミット開催

した静かな庭園が広がる。那覇市が中国・福州市との友好都市締結10周年を記念して１９９２年に完成させた。

この地は、明の時代に「久米三十六姓」と呼ばれる中国人が渡来し、生活の本拠をおいた場所だ。久米三十六姓は、琉球王国で中国との交流に必要な外交文書の作成などを担当し、王国の要職に就く者も多かった。子孫は現在約2万人と言われ、沖縄政財界のエリート層を形成している。仲井真弘多・沖縄県知事もそのひとりだ。福州園前には、久米三十六姓の渡来を記念した石碑が建つ。２０１３年6月には、中国の思想家・孔子を祭る至聖廟《しせいびょう》も作られ、久米三十六姓の子孫でつくる組織が管理している。久米地区には中国文化の薫りが濃厚にたちこめている。

こうした沖縄と中国の関係に注目した人民日報（日本語電子版）は２０１３年5月31日、「明《みん》朝と関係の深い『沖縄久米村』取材記」と題した次のようなルポルタージュ記事を配信した。

「移住者の政治的・経済的な地位は極めて高く、その末裔《まつえい》は今もなお、沖縄で大きな影響力を持っている。現知事の仲井真弘多氏も『久米三十六姓』の子孫であることは広く知られている。沖縄文化に中国的な要素が強い事実は、『久米三十六姓』と切っても切り離せない」

沖縄側にも、中国とのさらなる関係強化を目指す動きが見られる。

久米地区に隣接する那覇市若狭《わかさ》地区は、空港から市街地に向かう幹線道路が通る沖縄の玄関口だ。大型船が寄港する那覇港にも面している。ここに2013年、巨大な2本の龍柱《りゅうちゅう》（直径3メートル、高さ15メートル）を建設する話が持ち上がった。龍の姿をかたどった龍柱は、中国皇帝の権力の象徴だ。建設を計画した那覇市によると、費用は約2億5400万円で、政府の沖縄振興一括交付金もあてられるという。本体部分は中国の花こう岩を使い、中国で製作される。

なぜ、こんな巨費をかけてわざわざ龍柱を立てるのか。那覇市の担当者は「国内外から沖縄を訪れる観光客を歓迎し、観光気分も盛り上がってもらえれば」と言う。念頭にあるのは、中国人観光客だ。2012年は中国本土から6万9500人、香港や台湾を含めれば26万8000人の中国人観光客が沖縄を訪れている。市民からは、「龍柱が立っているのをみれば、中国人は沖縄が服従しているとみるのではないか」と懸念《けねん》する声があがる一方で、「福州園や至聖廟とならぶ観光のシンボルにすべきだ」と期待する声もあるという。

中国と沖縄の行政機関の関係も深い。沖縄県は北京、上海、香港、台北に事務所を置き、観光や企業誘致などにあたっているほか、県内の高校生や大学生を中国に送り、中国の高校生を沖縄に招いている。

沖縄の「領有権」も主張

沖縄県庁内の知事応接室には、「万国津梁の鐘銘文《ばんこくしんりょうのかねめいぶん》」と呼ばれる漢文をあしらった屛風《びょうぶ》が飾られている。高さ2メートル、幅5メートルの堂々たるものだ。屛風に書かれている銘文は、1458年に当時の琉球国王・尚泰久《しょうたいきゅう》が鋳造させた鐘に刻まれていたもので、その一節にはこうある。

「以大明為輔車　以日域為唇歯（大明をもって輔車《ほしゃ》となし、日域をもって唇歯《しんし》となす）」

大明（当時の中国・明王朝）とも日域（日本）とも仲良くする、という意味だ。

しかし、銘文が作られてから約150年たった1609年、琉球王国は島津家久の征討を受け、薩摩藩の統治に服することになる。

その後、明治維新と廃藩置県を経て、日本政府は1872（明治5）年に琉球王国を琉球藩に改め、7年後の1879（明治12）年には沖縄県を置いた。当時の琉球国王・尚泰《しょうたい》は華族に列せられ、東京に居住するよう命じられた。明治はじめのこうした一連の措置を琉球処分と呼ぶ。

ところが、琉球王国は長年、薩摩藩の支配を受ける一方で、中国の王朝である明と清に貢《みつ》ぎ物をささげる朝貢を行ってきた。朝貢は1372年、明の洪武帝の求めに琉球の中山王《ちゅうざんおう》が応じてはじまったとされ、交易や人材交流などで中国との関係を深めるきっかけとなった。

琉球処分を機に、日本政府と中国（当時は清）の間で琉球の帰属をめぐる問題が持ち上がったが、日清戦争で日本が勝利したことにより問題は自然消滅の形となった。

現在、日本政府は、遅くとも琉球処分の時期には、日本の沖縄に対する領有権は確立していたという立場をとる。2010年6月18日、政府は次のような内容の答弁書（公式見解）を閣議決定した。

「いつから日本国の一部であるかということにつき確定的なことを述べるのは困難であるが、遅くとも明治初期の琉球藩の設置及びこれに続く沖縄県の設置の時には日本国の一部であったことは確かである」

ところが、沖縄には琉球処分を無効と主張する人たちがいる。独立学会の松島泰勝・龍谷大教授も「国際法で認められず、無効」と言う。中国もこうした主張と歩調を合わせるように、尖閣諸島のみならず、沖縄に対する日本の領有権にも公然と疑義を唱えだしている。

2010年秋、尖閣諸島沖で中国漁船が海上保安庁の巡視船に体当たりした事件をきっかけに、中国国内で大規模な反日デモが繰り広げられた。アジア国際関係史が専門の石井明・東大名誉教授は、デモ隊が「収回琉球、解放沖縄」（琉球を取り戻せ、沖縄を解放しろ）と書いた横断幕を掲げていたと知り、驚いた。「民間レベルであるが、中国で尖閣諸島だけではなく沖縄への領有権を主張していることがはじめて確認された」と石井氏は言う。

人民日報も、沖縄に独立学会が設立される1週間前の2013年5月8日、「歴史上、懸案のまま未解決だった琉球問題を再び議論できる時が到来した」とする論文を掲載した。

筆者は政府系研究機関「中国社会科学院」の研究員で、その趣旨は次のようなものだった。

▽琉球王国は、明と清の時代、中国の藩属国（属国）だった。

▽日本政府は琉球王国を武力で併合し、沖縄県と改称した。

▽清は日清戦争に敗北したため、琉球を問題にする力はなくなった。日清戦争後の1895（明治28）年に結ばれた下関条約で、琉球は台湾などとともに日本に奪われ

た。

さらに、中国の環球時報は２０１３年5月11日付の社説で、「歴史上の琉球国は中国と属国の関係だった」「日本が最終的に中国との敵対を選ぶのであれば、中国は、琉球問題を歴史的に未解決の問題として提起すべきだ」と書いた。尖閣問題で譲歩しなければ沖縄の領有権問題を蒸し返すぞ――というわけだ。

中国は、第２次世界大戦終了直後も沖縄の領有権に関心を示したことがある。蒋介《しょうかい》石《せき》率いる中華民国は、日本を占領していた連合国軍総司令部（ＧＨＱ）に対し、「琉球列島は中国に帰属する」と明記した「日本領土問題」と題する文書を提出している。当時の中国の新聞も、沖縄の島々を「海の長城」と呼び、「中国は琉球がなければ、海軍の出口がない」などと軍事的な面から沖縄を領有する重要性を強調していた。

県民意識

肝心の沖縄県民は、こうした中国をどう見ているのだろうか。

県民の中国観を知るための興味深いデータがある。２０１２年に沖縄県が実施した「県民の中国に対する意識調査」だ。県内に住む15歳以上75歳未満の３０００人を対象に、郵送で調査への協力を求め、１１８７人から回答を得た。その結果を、県が比較対象とした全国調査（特定非営利活動法人「言論ＮＰＯ」が２０１２年４～５月に実施）のデータと並べるとこうなる。

▽中国に対してどのような印象を持っていますか
「良い」「どちらかといえば良い」　沖縄９・１％、全国15・６％
「良くない」「どちらかといえば良くない」　沖縄89％、全国84・３％
▽中国と米国のどちらにより親近感を覚えますか
「中国」　沖縄４・２％、全国６・６％
「米国」　沖縄53・９％、全国51・９％
▽東アジアの海洋において、日本、中国などの間で軍事紛争が起こると思いますか
「数年以内に起こる」「将来的には起こる」　沖縄43・６％、全国27・２％
「起こらない」　沖縄30％、全国37・９％

調査は、２０１２年９月の尖閣諸島国有化をきっかけに、中国で反日デモが盛りあがっていた時期に行われた。ある程度、中国に厳しい結果が出ると見込まれていたが、「これほどまでに悪いとは……」と県関係者に驚きが走った。沖縄県政の問題に詳しい高良鉄美《たからてつみ》・琉球大教授は「米軍基地に反発していても、尖閣諸島問題で圧力をかけてくる中国に県民が良くない感情を持つのは当然だ」と言う。

だが、こうした中国に対する強い警戒感と戦争への恐怖があるからこそ、沖縄県民の意識は実際に有事が生じた場合、激しく揺れ動く可能性がある。

2013年、朝日新聞元主筆の船橋洋一氏が理事長を務める政策シンクタンク・日本再建イニシアティブは、日本が直面するかもしれない国家的危機を分析した『日本最悪のシナリオ 9つの死角』(新潮社)を出版した。同書は、自動小銃で武装した中国人が尖閣諸島に上陸し、日本政府が有効な対策をとれずに中国の実効支配を許してしまうケースを想定、中国の狙いと〝尖閣喪失〟の影響を次のように分析した。

「中国にとって、尖閣奪取の目的の一つは、中国の海軍にとって太平洋への出口を塞《ふさ》ぐ日本列島という第一列島線を突破することだった」

「日本が尖閣諸島を失ったことは、同時に沖縄と本土の関係を真っ二つにした。中国が西太平洋を庭にしたことで、米軍との衝突の可能性は当然高まった。米中の板挟みになった沖縄がとった道は、中立化である。米軍基地反対運動は激化し、『米軍が台湾防衛をする必要がなくなったのだから、沖縄から出ていってもいいはずだ』という論調が登場したのだ」

「日本が尖閣を奪われたことで地政学的リスクは危険度を一気に高めた。尖閣の喪失は、沖縄を米中の板挟みにしただけでなく、本土と沖縄の亀裂《きれつ》を埋めがたいものにした。尖閣の喪失とは、沖縄の〝喪失〟だったのである」

外交・安全保障政策の論客として知られる船橋氏は、2010年に朝日新聞社を退職して日本再建イニシアティブを設立した。船橋氏は沖縄喪失について、「日本に大変な影響を及ぼす。米軍基地という抑止力の足場を失うことになり、安全保障政策の根幹が揺らいでしまう」と警鐘を鳴らす。

だが、こうした危機感は、日本国内で驚くほど薄い。

薄い危機感

2013年11月2日、鳩山由紀夫・元首相が沖縄県宜野湾市の沖縄国際大学で開かれたシンポジウムに出席した。会場となった講義室は聴衆で埋まり、中に入りきれなかった人は講義室の窓から漏れる声に耳を傾けた。熱気が渦巻く会場で、鳩山氏は米軍基地批判を展開した。

「尖閣問題が一触即発で危ないからアメリカの助けが必要だ、集団的自衛権も必要だ、沖縄に米軍基地が必要なんだ、そういう論理を打ち破らなければならない」

大きな拍手がわき起こり、鳩山氏はシンポジウム終了後、握手を求める聴衆に囲まれた。

鳩山氏の安全保障政策の持論は「常時駐留なき安保」だ。多国間の安全保障の枠組みを作り、在日米軍基地を縮小・廃止する考えで、民主党（旧民主党）を結党した1996年に提唱した。シンポジウムでの発言も、常時駐留なき安保の考えに基づくものだった。

こうした考えは、外交・安全保障の専門家から「非現実的だ」と批判を浴びてきた。元自衛艦隊司令官の香田《こうだ》洋二《ようじ》氏はこう批判する。

「沖縄から米軍が退くということは、日本から退くということだ。そうした状況になれば高笑いするのは中国だろう」

ところが、最近、常時駐留なき安保が不測の事態によって現実のものになりかねないとする見方が、日本政府内に広がっている。外務省幹部は「沖縄の米軍基地で人命を巻き込む大きな事故が起きれば、駐留なき安保は今すぐにも現実のものになる」と懸念する。県民の反基地感情が盛りあがり、米軍が沖縄から撤退せざるをえなくなる可能性があるというわけだ。

そうなれば、日本はフィリピンのようになるかもしれない。フィリピンは米軍基地反対運動の高まりを踏まえ、1987年に外国軍の駐留を憲法で禁じ、これを受けて92年に米軍が同国から撤退した。ところが、その力の空白をついて中国が南シナ海で勢力を伸ばし、フィリピンが実効支配していたスプラトリー（南沙）諸島のミスチーフ環礁《かんしょう》を奪ってしまったのだ。フィリピンは慌《あわ》てて米軍の回帰を求め、米軍艦船の寄港を増やすなどして対応しようとしているが、一度奪われた島を取り戻すのは容易ではない。

尖閣諸島がミスチーフ環礁と同じ状況となり、日本の安全保障が脅《おびや》かされる事態を防ぐためにも、沖縄における米軍のプレゼンスの維持を真剣に考える必要が高まっている。

一方で、沖縄には、全国の米軍施設・区域の約74％にあたる２万２８０７ヘクタールが集中している。沖縄の県土面積が日本全土の０・６％に過ぎないことを考えれば、「基地負担は重すぎる」といった不満が当然高まる。

沖縄に米軍基地が集中しているのは、沖縄が地理的に重要な場所にあるからだ。沖縄本島は中国や朝鮮半島とある程度の距離があり、直接攻撃を受けにくい。しかも、有事の際に米軍が展開する場合、米本土から駆けつけるよりも、沖縄にいるほうが即応できる。１９４５（昭和20）年の米軍による沖縄占領以降、部隊の駐屯から訓練にいたる施設の整備が進められ、米軍にとって手放したくない拠点となっていることも大きい。

もちろん、日米両政府は沖縄の基地負担軽減にも取り組んできた。１９７２年の日本復帰から２０１２年までの間、計５０００ヘクタール以上の土地が日本側に返還された。それでもなお、米軍施設・区域は沖縄の県土面積の１割を占めている。日米両政府はさらなる沖縄の基地負担軽減を目指し、２０１３年４月、県南部の米軍６施設（計１０００ヘクタール以上）を今後10～16年程度で返還することで合意した。その最大の焦点は、沖縄県宜野湾市の市街地に位置し、世界一危険と言われる米軍普天間飛行場（約４８０ヘクタール）の返還だ。

迷走の普天間問題

フェンス越しに米軍普天間飛行場と接する宜野湾市立普天間第二小学校。児童たちの頭上を米軍機が行き交い、基地と向き合う沖縄の厳しい現状の象徴となっている。「事故があれば大惨事となりかねない」。同小の関係者は口々に不安を訴える。

普天間飛行場周辺には住宅も迫っている。地上からは、米軍機がマンションの屋上をかすめて離着陸しているように見える。

２００４年８月、普天間飛行場に所属する米軍の大型輸送ヘリが、隣接する沖縄国際大学に墜落する事故があった。死者は出なかったものの、一歩誤れば大惨事となるところだった。その後も、空中給油機ＫＣ１３０がホースを格納できないまま着陸したり、輸送機オスプレイが計器異常のため滑走路上で約1時間ホバリングを続けたりするトラブルがあった。地元の宜野湾市は、普天間飛行場が現在地で使われ続ける「固定化」を警戒し、「私どものつらい、悲しい、憤《いきどお》りというものをぜひくみ取っていただきたい」（佐喜真淳市長）などと飛行場の移設を訴えている。

普天間飛行場は、沖縄戦の最中の１９４５年に米軍が建設した。１９７２年に沖縄が日本に返還されて以降も海兵隊が使い続けている。

沖縄に駐留している海兵隊は、第３海兵機動展開部隊（ⅢＭＥＦ）と呼ばれる部隊だ。地上部隊である第３海兵師団、航空部隊である第1海兵航空団と支援部隊で構成され、普天間飛行場には、第1海兵航空団に所属する第36海兵航空群（戦闘ヘリ、輸送ヘリ、ＫＣ１３０空中給油機）と第18海兵航空管制群（航空管制部隊、対空ミサイル部隊など）が常駐している。

海兵隊は、真っ先に敵地に乗り込み、自軍の拠点を築くことを任務とし、ゲリラ戦など特殊作戦も担《にな》う。こうした任務を果たすためには、緊急事態にすぐ対処できる即応性が重要だ。

第３海兵師団は、沖縄県のキャンプ・シュワブ（名護市など）、キャンプ・ハンセン（金武町《きんちょう》など）、キャンプ・コートニー（うるま市）に駐屯しており、即応性を維持するには、兵員を輸送する航空部隊も近くに配置しておく必要がある。普天間飛行場の滑走路は２８００メートルあり、大型機の離着陸も可能だ。米軍にとって「普天間は極めて重要な施設となっている」（防衛省幹部）。

しかし、住宅地の真ん中にあり、いつ大事故が発生してもおかしくないことから、日米両政府は１９９６年、普天間飛行場を日本に返還することで合意した。普天間の代替施設は、沖縄県内に設けることが検討され、その後、同県名護市の米軍基地キャンプ・シュワブの沖合が移設先として浮上した。しかし、具体的にどの位置に、どんな工法で新しい飛行場を作るのか、日米両政府や県、名護市の間で細部の調整は難航した。２００２年に基本計画案で合意し、２００４年にボーリング調査が始まったが、現地で激しい反対運動が盛り上がり、キャンプ・シュワブ沖合への移設計画はいったん頓挫《とんざ》してしまう。

２００３年から２００７年にかけ、防衛次官として移設問題で中心的な役割を果たした守屋《もりや》武昌《たけまさ》氏は、著書『「普天間」交渉秘録』（新潮社）で、この間の事情について「交渉条件を変更したり追加してくるのは、沖縄の常套《じょうとう》手段だった」と書いた。

もっとも、沖縄側の受け止めは異なる。県出身の元自民党国会議員は、政府の対応に問題があったのだと言う。「機動隊も海上保安庁も来ないで反対運動を好き勝手にさせた。政府が本気で取り組んでこなかったんだ」

日米両政府、沖縄県、名護市の間で大きな不信感が残った。

名護市は沖縄本島北部の中心となる自治体で、東海岸は太平洋、西海岸は東シナ海に面している。西海岸に市役所やリゾートホテルなど主立った施設が集中し、東海岸はキャンプ・シュワブのほか小さな漁港が点在するだけの静かな地域となっている。

２００６年になって、日米両政府は、名護市辺野古のキャンプ・シュワブ沿岸部に１８００メートルの滑走路２本をＶ字状に建設する新たな移設案をまとめ、名護市も受け入れた。この案は、キャンプ・シュワブ沿岸部の浅瀬を１６０ヘクタールほど埋め立て、陸上にまたがる格好で滑走路を建設する内容で、沖合に滑走路を建設するよりも工事は容易だ。米軍基地内から工事を進められるため、移設反対派の妨害を受けにくいメリットもある。しかも、米軍機は海上を飛ぶことになるので周囲の住宅への騒音被害は少なく、墜落の危険もないと考えられた。１９９６年に日米両政府が普天間飛行場の返還で一致してから10年、迷走と混乱の果てにようやくたどり着いた合意だった。

ところが、２００９年8月の衆院選で政権を獲得した民主党の鳩山由紀夫首相が、この合意をメチャクチャにしてしまった。

民主党代表だった鳩山氏は、衆院選を控えた同年7月19日、沖縄でマイクを握り、普天間飛行場の名護市への「県内移設」を否定し、沖縄以外の「県外移設」をぶちあげたのだ。

「最低でも、県外移設に皆さん気持ちを一つにされているなら、我々としても積極的に行動しないといけない」

民主党が衆院選用にまとめた政権公約（マニフェスト）には、国外・県外といった言及はなかった。日米が２００６年に合意した辺野古沿岸部への移設案は、普天間飛行場の返還合意から10年間の迷走を経てまとまった〝ガラス細工〟であり、政権をうかがっていた民主党もこの問題には慎重に対応しようと考えていたからだ。

そこに飛び出した鳩山氏の「最低でも県外」発言。鳩山氏は、２００９年5月の党代表就任記者会見でも県外移設を目指す考えを表明しており、いわば「確信犯」的に党の政権公約を上書きしてしまった。沖縄の基地反対派は勢いづいた。

衆院選で勝利し、首相となった鳩山氏は、約束どおり県外移設の可能性を探る。民主党と連立政権を組んだ社民党も同調した。しかし、10年以上迷走を続けてきた難問にやすやすと新たな答えが見つかるわけがなく、鳩山政権は発足当初からこの問題で苦しみ続けることになる。

２００９年11月13日、鳩山氏は米国のオバマ大統領を首相官邸に迎えて日米首脳会談に臨んだ。席上、両首脳は普天間移設問題でこんな会話をかわした。

鳩山氏「Please trust me（私を信じてほしい）」

オバマ氏「Absolutely, I trust you（もちろん、信じますよ）」

首脳会談で大見得を切ってみたものの、新たな移設先など具体的な解決策は何もなかった。一方で、社民党は名護市への移設にあくまでも反対し、県内移設の方針に戻るなら連立政権からの離脱を辞さぬ姿勢を示していた。鳩山政権は完全に袋小路に迷い込んだ。２０１０年４月23日の参院本会議で、鳩山氏は普天間問題に「職を賭《と》す」と約束せざるをえなくなった。

その１か月後の５月23日、鳩山氏は沖縄を訪問し、日米合意通りに普天間飛行場を名護市に移設する考えを仲井真知事に伝えた。米国や沖縄を巻き込んで大騒ぎした揚げ句、原点の日米合意に戻っただけの迷走劇。反発した社民党が連立を離脱し、鳩山政権は６月２日に崩壊する。

学べば学ぶほど沖縄に駐留する米軍の抑止力が必要だとわかった——。鳩山氏は退陣前、こんな迷言も残した。

もっとも、「日米合意どおり名護市に移設します」と言われても、沖縄の事情は大きく変わってしまっていた。鳩山氏の「最低でも県外」発言に触発され、県内移設に反対する世論がかつてないほど盛りあがったのだ。２０１０年1月の名護市長選では、辺野古への移設を容認した現職の島袋吉和氏が、移設に反対する新人で元市教育長の稲嶺《いなみね》進氏に敗れていた。

名護市への県内移設に理解を示していた仲井真知事も、微妙な立場に追い込まれた。県外移設を求める声の高まりを受け、知事は２０１０年4月25日、読谷村《よみたんそん》で開かれた県外移設を求める県民大会に出席した。慎重を期し、県外移設か県内移設か、自らの考えには言及しなかったものの、鳩山氏の「最低でも県外」発言をとらえ、「公約に沿ってネバー・ギブアップ、しっかりやってもらいたい。普天間の固定化は絶対に許してはならない」と述べた。大会には県内全市町村の首長と首長代理が出席した。普天間飛行場の県内移設はもはや困難になったと誰もが思った。

安倍再登板

２０１２年12月に行われた第46回衆院選は、自民党の地滑り的圧勝に終わった。２

９４議席を獲得し、選挙協力を実施した公明党の31議席とあわせると３２５議席に達した。民主党は57議席にとどまり、３年前に獲得した政権を失った。

自民党の安倍晋三総裁は、暮れも押し迫った12月26日に国会で首相に指名されると、すぐに普天間移設問題で動き出した。この問題の迷走が、日米関係のトゲとなっていたからだ。

まず目指したのは、政府と仲井真知事の関係修復だった。日米両政府が移設先と決めた名護市辺野古のキャンプ・シュワブ沿岸部に新たな滑走路を作るには、公有水面埋立法に基づき、知事に海面の埋め立てを承認してもらう必要があった。

政府は、知事の埋め立て承認権限を国に移す特別措置法を制定すれば、知事の意向に関係なく埋め立てに着手することもできた。しかし、知事の理解を得ずに埋め立てを強行すれば、地元の混乱を招き、反対運動という火に油を注ぐことになるのは確実だった。政府内でも「特措法なんて下策だ」（外務省幹部）という声が圧倒的で、何とか知事を説得し、埋め立てを承認してもらうしかなかった。

安倍首相は２０１３年2月2日、沖縄に飛んだ。那覇市内のハーバービューホテルの一室で仲井真知事と向かい合うと、記者団が見守る中、驚くほどの低姿勢で語りかけた。

「とにかく、皆さんの声に耳を傾けていくことを重視していきたい。国と沖縄の皆さんとの信頼関係が壊れてしまった。我々は、信頼関係を構築することからはじめていかなければいけない」

民主党政権との違いを強調した安倍首相。同月22日にはワシントンでオバマ米大統領と初の首脳会談にのぞみ、普天間移設問題の早期解決を約束した。

政府内では、「政権が代わったとはいえ、沖縄との関係づくりは難しい」（防衛省関係者）などと、普天間移設に必要な作業を性急に進めることには慎重な意見もあった。しかし、安倍首相の強い意向で、政府は２０１３年３月22日、知事に対し埋め立て承認を求める申請書類の提出に踏み切った。

首相の背中を押したのは、民主党から自民党への政権交代を機に、地元の名護市で受け入れ容認の動きが表に出てきたからだ。

３月11日、埋め立て予定海域の漁業権を有する名護漁協は、臨時総会を開いて埋め立てに同意することを決めた。出席した組合員90人のうち、同意は実に88人。移設を目指す政府にとってありがたい援護射撃となった。総会終了後、70歳代の組合員は詰めかけた報道陣にこう語った。

「普天間が今のところにあるのは危険なんだから、仕方ないでしょ。沖縄全体のことを考えたら、あんな街中より太平洋を飛ぶ辺野古のほうがまだいいんじゃないか」

一方で、普天間飛行場の移設に反対してきた名護市の稲嶺進市長は憤った。「補償金という餌《えさ》に引き寄せられたというか、なびいていったというか、そういうことじゃないか」と漁協の対応を激しく批判。人口6万人余りの名護市は分裂状態に陥った。

ようやく決着

2013年12月27日は、沖縄の米軍基地問題で歴史的な日となった。仲井真知事が、政府から出された名護市辺野古沿岸部の埋め立て申請を承認する考えを表明したのだ。

午後3時過ぎ、那覇市内の知事公舎で記者会見に臨んだ仲井真知事の眉間《みけん》には深いしわが寄っていた。「私の意見を申し述べたいと思います」と切り出すと、知事はかみしめるように語った。

「所要の審査を行った結果、現段階で取り得ると考えられる環境保全措置等が講じられており、（公有水面埋立法の）基準に適合していると判断し、承認することと致しました」

普天間移設問題はこれで大きく前進することになったが、埋め立ての不承認を求めていた基地反対派は反発し、「屈しない」と書いた赤いプラカードを手に県庁舎周辺に押しかけた。県庁舎1階のロビーは抗議の座り込みで埋まった。

周囲が騒然とする中、仲井真知事は政府の承認を決断した理由を親しい県議らにこう語った。

「色々な県民の声が上がることは覚悟している。だが、安倍政権は今までの政権とは違う。普天間は動くよ」

仲井真知事は１９３９（昭和14）年生まれ。旧通商産業省の課長などを経て沖縄電力社長となり、２００６年知事選で自民、公明両党の推薦を受けて初当選した。

２０１３年11月29日、仲井真知事はキャロライン・ケネディ駐日米大使に招かれ、東京都港区の米大使公邸に向かった。大使は、米国のジョン・Ｆ・ケネディ元大統領の長女で、この10日ほど前に赴任したばかり。〝時の人〟に招かれた仲井真知事は明るく、いつにも増して冗舌だった。

「政治経済の面で沖縄と米国は密接な関係があります。県民の米国に対する感情はおおむね良好です」とリップサービスしつつ、米軍基地問題に関して「日米両政府は基地負担軽減に取り組むべきだ」と訴えた。大使は「沖縄に行き、県民の声を聞きたい。実は、私の父も上院議員時代に沖縄に行ったことがあるんですよ」と応じた。

沖縄県知事は、米軍基地問題を抱えるがゆえに、他県の知事には見られない政治的な存在感がある。着任間もないケネディ大使がわざわざ公邸に仲井真知事を招待したのもこのためだ。

日本政府ももちろん、沖縄県知事との関係を重視している。仲井真知事が初当選した2006年11月からの7年間で、歴代首相は仲井真知事と40回近く会談している。安倍首相も2013年12月25日、首相官邸で仲井真知事と会談し、2021年度まで毎年3000億円以上の沖縄振興予算を確保する異例の方針を伝え、普天間移設問題で協力を促した。

こうした厚遇を受ける一方で、沖縄県知事は基地問題でしばしば重い政治決断を迫られる。

1995年、当時の大田昌秀《まさひで》知事は、米軍人による少女暴行事件で県民の反基地感情が高まったこともあり、米軍基地の土地強制使用を認める代理署名を拒んだ。普天間飛行場の名護市への移設にも抵抗した。政府と対立を深め、振興策を話し合う沖縄政策協議会が開かれないなど県経済にも深刻な影響が出て、「県政不況」といった言葉がささやかれた。

1998年知事選で大田氏を破って初当選した稲嶺《いなみね》恵一知事は、悩んだ末、翌年11

月に普天間飛行場の辺野古移設容認を決断する。「在任中は寝酒が欠かせなかった」と振り返る稲嶺氏。沖縄県知事が背負う特別な重圧について、「沖縄の知事にも国益のことが常に念頭にある。国益と県益の間で揺れ動くわけです」と語る。

日米の安全保障政策に直結する問題が、事実上、沖縄県知事の決断に委《ゆだ》ねられてしまっている日本の実態。県内のある首長経験者は言う。

「とにかく知事は孤独だよ。すべての責任を背負わされてしまっているからね」

異常な地元紙

普天間移設問題で重大な決断を下した仲井真知事は、県内で厳しい批判にさらされた。

「これほどまでに政府に付き従い、民意に背を向けた県知事はいない」

２０１４年１月10日、沖縄県議会で社民党県議が仲井真知事の辞職を求める決議案を読み上げた。ぶぜんとする知事。決議は賛成24人、反対21人の僅差《きんさ》で可決された。拘束力は無いとはいえ、沖縄県議会で知事に辞職を促す決議が可決されるのははじめてのことだった。

地元紙も仲井真知事に公然と辞職を迫った。

琉球新報は2013年12月28日付の朝刊で、知事の決断を「歴史的汚点」と批判し、辞職を迫る社説を掲載した。

「オール沖縄の意思は、普天間飛行場の閉鎖・撤去と県外移設推進、オスプレイ配備の中止だ。県民を裏切った知事の辞職は免れない」

琉球新報はさらに、30日付の朝刊で、沖縄テレビ放送と合同の緊急電話世論調査(12月28、29日実施)の結果を報じ、「埋め立てを承認したことについて、支持しないと回答したのは計61%」「県内移設に反対する意見が計73・5%に達した」などとたみかけた。

沖縄タイムスも社説(12月28日付)で「知事はもはや、県民の負託を受けた政治家としての資格を自ら放棄したと言わざるを得ない」と書いた。

このような沖縄の地元紙の報道ぶりについては、「米軍基地問題で厳しい論調が目立つ。県民に反基地、反安保の感情が刷り込まれる」(久間章生《きゅうまふみお》・元防衛相)といった指摘がある。

米軍関係者からも同様の指摘が出ている。在沖縄米海兵隊のロバート・エルドリッヂ外交政策部次長(元大阪大准《じゅん》教授)は言う。

「地元紙の記者は、沖縄と米軍はいい関係にはなり得ないと思いこんでいるのではないだろうか。僕たちは信頼関係を築きたいのだが」

エルドリッヂ氏は、地元紙幹部から「米軍の良いことは絶対に書かない」と告げられたこともあったと打ち明ける。

確かに、地元紙の基地問題に関する報道は先鋭的だ。

普天間飛行場移設問題の経緯

1996年	4月12日	日米が5年〜7年以内の全面返還で合意
	12月2日	SACO最終報告で県内移設で合意
97年	11月5日	政府が名護市沖にヘリポート建設案を提示
99年	12月28日	政府が辺野古移設を閣議決定
2002年	7月29日	政府と沖縄県、名護市が沖合埋め立て方式で合意
06年	4月7日	日本政府と名護市が辺野古沿岸部にV字形滑走路建設案で合意
	5月1日	日米両政府が14年までに辺野古沿岸部に移設する計画に合意
	11月19日	県知事選で条件付きで移設を容認する仲井真弘多知事が当選
09年	9月16日	「県外・国外移設」を掲げる鳩山政権発足
10年	1月24日	名護市長選で移設受け入れ反対派の稲嶺進氏が当選
	5月23日	鳩山首相が一転して辺野古移設を容認
13年	3月22日	政府が辺野古沿岸部の埋め立て許可を仲井真知事に申請
	4月5日	日米が22年度にも普天間飛行場の返還が可能とする計画を公表

こんな出来事もあった。

２０１１年11月、琉球新報は、普天間移設問題に関する防衛省沖縄防衛局長の不適切発言を大々的に報じた。名護市辺野古沿岸部の埋め立てに必要な環境影響評価書を県に提出する時期について、沖縄防衛局長が女性を乱暴する場合にたとえて「犯す前にやらせろとは言わない」などと発言した——というものだ。

沖縄防衛局長の発言は、那覇市内の居酒屋で開かれた記者団とのオフレコ懇談（ニュース・ソースを明らかにしない取材）で飛び出した。局長は懇談に先立ち、発言を記事にしないよう求め、出席した記者も了承したが、琉球新報の記者は局長の発言に「公共性、公益性がある」と判断して記事にした。関係者によると、懇談内容を知った琉球新報記者の多くが「オフレコでも書くべきだ」と主張したという。報道の結果、沖縄防衛局長は更迭《こうてつ》されることになった。

１８９３年創刊の琉球新報は16万７４９部（２０１３年11月）、１９４８年創刊の沖縄タイムスは16万７０５部（同10月）だ。沖縄における両紙の新聞占有率は９割近くになる。全国紙と呼ばれる読売、朝日、毎日、産経の各紙は沖縄県内に印刷拠点を持たず、本土で印刷した新聞を空輸している。日本経済新聞は県内で委託印刷をしているが、部数は５８２９部（同12月）に過ぎない。地理的な事情で、沖縄は地元紙の寡占《かせん》状態となっているのだ。

政府も、沖縄における地元紙の影響力には一目置いている。

２０１３年４月３日、菅義偉《すがよしひで》官房長官が沖縄に入り、地元メディア各社を訪問した。同月28日に東京ではじめての「主権回復の日」の式典を開くことに理解を求めるためだった。主権回復の日は、日本が第２次世界大戦後の連合国による占領を脱したサンフランシスコ平和条約の発効（１９５２年４月28日）を祝おうと、第２次安倍政権が定めたものだ。しかし、沖縄は条約発効後も米軍統治下に置かれたため、この日を「屈辱の日」と呼んできた。地元紙を中心に主権回復の日への反発や批判が渦巻いていた。

官房長官が地方のメディアを回るのは極めて異例の対応だったが、主権回復の日に対する批判的な報道ぶりは変わらなかった。政府は式典を予定通り開催したものの、翌年の開催は見送らざるを得なかった。

元琉球新報論説委員長の前泊博盛《まえどまりひろもり》・沖縄国際大教授は、地元紙の報道姿勢をこう説明する。

「民意にそぐわない、乖離《かいり》している新聞は淘汰《とうた》されていく。沖縄では、日本本土、アメリカ、権力側にくみしていると見られると、誰も読まなくなる」

根強い差別感情

前泊氏の言う「沖縄の民意」を考える際のキーワードがある。「差別」という言葉だ。

2013年11月18日、東京・六本木の政策研究大学院大学で講演した沖縄県の高良《たから》倉吉《くらよし》副知事は、ホワイトボードに四つの数字を書き込んだ。

1429
1879
1945
1972

いずれも沖縄の歴史の転換点となった年を示す。琉球王国が誕生した1429年、琉球処分で沖縄県を設置した1879年、第2次世界大戦で多くの県民が犠牲になった1945年、日本復帰を果たした1972年――。

歴史学者でもある高良氏は、こうした歴史を「日本本土からの差別」という視点でとらえる傾向が沖縄にはある、と指摘した。

基地負担の軽減を訴えても実現しないのは、本土による沖縄への差別であり、第2次世界大戦で沖縄が悲惨な戦場となったのも、琉球王国が廃されて沖縄県が置かれたのも、「本土の側に差別意識があったからだ」というわけだ。

高良氏は講演で訴えた。

「基地問題は簡単には解決しない。この問題には外交や安全保障、国際政治だけではなく、沖縄に住む人の歴史的なフィーリングも関わっていることを理解してほしい」

差別という言葉は近年、沖縄の県政幹部も公然と口にするようになっている。

仲井真知事は、２０１０年４月25日に開かれた普天間飛行場の県外移設を求める集会で、「過剰な基地負担を大幅に軽減してほしい。日本全国でみれば明らかに不公平で、差別にすら近い印象を持つ」と述べた。

沖縄県議会の喜納《きな》昌春《まさはる》議長も、２０１３年４月28日に開かれた主権回復の日に反対する集会で、「沖縄への差別が改めて浮き彫りにされた」と政府を批判した。この日、政府は東京で主権回復の日の記念式典を開いたが、那覇市役所は沖縄で深い悲しみを表す紺色の旗を掲げた。

米軍基地問題にこうした歴史認識の問題が絡《から》まれば、解きほぐすのは一層難しくなる。

民主党の野田佳彦政権で外交・安全保障担当首相補佐官を務めた長島昭久衆院議員は、「歴史と過度な基地負担の問題が混じり合って沖縄県民の心情が形成されている」と分析した上で、こう言う。

「沖縄のサイレント・マジョリティー（声なき多数派）は日米同盟を重要だと考えているが、あれも、これもと負担を押しつけるのは限界だ」

では、本土側はどのように沖縄に対応すればよいのか。

県選出国会議員のひとりは、「沖縄も日本の一部という連帯感を持てれば、本土への不信感は出ないだろう」とみる。連帯感とは、基地負担の分かち合いにほかならない。

2013年11月12日、沖縄県庁で仲井真知事と福田良彦《よしひこ》・山口県岩国市長の会談が開かれた。福田市長は米軍普天間飛行場の空中給油機部隊の岩国基地移駐を受け入れる考えを表明していた。目に見える形で基地負担を分かち合う姿勢を示していた数少ない本土の首長のひとりだ。

「岩国にできることは実行する」と伝えた福田市長に、知事は満面の笑みで応じた。

「私、はじめてうかがいましたよ。沖縄以外の方から」

このやりとりを聞いた自民党県連幹部も記者団に語った。

「本当にうれしかったなぁ」

安全保障観の大きなギャップ

日本最西端の島、与那国島。晴れた日には100キロほど離れた台湾を望める国境の島だ。周囲は黒潮に洗われた断崖《だんがい》がそそりたつ。日中両国が角突き合わせる尖閣諸島からは150キロしか離れていない。

1996年3月、台湾の総統選に反発した中国が、台湾近海に軍事演習と称してミサイルを撃ち込んで威嚇《いかく》した。このうち1発が、与那国島の西約60キロの海面に着弾した。雷鳴のような爆発音を聞き、水柱を目撃した島民もいる。

沖縄県与那国町は、こうした状況に置かれているだけに、安全保障の問題には極めて敏感だ。２０１１年、中学校公民用の教科書採択で、八重山採択地区協議会（石垣市、与那国町、竹富《たけとみ》町）は育鵬社《いくほうしゃ》（本社・東京）の教科書を選んだ。この教科書は、「新しい歴史教科書をつくる会」の元メンバーらが執筆し、安全保障や日本の伝統文化に関する記述が充実している。

与那国町の崎原用能《ようのう》教育長は言う。

「米軍や日本軍は悪である、という教科書は使いたくなかったんです。子供たちに日本人としての教育を受けさせ、日本人としてのアイデンティティーを持ってほしいと考えました。だからこの教科書を選んだのです」

だが、同じ八重山採択地区協議会に属する竹富町は、育鵬社の教科書を使うことを拒否した。現場の教師から「沖縄の米軍基地問題に関する記述が少ない」といった批判があがったためだという。教科書無償措置法は、複数の市町村からなる採択地区では同じ教科書の採択を義務づけている。竹富町の対応は同法に違反しているため、国費による教科書の無償配布は行われず、同町は有志から寄付された東京書籍（本社・

東京）の教科書を生徒に配布した。

文部科学省は2013年10月18日、竹富町教育委員会に対し地方自治法に基づく是正要求を行うよう、沖縄県教育委員会に指示した。是正要求とは、自治体の事務が法令に違反している場合、担当大臣が都道府県を通じて是正を求めるもので、地方自治法に根拠がある。しかし、沖縄県教委はなかなか動こうとしなかった。業《ごう》を煮やした文科省は同年11月28日、上野通子《みちこ》政務官が県教育長を東京に呼び出して詰問《きつもん》した。

「いまだ竹富町教委に是正要求しないことは大変遺憾だ。このままでは沖縄県教委も地方自治法に違反する」

それでも、沖縄県教委の動きはにぶかった。文科省幹部は「是正要求を出して左派色の強い教職員組合や地元メディアに批判されることを県教委は恐れているのだろう」と推察する。

与那国町や竹富町でみられるような安全保障に関する考え方の大きなギャップが、沖縄には存在する。そのギャップが最もあらわになるのが、米軍基地をめぐる問題だ。

米軍普天間飛行場（沖縄県宜野湾市）に出入りする通称・野嵩《のだけ》ゲートに集まった数人の男女。Yナンバーを付けた米軍関係者の車に、「MARINE OUT（海兵隊は出て行け）」「NO　BASE（基地はいらない）」と書いたプラカードを突きつけた。国道に入ろうと赤信号で止まった車にはハンドマイクで罵声《ばせい》を浴びせた。

「そこのYナンバー、この野郎、ちゃんと見ているのか」

プラカードを掲げていた男性によると、抗議活動は平日午前と午後の2回、行われている。米軍機の飛行差し止めや騒音被害の損害賠償などを求めている普天間爆音訴訟の関係者が中心で、教職員組合OBや革新政党の支持者も加わっているという。

「米軍関係者は相当嫌がっているようだな」。男性は淡々と語った。

ゲート周辺のフェンスには色とりどりのビニールひもが雑然と結びつけられ、風に揺れている。基地反対派の活動のアピールだ。

沖縄では、こうした激しい反基地運動が各地で展開されている。

普天間飛行場の移設先となっている名護市辺野古。海岸の堤防沿いに移設反対派のヘリ基地反対協議会（反対協）が設置したテントが2基、ならんでいる。メンバーはパイプイスに座って365日、海面をにらむ。政府が不意打ちで移設工事を始めないか監視しているのだ。

「日本政府は沖縄の声を無視している。政府の唱える国策の下でいつも犠牲になっているのが沖縄だ」

反対協の安次富《あしとみ》浩《ひろし》代表委員＝沖縄県金武町出身＝はこう語る。メンバーの女性によると、運動に参加している人は沖縄と本土の出身者が「半々くらい」。活動費はカンパなどでまかなっているという。

沖縄の反基地運動の中でも、普天間飛行場移設の反対運動は強力だ。2004年9月、政府が名護市辺野古の沖合で移設工事のボーリング調査に着手した際は、船を繰り出し実力でこれを阻止した。防衛相として移設問題に取り組んだ経験がある民主党の北沢俊美《としみ》参院議員は、「反対派の人たちは、日米両政府を相手にして移設を阻止したという思いが非常に強い」と語る。

沖縄の基地問題は、第2次世界大戦末期までさかのぼる根の深い問題だ。沖縄戦で日本軍を破った米軍は、日本本土決戦に備えて基地の整備をはじめた。1945（昭和20）年に大戦が終わると、今度は共産圏との冷戦に対応するため、基地の拡充が進められた。戦禍で傷ついた住民は、圧倒的な力を持つ米軍の前になすすべはなかった。

当時の沖縄の状況について、ジャーナリストのフランク・ギブニーは1949年のタイム誌に「忘れられた島」と題した記事を書いている。

「モラルや規律意識がおそらく世界のいかなる米軍よりも低下した部隊が、絶望的な貧困の中で暮らす住民を統治している」

１９５２年に日本はサンフランシスコ平和条約で独立を回復したが、沖縄は引き続き米軍の施政下におかれ、状況はほとんど変わらなかった。

住民側はせめて軍用地料の支払を求めたが、１９５２年に米側から示された軍用地料は、「1坪の年間地料がコーラ1本分にも満たない」と言われるほど少なかった。しかも、20年近い長期の契約が義務づけられた。多くの地主が軍用地の提供を拒んだが、米軍は１９５３年に土地収用令を公布し、まさに「銃剣とブルドーザー」によって土地の接収を進めた。

沖縄では各地で基地をめぐるあつれきが生じていたが、全島規模で反基地運動が盛りあがったのは、１９５６年の島ぐるみ闘争がはじめてだ。土地が半永久的に奪われる恐れがある軍用地料の一括支払い制度の導入が持ち上がり、米下院調査団がこれを認める勧告（プライス勧告）をまとめたため、住民の怒りに火がついた。各地で住民大会やデモが行われ、沖縄の基地問題は全世界に報じられた。その結果、米軍は一括支払い制度を撤回し、軍用地料を引き上げた。基地問題に詳しい新城俊昭《あらしろとしあき》・沖縄大客員教授は、「島ぐるみ闘争が、米国政府の政策を多少なりとも変更させたことは、沖縄の人たちに大きな自信を与えた」と評価している。

これをきっかけに、沖縄の反基地運動は、何度も全島規模で盛りあがった。1970年には、酒気帯び運転の米軍人が起こした交通事故をきっかけに、現在の沖縄市で「コザ暴動」とよばれる抗議行動が発生。米軍車両への放火などで多数の負傷者が出た。この暴動は、米軍による沖縄統治の限界を米政府に知らしめ、沖縄の日本復帰を進めるきっかけになったと言われる。

1972年に沖縄が日本に復帰して以降も、ことあるたびに大規模な反基地運動が起きている。1995年には米兵による少女暴行事件を糾弾する県民総決起大会が、2010年には普天間飛行場の県外移設を求める県民大会が開かれ、多数の県民が参加した。

だが、激しく、強力な基地反対運動には反作用も生じている。

名護市ではヘリ基地反対協議会（反対協）と地元住民のあつれきが深まっている。2012年3月、海岸部に設置されている反対協のテントを撤去するよう求める署名が市長に提出された。地元選出の宮城《みやぎ》安秀《やすひで》市議は、「公共の場が占有され、住民は散策もできない」と訴える。普天間飛行場の移設に反対する辺野古地区の住民は、テントから約100メートル離れた空き地にプレハブ小屋を建て、反対協とは一線を画して監視活動を行っている。

２０１３年11月28日には、普天間飛行場の名護市辺野古への移設を求める7万５８２８人分の署名が沖縄県庁に届けられた。市民団体「普天間基地の危険性を除去し辺野古の米軍基地に統合縮小を実現する沖縄県民の会」（中地昌平会長）が集めたもので、署名数は目標の５万人を大きく上まわった。同会は移設のメリットを大要、次のように主張する。

▽現在の普天間飛行場（約４８０ヘクタール）を辺野古沿岸部（海面埋め立て面積約１６０ヘクタール）に移設すれば、基地面積を大幅に減らすことができる。

▽市街地の中心部にある普天間飛行場の危険性を除去することもできるし、沖縄を守る米軍の存在（プレゼンス）も維持できる。

同会の中地会長は県内で製糖会社を興《おこ》した経済人だ。署名提出に先立つ11月24日、那覇市内のホテルで開かれた大会で、中地氏はこう訴えた。

「沖縄県民がみんな反基地、反米、反本土であるというのは、失礼で不正確だ。県民の多くは、沖縄を守る力が必要であるということもきちんと分かっています」

もっとも、沖縄で基地容認論を表だって唱えることは難しい。大会であいさつに立った自民党沖縄県連顧問の西田健次郎・元沖縄県議は「辺野古しかないだろうというのは、いわゆるサイレント・マジョリティーだ」と指摘した。

大会に参加した40歳代の自営業の男性＝浦添市在住＝も打ち明ける。

「地元マスコミで反基地運動の激化が報じられる中で、『辺野古移設容認』なんて声をあげるのは怖いですよ。だから僕たちはサイレント・マジョリティーなんです」

一方、激しい基地反対運動が展開されている普天間飛行場周辺では、「フェンスクリーン」と呼ばれるボランティア活動がはじまった。毎週日曜、基地反対派が飛行場のフェンスに結びつけたビニールひもをカッターやハサミでひとつひとつ取り除いていく。親子連れのほか、米軍が救援活動を展開した東日本大震災の被災者も参加している。

活動の代表を務めている手登根安則《てどこんやすのり》さん＝浦添市出身＝は言う。

「アメリカ人に罵声を浴びせたって仕方ない。友人として信頼関係を築いたほうが、言いたいことを言えるようになると思う。そうすれば事件事故を防ぐことができるんじゃないでしょうか。誰だって友達は襲わないでしょ」

ひもを取り除いても、また基地反対派は結びつける。イタチごっこだが「私たちは運動家に罵声を浴びせることもしないし、拳《こぶし》も振り上げない。平和を願うための方法が違うだけ」（手登根さん）。活動には、米軍幹部も家族で参加してくれるようになったという。

反発と依存──複雑な基地問題

患者が深刻な表情で医者に尋ねる。

「先生、僕は重い病気なんですか」

「落ち着いて聞いてください。あなたの病気は…（米軍機の爆音でかき消される）…です」

「デスってどういうことですか。死ぬってことですか。デスって英語で『死ぬ』ですよね」

沖縄で活動している演芸集団FECのネタ「普天間基地」の一コマだ。FECは2005年から「お笑い米軍基地」と題した公演を続けている。企画・脚本・演出を手がける小波津《こはつ》正光《まさみつ》さん＝那覇市出身＝は「基地問題に普段接しているからこそ、お客さんは共感して笑ってくれる」と言う。

沖縄市民会館で開いた公演には1000人超の観客が集まり、盛んな拍手を送った。公演のパンフレットには「この舞台で、米軍基地の矛盾、住む者としての矛盾を笑って、考えるきっかけになればいい」と記されていた。

「矛盾」とは、米軍基地に反発しながらも、様々な理由で受け入れざるを得ない沖縄の厳しい実情を指す。

米軍基地内の飲食店に勤めている30歳代の男性は、基地反対運動を複雑な思いで眺めていると言う。苦労してやっと正社員になっただけに、「基地が返還されたら雇用が終わってしまうかもしれない。そういう労働者がいることを考えてほしい」と訴える。

都道府県別の完全失業率（２０１３年7～9月平均）は４％だが、沖縄県は６％で全国最悪だ。沖縄で米軍基地は貴重な雇用の場となっている。独立行政法人・駐留軍等労働者労務管理機構によると、２０１２年度に沖縄の米軍基地に採用された日本人労働者は３３５人。応募者は５３０２人で競争率は15・８倍の狭き門だ。沖縄には、基地への就職を支援する専門学校すらある。

毎年、米軍基地の土地所有者（軍用地主）に国から支払われる借地料（軍用地料）も大きい。軍用地主は沖縄県内の21市町村で約３万７０００人。２０１１年度の軍用地料収入は１人当たり平均約２１８万円に達する。

「軍用地高く買います」。沖縄の新聞にはこんな広告が目立つ。軍用地料は今後引き上げられる可能性があり、一種の金融商品として売買の対象になっているのだ。

県軍用地等地主会連合会の幹部は、米軍が絡む事故が起きた際、「お前たちが基地を提供しているからだ」と批判されたことがあると言う。軍用地の多くは米軍によって強制的に収用された。しかし、今や軍用地料で生活を成り立たせている地主も多い。

普天間飛行場の移設先となっている名護市のキャンプ・シュワブでも事情は同じだ。元名護市収入役で市軍用地等地主会の島袋利治会長はこう言う。

「もともとシュワブは田畑と林だったわけです。林から薪《まき》をとって町まで売りに行って生活をしていた。基地がなかったらもっと寒村になっていますよ。若い人が暮らしていけるのは基地の土地代があるからだ」

政府は10年ごとに策定する沖縄振興計画に基づき、毎年多額の振興予算を沖縄に提供している。その総額は１９７２年の日本復帰から２０１２年度までで10兆５０００億円に達し、主に道路やダムの建設など公共事業に充《あ》てられてきた。振興予算とは別に、基地を抱える県内の自治体には総務省の交付金が累計《るいけい》２１７８億円（２０１２年度現在）、米軍再編に協力した自治体には防衛省の交付金が累計41億円（同）、それぞれ提供されている。政府が沖縄にこれだけの予算をつぎ込んできたのは、沖縄が過重ともいえる米軍基地負担を担《にな》ってきたからにほかならない。

米軍人らの消費活動や軍用地料、基地従業員給与などを合計した基地の経済効果も無視できない。沖縄県の試算によると、近年は年約２０００億円規模で推移し、その累計は本土復帰から２０１２年度までで６兆４０００億円に達するという。

沖縄の経済状況は厳しく、内閣府が公表した２０１０年度の沖縄県の１人当たり県民所得は２０２万５千円で全国最下位だ。全都道府県平均の２８７万７千円に遠く及ばない。沖縄県は「都市部に米軍基地があることが地域振興の大きな障害になっている」と主張するが、基地の存在が県経済を下支えしてきたことも事実だ。基地への反発と依存——。沖縄は米軍基地問題で揺れ続けている。

沖縄がカギをにぎる

２０１４年1月19日、名護市。普天間飛行場移設受け入れの可否が最大の争点となった市長選が投開票され、名護市辺野古への移設に反対する現職の稲嶺進氏が再選を果たした。稲嶺氏の得票は１万９８３９票で、移設容認を訴えた対立候補の末松文信《ぶんしん》氏（元自民党沖縄県議）の得票は１万５６８４票だった。まさに市を二分した選挙戦の結果、稲嶺氏が逃げ切った。

日米両政府が普天間飛行場の全面返還に合意して以来、名護市長選は5回目だ。毎回、普天間飛行場移設受け入れの可否が争点となり、前々回までは容認派が当選、前回から反対派（稲嶺氏）が当選している。

「辺野古移設は白紙にし、県外・国外に戻す」

再選を果たした稲嶺氏は投開票日の夜、支持者の歓声にわく事務所で記者団にこう宣言した。仲井真知事が移設に必要な海面の埋め立てを承認してからわずか3週間。稲嶺氏は、埋め立て工事用の施設建設を認めないなど、市長が有する法令上の権限を駆使して移設工事を徹底して阻《はば》む考えだ。沖縄の米軍基地問題の象徴である普天間飛行場の移設問題は、混乱が続く恐れがある。

沖縄県では、名護市長選後の1年間で40を超える首長選や議員選が予定されている。今後も、普天間飛行場はじめ県内の米軍基地再編計画の是非が問われ続けることになり、県内では「1年戦争だ」（自民党県連幹部）といった声があがる。

こうした沖縄の状況を、中国も関心をもって眺めている。人民日報（日本語電子版）は2014年1月30日、名護市長選について「安倍政権に『NO』を突きつけた沖縄の人々」と題した記事を配信し、普天間飛行場の移設は「水の泡となる可能性が高い」と論評した。

もっとも、名護市の稲嶺市長が訴える米軍基地の県外・国外移設が、米軍側の事情によって実現する可能性もある。

外務省は、2030年ごろには中国の国防費が米国とほぼ肩を並べ、軍事技術も相当の進歩が見込まれると予想している。中国の主力ミサイル・DF21の射程は現在、約1500キロ・メートルで、米本土や米領グアムには届かないものの、沖縄はじめ日本全土は射程内におさめている。2020年ごろには、中国はミサイルの性能を向上させ、沖縄の米軍基地などをピンポイントで攻撃できる能力を持つとみられる。そうなれば、米軍にとって沖縄は「中国にあまりにも近すぎる」（自衛隊幹部）ことになる。中国や朝鮮半島と適度な距離があり、直接攻撃を受けずに米軍を展開させることができる——という沖縄の戦略的意義が変質する可能性があるのだ。

2013年、米国シンクタンクのランド研究所は、海兵隊の沖縄や太平洋への配置は、中国からの脅威や沖縄の反基地運動などの動きに留意すべきだとする報告書をまとめた。すでに米国は、中国軍の能力向上を見据え、米領グアムを戦略拠点として整備する米軍再編に乗り出している。日本政府と2006年に合意した米軍再編に関するロードマップには、沖縄の米軍基地を整理・縮小しつつ、日本も資金負担してグアムに米軍兵力を移転させる計画が盛り込まれた。

米軍が沖縄からいなくなる事態は、日本全体の安全保障を考えれば好ましい事態ではない。安全保障政策で、相手に軍事力の行使を思いとどまらせる力を「抑止力」と呼ぶが、日本の場合は在日米軍のプレゼンスが大きな抑止力となっているからだ。米国のあるシンクタンクの研究員は、「これからの時代、日本は米軍に出て行かれないようにちゃんとしなければ」と言う。沖縄の基地問題に詳しい久間章生・元防衛相も、米軍が撤退すれば日米安全保障条約は形ばかりのものとなり、「何かあっても米国は手を引いてしまうだろう」と指摘する。

中国が軍事的な圧力を強めてきている中で、日本は抑止力を維持していけるのかどうか。そのカギは沖縄が握っている。

第5章
見えない戦争

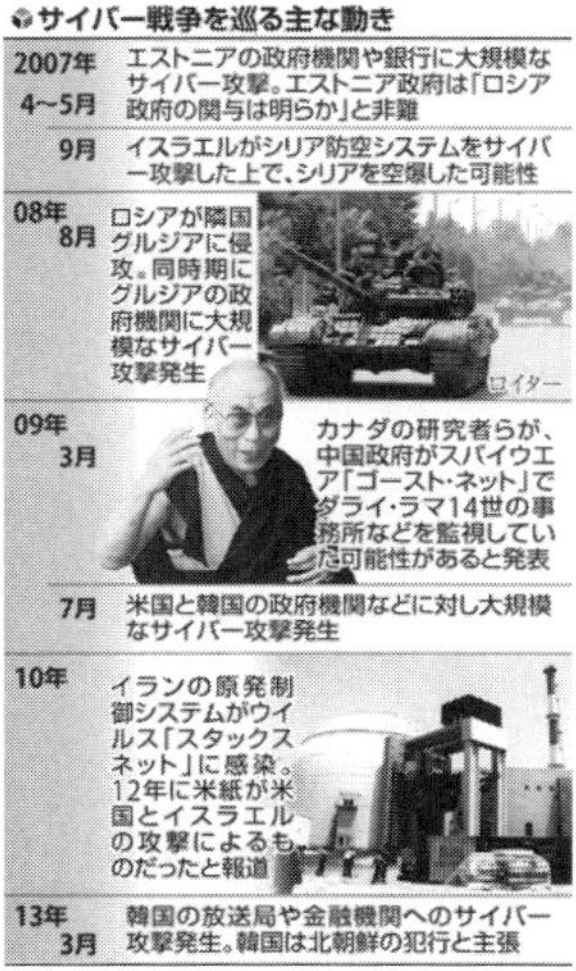

サイバー戦争を巡る主な動き

2007年 4〜5月	エストニアの政府機関や銀行に大規模なサイバー攻撃。エストニア政府は「ロシア政府の関与は明らか」と非難
9月	イスラエルがシリア防空システムをサイバー攻撃した上で、シリアを空爆した可能性
08年 8月	ロシアが隣国グルジアに侵攻。同時期にグルジアの政府機関に大規模なサイバー攻撃発生
09年 3月	カナダの研究者らが、中国政府がスパイウエア「ゴースト・ネット」でダライ・ラマ14世の事務所などを監視していた可能性があると発表
7月	米国と韓国の政府機関などに対し大規模なサイバー攻撃発生
10年	イランの原発制御システムがウイルス「スタックスネット」に感染。12年に米紙が米国とイスラエルの攻撃によるものだったと報道
13年 3月	韓国の放送局や金融機関へのサイバー攻撃発生。韓国は北朝鮮の犯行と主張

ロイター

電気やガス、通信、交通といったインフラから軍隊の運用まで、現代社会はコンピューターに深く依存している。スマートフォンやＩＴ家電の普及も著しい。

それぞれの端末は、インターネットや無線で結びつき、広大なサイバー空間を作りだしているが、この「見えない空間」で情報を盗み出したり、特定の相手にダメージを与えたりするサイバー攻撃が激増している。サイバー空間で、米国の覇権に挑もうとしているのが中国だ。日本でも、日米同盟の脆弱《ぜいじゃく》な「セキュリティホール」とみなされているのか、中国発が疑われているサイバー攻撃が増えてきている。

手段選ばぬ「超限戦」

目的達成のためなら手段を選ぶな――。そんな恐るべき本が、中国人民解放軍で読み継がれている。1999年2月、空軍大佐の喬良、王湘穂の両氏が著した戦略研究書『超限戦』だ（邦訳は2001年に共同通信社から出版）。

超限戦とは、新しい時代の戦争であり、戦時と平時、軍事と非軍事といった「すべての境界と限度」を取り除き、国家の持つ「すべての兵器と技術」を一体化させて戦うのだという。軍人が武器を手に対峙《たいじ》するだけではなく、様々な分野で、常に相手を攻撃しつづけることになる。

同書は超限戦の〝戦場〟として、通常戦、生物化学戦、宇宙戦、電子戦、ゲリラ戦、テロ戦、外交戦、インターネット戦、密輸戦、麻薬戦、金融戦、貿易戦、資源戦、経済援助戦、法規戦、メディア戦などを列挙した。

超限戦を勝ち抜くため、同書は『君主論』を著したイタリアの思想家ニコロ・マキャベリ（1469年～1527年）の名をあげてこう書いている。

「勝利の法則とは何か。極めて簡単だ。徹底的に軍事上のマキャベリになりきることだ。『目的達成のためなら手段を選ばない』。これはルネサンス時代のイタリアの政治思想家が残した最も重要な思想的遺産だ」

こうした超限戦に不可欠の武器は、情報技術（ＩＴ）であろう。現代社会はＩＴに依存し、ITなしでは成り立たないからだ。高度なIT能力があれば、相手の機密情報を盗み取り、コンピューターネットワークを攻撃してインフラや通信網などを混乱させることもできる。

日本の防衛省幹部は「中国はすでにサイバー空間で超限戦をはじめている」と言う。中国によるサイバー攻撃が欧米諸国や日本で目立つようになったのは、『超限戦』が出版されて間もない2003年からだ。

この年、米国の国防総省や陸軍、航空機メーカーのロッキード・マーティン社のコンピューターがサイバー攻撃を受け、大量の情報が盗まれていたことが明るみに出た。被害の詳細は発表されていないが、捜査当局はこの攻撃を「タイタン・レイン」と名付け、中国による攻撃である可能性が高いと判断した。

その6年後、2009年から翌年にかけて起きたのが「オペレーション・オーロラ」と呼ばれる攻撃だ。グーグル、アップル、RSAセキュリティなど米国を代表するIT企業約30社から膨大な情報が盗み取られたとされる。

2009年11月には、石油会社や電力会社、製薬会社などが狙《ねら》われた。ウイルス対策ソフト大手の米マカフィー社は、この攻撃を「ナイト・ドラゴン」と名付け、油田の入札など数十億ドル規模の契約に関する情報などが盗み出されたとし、「攻撃の実行者が中国を拠点にしていたことを示唆《しさ》する証拠がある」と発表した。

「ナイト・ドラゴン」が明るみに出る直前、カナダのトロント大学は同国のシンクタンクと協力し、中国の秘密情報収集ネットワークが世界中に張り巡らされていると警鐘を鳴らす調査結果を公表した。103か国で少なくとも1295台のコンピューターがウイルスに感染し、情報がひそかに中国に送信されていたことが確認されたという。発覚したきっかけは、中国が敵視するチベット仏教最高指導者ダライ・ラマ14世の事務所から、電子メールなどの情報が盗み取られている疑いが浮上したことだった。トロント大学は、こうした中国の情報収集ネットワークを「ゴーストネット」と名付けた。

中国によるとみられるサイバー攻撃は、単に情報を抜き取るだけではない。人工衛星が乗っ取られてしまう事件も起きている。米議会の諮問《しもん》機関・米中経済安全保障検討委員会は2011年11月、航空宇宙局（NASA）の地球観測衛星「テラ」の制御システムがサイバー攻撃を受け、計11分間にわたって乗っ取られたと公表した。攻撃は2008年6月と10月の2度あったという。同委員会は中国人民解放軍の関与を指摘した。

こうした中国発が疑われるサイバー攻撃について、ITに詳しい専門家は「表面化しているのは、あくまで氷山の一角に過ぎないだろう」と口をそろえる。

中国は、国際社会からの批判に対し、「我が国こそサイバー攻撃の被害者」と反論、サイバー攻撃への関与を全面否定している。

しかし、2011年7月、中国国営中央テレビ（CCTV）のサイバー戦争特集番組で思わぬシーンが流れるハプニングがあった。人民解放軍の施設内で撮影された映像の中に、サイバー攻撃の対象をリストアップしたパソコン画面が映っていたのだ。リストの中には、中国政府が弾圧している気功団体「法輪功」などの名前があった。映像を分析した欧米のセキュリティ関係者は「中国がサイバー攻撃を行っている証拠」とみなした。

中国政府は、2013年4月に発表した国防白書で、軍民一体で技術を向上させ、サイバー戦争に備える必要性を強調した。すでに、中国は国内に独自のファイヤーウォール（コンピューターネットワークの防衛システム）を築いている。万里の長城にならい「万里のファイヤーウォール」と呼ばれるこのシステムは、海外からサイバー攻撃を受けた場合、国内のコンピューターネットワークへの接続を強制的に遮断して被害拡大を防ぐ仕組みになっているとみられる。

インターネットを監視する検閲システム「金盾」も導入している。天安門事件やチベット独立など中国政府に都合が悪い情報は、中国国内で検索できない。検索結果が表示されないのだ。２０１１年1月、チュニジアの民衆デモが独裁政権を倒したジャスミン革命が起きた際は、突然、中国語でジャスミンを意味する「茉莉花」の検索ができなくなり、携帯電話のショートメッセージも送信できなくなった。

日本の外務省幹部によると、中国国内でやりとりされる電子メールはすべて監視されている可能性が高い。読まれるだけでなく、メールにウイルスが仕組まれ、パソコンが勝手に操作されてしまう恐れすらあるという。米国のあるシンクタンクは、中国に出張する研究者に、普段使っているものとは違うメールアドレスを割り当てている。さらに、個人用のパソコンを中国に持ち込むことを禁じ、出張用の特別のパソコンを貸与している。研究者の帰国後、すみやかにパソコンのデータやプログラムを初期化するという徹底ぶりだ。

「世界の工場」にひそむ脅威

米ラスベガスで２０１４年1月に開かれた世界最大の家電見本市「国際家電ショ

ー」。巨大なブースを設置して目を引いたのが、中国の大手通信機器メーカー・華為《ファーウェイ》技術だ。新型スマートフォンを発表し、多くの人でにぎわった。

同社はスマホ事業で韓国サムスン電子、米アップルに次ぐ世界3位の規模を誇る。2012年度の売上高は2202億元（約3兆8000億円）で、スウェーデンのエリクソンを抜いて世界一の情報通信機器メーカーとなった。140か国以上で事業を展開し、15万人の従業員を抱える巨大企業だ。

しかし、華為技術には〝裏の顔〟があると言われている。

「米国政府のシステム、特にセンシティブなシステムには、華為技術の機器を使用してはいけない」

2012年10月、米下院の情報特別委員会は、華為技術の排除を求める調査報告書を発表した。民間企業にも「別の業者を探すよう強く求める」と異例の警告を発した。

委員会が問題視したのは、同社と中国政府、特に人民解放軍との深いつながりだ。

華為技術は1987年、人民解放軍出身の任正非《レンツェンフェイ》氏（現・最高経営責任者）が広東省深圳《しんせん》市で設立した。報告書は、任氏が諜報《ちょうほう》技術を教える人民解放軍の情報工学院に在籍していたと指摘し、華為技術の製品を使うことは「中国の諜報機関にスパイの機会を与える」と断じた。

報告書を発表したマイク・ロジャース委員長は、「華為技術の製品が夜中に突然動きだし、中国に大量のデータを送っている実例がある」と記者会見で明らかにした。

米政府も、華為技術の製品の排除を着々と進めている。２０１１年10月には緊急無線システムの事業から排除した。華為技術による米企業買収にストップをかけたこともある。

◆華為技術の売上高

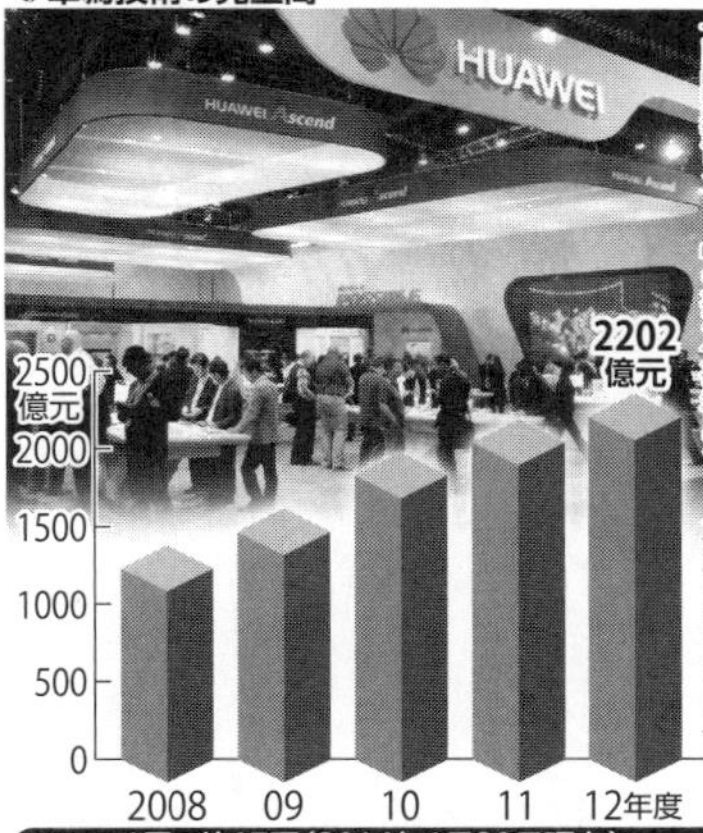

『国際家電ショー』の華為技術のブース（米ラスベガスで）

1元=約17円（2014年1月20日現在）

２０１３年12月、韓国を訪問したバイデン副大統領は、鄭烘原《チョンホンウォン》首相に対し、華為技術が韓国の高速無線ネットワーク事業を受注したことに懸念《けねん》を伝えた。在韓米軍と韓国軍の通信内容が、中国に漏れてしまう恐れが否定できないからだ。

米国の外交・安全保障政策に影響力を持つ共和党の重鎮、ジョン・マケイン上院議員も２０１４年１月２日、米ニュースサイトのザ・デイリー・ビーストに寄稿し、「韓国が華為技術に大きな利益を与える決定をすれば、米国や議会の受け止めは悪くなるだろう」と警告した。

危機感を抱いているのは米国だけではない。オーストラリアは2012年3月、安全保障上の懸念を理由にブロードバンド通信網関連の事業から華為技術を排除した。英国も2013年12月、情報機関の政府通信本部（GCHQ）が中心となって、華為技術の監視を強化する方針を決めた。

華為技術は、日本でも携帯電話会社の基地局に使う製品を供給し、スマートフォンやデータ通信端末などを販売している。2011年2月には日本法人の華為技術日本が、中国系企業としてはじめて経団連に加入した。

華為技術日本は、同社の事業について「中国共産党、中国政府とは一切の政治的、軍事的関係も保有していない。米国の根拠のない誤った主張に正当性があるとは言えない」と主張している。しかし、米政府の疑念は深く、ソフトバンクが2013年に米携帯電話会社を買収した際は、米政府内でソフトバンクと華為技術の取引が厳しく調べられたとされる。

経済発展で中国が世界の工場となり、情報通信機器市場も中国企業の存在を抜きに語れなくなっている。パソコンメーカーのレノボ・グループは、2005年に米コンピューター大手ＩＢＭのパソコン部門を買収し、２０１３年のパソコン出荷台数が約５３７７万台で世界一となった（米調査会社ＩＤＣが２０１４年１月９日に発表した調査結果による）。携帯電話大手の中国移動通信（チャイナモバイル）は、７億６０００万人の契約者を抱える世界最大の携帯電話事業者だ。

ただ、こうした中国メーカーには、華為技術と同様に疑惑の目が向けられている。たとえば、２０１３年１～６月のスマートフォン市場占有率が世界６位の中興通訊（ＺＴＥ）。同社は華為技術とともに、２０１２年10月の米下院情報特別委員会の調査報告書で米政府の調達先から排除すべき企業として名指しされた。報告書は、中国メーカーに関し「米国の電気通信市場への進出を問題視しなければならない。米国の情報機関は、脅威に対する警戒を怠らず、注視しなければならない」と指摘した。

情報通信機器に関しては、サプライチェーン（部品供給網）の問題も懸念されている。家電からインフラまで膨大な機器が使われるようになったが、様々なメーカーが作るひとつひとつの部品の安全性まで監視しきれなくなっているのだ。

２００８年頃、米国でこんな例があった。空軍や連邦航空局でコンピューターネットワークの障害が相次いだ。突然、機器が火を吹くこともあったという。米政府が調べると、米シスコ社製を装《よそお》った偽物《にせもの》のルーターが多数見つかった。ルーターとは、複数のネットワーク間でデータのやり取りを中継する機器だ。パソコンなどをインターネットに接続するために利用されている。

データを外部から抜き取るためのバックドア（裏口）と呼ばれる細工が施されていたのではないか――。そう懸念した米政府は、連邦捜査局（ＦＢＩ）を中心に徹底的な捜査に乗り出した。その結果、偽物のルーターは中国製の可能性が高いと判断された。

部品への不正な細工は、バックドアだけではない。キルスイッチと呼ばれる細工もある。外部から特定の信号を受信すると、機器の電源を切ってしまう部品を製品に忍ばせておくものだ。うまくいけば相手方の軍隊の動きを混乱させたり、経済活動を封じたりすることができる。ハードウエア（機器）の製造段階で不正なチップ（部品）やマルウエア（有害ソフト）を仕組まれてしまうと、探し出すのは極めて難しい。サイバーの世界では、かつて映画や小説の題材だったような脅威が現実のものとなっている。

日本も当然、その脅威にさらされている。だが、政府は海外製品の調達について明確な基準を定めていない。ある防衛省幹部は、「配属先で使っているパソコンを見たら、格安だが中国で組み立てていることで有名なメーカーのものだった」と打ち明ける。外国製情報通信機器の信頼性に厳しい目を向けなければ、通信システムは丸裸にされてしまう恐れがある。

専門家からは、「法律や規制などでサプライチェーンのセキュリティを明文化すべきだ」（サイバーディフェンス研究所の名和利男《としお》・上級分析官）などと早急な対応を求める声があがっている。

サプライチェーンを狙ったサイバー攻撃のイメージ

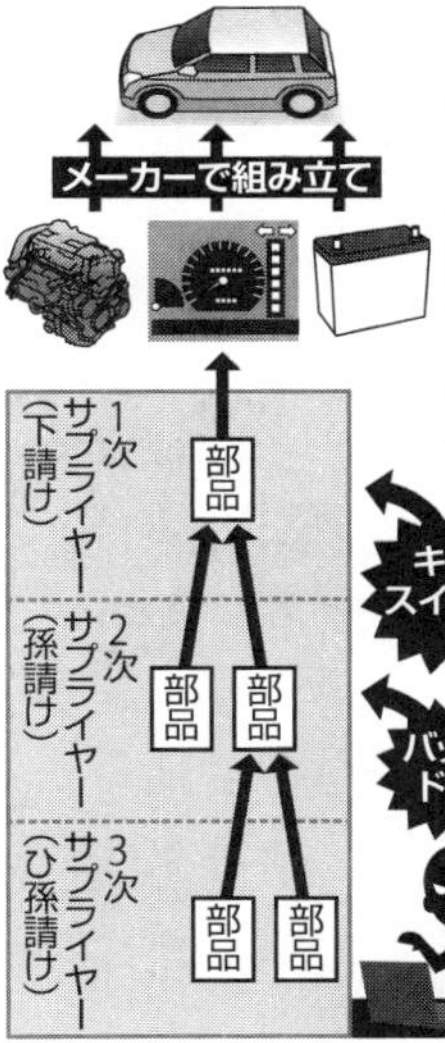

米中サイバー空間覇権争い

２０１３年2月、中国・上海にある12階建てビルに世界中の視線が集まった。

米国の情報セキュリティ会社マンディアントが、このビルは中国人民解放軍総参謀部第３部第２局（通称６１３９８部隊）による米国へのサイバー攻撃の拠点だったとする報告書を公表したからだ。人民解放軍総参謀部第3部は、同第4部とともにサイバー戦部隊と言われている。

報告書のタイトルは「APT1—明るみに出た中国のサイバー諜報部隊」。APT（Advanced Persistent Threat）とは、特定の相手に長期間にわたってサイバー攻撃をかけることだ。標的に偽メールを送り、ウイルスに感染させたパソコンからデータを盗み取る手口などが該当する。

報告書によると、61398部隊の要員は数百人から数千人にのぼるとみられ、英語に堪能《たんのう》な人材も多数含まれている。2006年以降、米政府や企業など141の機関から、数百テラ・バイトものデータを盗み取っていたという。テラ・バイトとはコンピューターのデータ量を示す単位で、1テラ・バイトだけで新聞の朝刊1000年分に相当する膨大なデータ量だ。中には、1764日にわたって攻撃を受けていたケースもあった。

61398部隊によるAPTが発覚したのは、米紙ニューヨーク・タイムズへのサイバー攻撃がきっかけだった。同紙は、2012年10月に中国の温家宝《ウェンジアバオ》首相が約27億ドルの不正蓄財をしていたと報じて以来、サイバー攻撃に悩まされていた。マンディアント社が同紙の要請で調査に乗り出し、攻撃元が上海のビルであることを割り出した。

だが、マンディアント社のケビン・マンディア最高経営責任者（ＣＥＯ）は読売新聞の取材に、「我々が明らかにできたのは彼らの活動の５％ほどにすぎない」と打ち明ける。


中国政府は、マンディアント社が公表した報告書の内容を全否定しているが、米政府は報告書公表と歩調を合わせるかのように、中国を厳しく批判し始めた。

たとえば、２０１３年5月に国防総省が発表した「中国の軍事・安全保障に関する年次報告書」は、「中国は軍事技術を得るために非合法な手段を用いている」と明記した。オバマ大統領は、その翌月に米カリフォルニア州で行った米中首脳会談で、習《シー》近平《ジンピン》国家主席に「サイバー問題の解決が米中経済関係の将来のカギを握る」とクギを刺した。

米政府は一方で、中国からのサイバー攻撃を念頭においた大規模な演習を繰り返している。代表的な演習は、２００６年にはじまった「サイバーストーム」だ。交通網や化学プラントなどへの攻撃を想定し、国防総省や国務省、国家安全保障局（ＮＳＡ）、中央情報局（ＣＩＡ）など主だった政府機関のほか、セキュリティ会社、英国やオーストラリアなど外国政府の担当者が参加している。関係機関や友好国が足並みをそろえて対応できるようにする狙いがあり、日本からも２０１０年に内閣官房情報セキュリティセンター（ＮＩＳＣ）と警察庁が、２０１３年には防衛省が演習に参加している。

サイバー戦争勃発《ぼっぱつ》

サイバー攻撃で相手国に実際にダメージを与える「サイバー戦争」も、すでにはじまっている。

世界初のサイバー戦争と呼ばれるのは２００７年４月に起きた、エストニアへの攻撃だ。

バルト３国のエストニアは、第２次世界大戦中にドイツによって占領された。その後、ソ連軍に再占領され、併合された歴史を持つ。ソ連崩壊でようやく独立を果たすと、首都タリンの中心部にソ連が建てた戦勝記念碑を撤去する話が持ち上がった。記念碑はソ連軍の軍服を着てヘルメットを抱える兵士像で、エストニアにとって旧ソ連の過酷な支配の象徴にほかならなかったからだ。ところが、ロシアは「欧州の解放者を辱《はずかし》める行為」と撤去に激しく反発した。その直後から、エストニアの大統領府、議会、省庁、銀行、新聞社などのコンピューターシステムへの攻撃が始まった。サーバー（パソコンなどをネットワークに接続するホストコンピューター）に大量のデータを送りつけて機能をまひさせるＤＤｏＳ《ディードス》攻撃を受け、エストニアの金融機関や携帯電話のサービスが止まった。攻撃は約３週間に及ぶ執拗《しつよう》なものだった。エストニアは世界ではじめてインターネットによる国政選挙を行うなどＩＴ先進国で、ブロードバンド網が国中に張り巡らされており、そのことが皮肉にも被害を拡大させた。

特定の国を狙ったここまで大規模なサイバー攻撃が確認されたのは史上初で、エストニアはロシア政府の関与を疑ったが、ロシア政府は否定した。事件後、欧米各国は多数のＩＴ専門家をエストニアに派遣し、一連の攻撃の検証に乗り出した。このためエストニアはサイバー研究の中心地となり、タリンに北大西洋条約機構（ＮＡＴＯ）のサイバー防衛研究所が設けられることにつながった。

先進国以外の国々もサイバー戦争の能力を身につけはじめている。

２０１１年12月、イラン東部の核関連施設を偵察していた米国のステルス無人偵察機ＲＱ１７０が行方不明になった。イランの報道によると、イラン軍が同機の通信機能を乗っ取り、牧草地に強制的に着陸させたという。「そんなことが可能なのか」。各国の軍事関係者は半信半疑だったが、イランは翌年９月、国産無人偵察機の配備を発表した。同機には捕獲したRQ170から得た技術が使われていると見られた。

すでに現実のものとなっているサイバー戦争。米ブッシュ政権で大統領特別顧問を務めたリチャード・クラーク氏は、その特徴を共著『世界サイバー戦争』（徳間書店）で、①相手国を壊滅させることができる、②攻撃開始から被害が出るまでの時間は計測不能なほど短い、③各国のコンピューターやサーバーが乗っ取られて無理やり攻撃に参加させられる——などと説明している。

「第5の戦場」

「コンピューター上のサイバー空間は、陸・海・空・宇宙に次ぐ第5の戦場である」

米国防総省は2011年、サイバー空間をこのように位置づけ、深刻なサイバー攻撃を受けた場合、ミサイルなど通常戦力を使って相手国への報復を辞さない方針を表明した。

世界最強の軍事力を持つ米国がサイバー攻撃に神経をとがらすのは、軍事革命（RMA＝Revolution in Military Affairs）と呼ばれる兵器のハイテク化が進み、兵器の多くがコンピューターネットワークで結ばれるようになっているからだ。このネットワークがサイバー攻撃で破壊されれば、せっかくのハイテク兵器も張り子の虎《とら》となってしまう。

実際、ハイテク兵器はコンピュータートラブルに弱い。

2007年2月、ハワイのヒッカム基地から沖縄県の嘉手納《かでな》基地に向かっていた最新鋭戦闘機F22ラプターが、途中でヒッカム基地に引き返すトラブルがあった。F22は、レーダーに探知されにくいステルス性能と、高い運動性で世界最強の戦闘機と呼ばれるが、日付変更線を越える際に、機体の位置を示すシステムに異常が生じたのだ。パイロットはシステムの再起動を試みたがうまく行かず、近くを飛んでいた空中給油機の助けでヒッカム基地に戻った。その後の米軍の調査で、衛星に搭載している全地球測位システム（GPS）と戦闘機を結ぶコンピュータープログラムに不具合があったことが判明した。かつて、パイロットは太陽や星の位置をもとに飛行する天測航法の技術を磨いていたが、今は飛行機の位置確認は全面的にGPSに頼っている。もし、サイバー攻撃で同様の不具合が起きれば、世界最強の戦闘機も「自分がどこへ向かって飛んでいるかすら分からなくなってしまう」（米軍関係者）。

米軍はすでに、サイバー戦に対応する「サイバー司令部」を設置するなど、第5の戦場への対応を進めている。サイバー司令部は、①発電所や送電網など重要インフラを防衛する部隊、②国防総省のインフラを防衛する部隊、③軍事作戦の支援部隊——

で構成され、現在の要員は約900人。「クリックひとつで国家を破壊できる時代になった」(デンプシー統合参謀本部議長)と言われるほどサイバー戦の脅威が高まったため、米軍は司令部の要員を近く4000人規模に増やす方針だ。軍事費の削減が続く中で、いかに米軍がサイバー攻撃への対応を重視しているかわかる。

オバマ大統領も2013年2月の一般教書演説で、「サイバー攻撃の脅威を直視しなければならない」と述べた。米政府は2013年以降の4年間で、サイバー攻撃への対応に230億ドル(約2兆4000億円)もの巨額の予算を充《あ》てる方針だ。

米政府は、インターネット網の監視も強めている。インターネットの世界は、一般のユーザーが加入するプロバイダー(接続業者)が相互に接続しあうことで構成されている。このうち、最有力のプロバイダーはティア1(Tier1)と呼ばれ、世界で10社ほどしかない。ティア1は、情報の中継基地の役割を担《にな》っており、他のプロバイダーはティア1に接続することで世界中と情報をやりとりすることができる。米政府は、こうした特性に注目し、国内のティア1の協力を得て大規模な情報の収集・監視活動を行っているとされる。

ちなみに、日本のNTTコミュニケーションズはアジアで唯一《ゆいいつ》のティア1だ。しかし、日本政府は犯罪捜査以外の通信傍受を国内法で認められておらず、米政府のような情報収集活動をしていない。

サイバー空間を含め、各国政府が情報の収集に躍起となるのは、重要な意思決定や戦略の策定に正確な情報が不可欠であるからだ。第2次世界大戦中、英国はナチス・ドイツが「解読不能」と豪語していた暗号機械エニグマによる通信内容を解読し、1944年6月のノルマンディー上陸作戦を成功させ、大戦の帰趨《きすう》を決した。「エニグマ解読がなければ戦争の結果は変わっていたかもしれない」と言われるほどだ。

現代でも情報収集の重要性はゆるがない。米政府には、CIAやNSAなど17の情報機関が置かれ、国家情報長官が統括している。このうちCIAは諜報員による情報収集や分析、秘密工作などを担当し、NSAは電子機器を使った情報収集が中心だ。情報機関の職員数や予算額は公表されていないが、CIAは約2万人、NSAは約3万人の職員がいると言われている。

情報収集は、表に出せない非合法な活動によることもある。2013年、元CIA職員だったエドワード・スノーデン容疑者がNSAの情報収集活動の一端を暴露した。米国民の電話記録を収集・保管し、ドイツのメルケル首相ら外国政府の通話も盗聴していたという。米政府から情報窃盗などの容疑で訴追されているスノーデン容疑者は、コンピューター保安技術者としてＣＩＡに勤務し、ＮＳＡハワイ事務所で３か月間働いた経歴の持ち主で、現在はロシアに一時亡命している。

スノーデン容疑者の暴露を受け、メルケル首相は２０１３年10月、オバマ大統領に電話で「盗聴が事実ならば、決して受け入れられない。重大な信義違反だ」と抗議した。大統領は「通信は監視していないし、これからもしない」と釈明した。

国内外から批判を浴びたオバマ大統領は２０１４年１月17日、司法省で演説し、ＮＳＡによる情報収集活動の改革策を発表した。同盟国や友好国の首脳の通信は原則として盗聴せず、国内で収集した電話通話記録は政府外の機関に保管を委《ゆだ》ね、照会の手続きを厳格化する——といった内容だった。しかし、大統領はこう付け加えることを忘れなかった。

「他国の情報機関が行っているのと同様に、我々の情報機関は外国政府の意図に関する情報収集を続ける」

貧者の凶器

サイバー攻撃は、まさにクリックひとつで相手国に甚大《じんだい》な被害を与えることが可能だ。しかも、優秀な技術者とコンピューターさえあれば足りるため、ミサイルや空母など最新鋭兵器を装備するよりも費用が格段に少なくてすむ。情報セキュリティ会社「ラック」（東京）の伊東寛《いとうひろし》・研究所長は「貧者にとって最高の兵器だ」と指摘する。

経済危機にあえぐ北朝鮮も、サイバー戦を重視している国のひとつだ。

２０１３年11月、サイバー戦に関する北朝鮮の金正恩《キムジョンウン》第１書記の発言が、韓国の国会で報告された。

「サイバー戦力は、核、ミサイルとともに朝鮮人民軍の無慈悲な打撃能力を担保する万能の宝剣だ」

報告したのは、韓国の情報機関・国家情報院の南在俊《ナムジェジュン》院長。この発言は、北朝鮮の公式メディアで報じられておらず、国家情報院が独自に入手したものとみられる。情報源を特定される恐れがあるのにあえて発言を明らかにしたのは、「北朝鮮のサイバー攻撃に危機感を抱いているからだ」（韓国政府筋）。

南氏は国会で、北朝鮮のサイバー戦部隊の状況も明らかにした。それによると、北朝鮮は、対外工作機関の偵察総局を中心に、約１７００人の陣容でサイバー戦部隊を組織している。有事の際は、北朝鮮の国営企業である朝鮮コンピューターセンター（ＫＣＣ）関係者など、ソフトウエア開発に従事しているエンジニア約４２００人も動員されるという。

サイバー戦の人材は、徹底的な英才教育で育成されている。工作員養成機関の指揮自動化大学を卒業後、韓国に亡命し、現在は脱北者団体の代表を務めている張世律氏によると、北朝鮮は全国の小学校から学業優秀な児童を平壌に集め、「コンピューター秀才クラス」で専門知識をたたき込んでいるという。大学でもプログラミングやコンピューター工学などを教え、特に秀《ひい》でた人材を偵察総局に配属している。

こうした人材育成システムは、金第1書記の父親である故・金正日《キムジョンイル》総書記の指示で築かれた。今から10年以上前の2001年、金総書記は、朝鮮労働党中央委員会幹部向けの講話で人材育成の重要性を次のように説いた。

「全国からコンピューター秀才を探し、育てなければならない。コンピューターと革命史、数学、外国語だけ学ばせればいい」

「基準に到達しない学生は追い出し、優秀な学生を補充するやり方で、真の秀才を育てなければならない」

金総書記は「コンピューター技術を知らない者は文盲者だ」とまで述べ、サイバー戦に執着した。北朝鮮は、米国や韓国、日本を敵視して軍事最優先の「先軍政治」を推進しているものの、航空機など通常戦力では到底、太刀打ちできない。一方で、サイバー攻撃は少ない費用で米国などに致命的な打撃を与えられる可能性がある。しかも、証拠が残りにくく、仮に相手国からサイバー攻撃で反撃されても、北朝鮮国内ではインターネット網が整備されておらず、インフラもコンピューター制御されていないのでダメージを受けない。

　北朝鮮は、すでに実際のサイバー攻撃に乗り出している模様だ。２００９年７月、米国と韓国の政府機関や金融機関などが、大量のデータを送りつけられてサーバー機能がマヒするＤＤｏＳ攻撃を受けた。ウイルスに感染させた世界各国のパソコン10万台以上が操られ、日本国内のサーバーを経由して実行された。米韓合同軍事演習が行われた２０１１年３月にも、同じ手口で韓国の大統領府や軍のコンピューターネットワークが攻撃された。

　北朝鮮のサイバー戦力は年々向上している。韓国の金融機関やテレビ局に対する２０１３年３月の攻撃は、セキュリティ対策ソフトのサーバーに直接侵入し、標的としたコンピューターネットワークにウイルスをまき散らす手口だった。

　北朝鮮の工作員が、韓国のゲーム業者にウイルスを仕込んだオンラインゲーム用プログラムを売っていた事件も明るみに出た。韓国検察は２０１３年10月、中国にいる北朝鮮工作員からウイルスが仕組まれたプログラムを５５００ドルで購入し、流通させた韓国人の男を国家保安法違反容疑で起訴した。ウイルスは、ネット上でゲームにアクセスしたパソコンに感染し、北朝鮮から遠隔操作でサイバー攻撃に使えるようになっていたという。

セキュリティ対策会社「サイバーディフェンス研究所」(東京)の名和利男・上級分析官は、北朝鮮のサイバー攻撃能力について「ソフトウエアの脆弱性を見つけ、それを踏まえたウイルスを作成し、システムの隙《すき》を突いて障害を起こしている。開発能力と偵察能力の高さを認めざるを得ない」と言う。

北朝鮮が、日本もサイバー攻撃の対象と考えているのは確実だ。韓国の脱北者団体「NK知識人連帯」の金興光代表は2013年11月、ソウルで記者会見を開き、北朝鮮に対日サイバー部隊が設置されたことを明らかにした。偵察総局の幹部が「サイバー戦争を日本列島まで拡大せよ」と指示し、偵察総局の121局に40～50人規模の部隊が創設されたという。すでに、日本政府や研究機関、企業などが具体的な攻撃対象としてリストアップされていると見られる。

「無防備」日本政府の落とし穴

サイバー攻撃の脅威を前に、日本の対応は遅れている。

「こんなことまで出来るのか……」

パソコン画面をのぞき込んでいた各府省の副大臣たちは、思わず息をのんだ。

２０１３年9月5日、首相官邸の大会議室で開かれた政府の副大臣会議。国の情報セキュリティ政策を担う内閣官房情報セキュリティセンター（ＮＩＳＣ＝National Information Security Center）の職員がパソコンを持ち込み、コンピューターウイルス感染のデモンストレーションを行った。

乗っ取った側のパソコンのマウスを動かすと、ウイルス感染したパソコンが勝手に動く。乗っ取った側のパソコン画面には、感染したパソコンの小さなカメラの前に座る人の顔が、テレビ電話のように映し出された。

「スマホでも同じように盗聴や盗撮は可能です」。職員がこう説明すると、副大臣の一人はあぜんとした表情でこぼした。

「スマホやめようかな……」

デモンストレーションは、政府の役職についた政治家に情報セキュリティの意識を高めてもらうために企画された。２週間後の9月19日に開かれた政務官会議でも、ＮＩＳＣの担当者がスマホに潜む危険性を訴えた。

「ＧＰＳ機能で首相官邸に入ったのを確認し、遠隔操作で盗聴をはじめることもできます。マイク機能もあるから何を話しているかも全部筒抜けです」

出席者のひとりは、「盗聴器をいつも持っているんだと分かってぞっとした」と語った。

政府の中枢《ちゅうすう》機関である首相官邸も、サイバー攻撃には無防備だ。安全保障政策に詳しいある有識者は、安倍晋三首相と官邸で面会した際、何のチェックも受けず、自分の携帯電話を執務室に持ち込めたことに愕然《がくぜん》とした。「電波が遮断されていないので、電話を掛けることもできた。盗聴への危機感がなさ過ぎる」とあきれ果てる。米国では、政府高官の執務室への携帯電話持ち込みは禁止されている。東京の米国大使館でも同様だ。

一方で、すでに政治家や政府機関、企業を狙ったサイバー攻撃は次々と発生している。

自民党の平将明《たいらまさあき》衆院議員は、経済産業政務官だった2013年7月、1通の電子メールを受けた。大手新聞社の記者名で、「経済政策について取材したい。添付の資料を確認のうえ、ご返事ください」と書かれていた。しかし、添付されたファイルを開こうとしたがうまくいかない。秘書がメールに記載された連絡先に電話すると、全く関係ない食品会社につながった。差出人になっていた記者は実在したものの、メールを送っていなかった。不審に思って詳しく調べると、添付ファイルにはパソコンに保存した情報を外部に流出させるウイルスが仕組まれていた。ほかの経済産業省幹部にも同様のメールが送られており、典型的な「標的型メール」（ウイルスを仕組んだメールを送って情報を盗む手法）によるサイバー攻撃とわかった。平氏は「政治家や個人が狙われている」と驚きを隠さない。

日本のロケット技術開発の中核である宇宙航空研究開発機構（ＪＡＸＡ）も、標的型メールで情報を盗まれてしまった。２０１１年７月、ある男性職員が１通のメールを受け取った。メール本文に知人の名前があったため、疑うことなく「忘年会」と題した添付ファイルを開いた。ファイルには「忘年会の連絡は幹事まで」などと書かれていたが、この瞬間、男性のパソコンはウイルスに感染してしまった。

ＪＡＸＡによると、感染に気づくまでの約１か月間、パソコン内に保存していた情報が勝手に外部へ送られ続けた。ＪＡＸＡは２０１２年３月、流出した情報に「機微な情報は含まれていなかった」と発表したものの、取引先を含む約１０００人分のメールアドレスが漏洩《ろうえい》した可能性があるとして、アドレス保持者全員に謝罪した。

高度なＩＴ能力をもつ企業も被害にあっている。ソニーは２０１１年１月、ゲーム機ＰＳ３（プレイステーション３）を専用ソフト以外でも使えるようにする不正ソフトウエアを公開した人物を提訴したところ、サイバー攻撃を受け、約７７００万件もの個人情報を奪われた。この攻撃は、コンピューター技術を悪用する集団「アノニマス」の仕業と見られた。アノニマスは2006年頃から各国政府や企業への攻撃を繰り返すようになった集団だが、詳しい実態はわかっていない。

NISCの調べによると、政府機関に対する2012年度のサイバー攻撃は、感知できたものだけで約108万件。1分間に2件の割合で、前年度からほぼ倍増した。こうした攻撃はどこから仕掛けられているのだろうか。

日本IBMは2013年8月、同年上半期（1〜6月期）に国内で確認されたサイバー攻撃の分析結果を公表した。それによると、中国にあるサーバーを発信元にした攻撃が65・7％で3分の2を占めた。もちろん、中国のサーバーが使われたといっても、すべての攻撃が中国の政府や国民、犯罪組織によるものとは言えない。誰かが中国のサーバーを悪用して日本に攻撃を仕掛けている可能性もあるからだ。しかし、すべての攻撃が中国と無関係であるとも言えない。

日本IBMは、最近のサイバー攻撃について「検知されないように工夫を凝らすなど巧妙化しており、対策の強化が求められる」と指摘している。我々はサイバー攻撃を受けていることすら気づかない恐れもあるのだ。

司令塔なきサイバー空間

２０１４年１月14日、エチオピアの首都アディスアベバ。中東・アフリカ歴訪の締めくくりの記者会見で、安倍首相はこう宣言した。

「日本版ＮＳＣを創設し、国家安全保障戦略を策定した。その下で、今年も戦略的に地球儀俯瞰《ふかん》外交を展開していく」

日本版ＮＳＣ（National Security Council）とは、２０１３年12月に設置された国家安全保障会議であり、政府の外交・安全保障政策の司令塔となる機関だ。翌月には事務局となる国家安全保障局が置かれ、本格的に始動した。ただ、日本版ＮＳＣの設置法には、サイバー攻撃への言及はなく、国家安全保障局にも専門部署はない。サイバー問題に詳しい有識者の間では、「せっかく日本版ＮＳＣを設置したのに、サイバーを担当する部署がないなんて笑い物だ」と指摘する声が少なくない。

日本版ＮＳＣがモデルとした米国家安全保障会議（ＮＳＣ）は、サイバーに関する問題の担当者を置き、軍と共同で対処する体制を整えている。米政府のサイバー問題の責任者「サイバーセキュリティ調整官」は、ＮＳＣのメンバーになっている。

日本で、サイバー攻撃を担当するのは、2005年に設置された、前出のNISCだ。内閣情報調査室など政府のインテリジェンス機関とともに、首相官邸近くのビルにオフィスを構えている。NISCは、安全保障・危機管理担当の官房副長官補がセンター長を務め、①基本戦略策定、②国際戦略、③重要インフラ対策、などの担当者がいる。政府機関へのサイバー攻撃を24時間体制で監視するGSOC（Government Security Operation Coordination team）、サイバー攻撃に緊急対応するCYMAT（Cyber incident Mobile Assistant Team）と呼ばれるチームを置いている。CYMATは情報セキュリティの技術と知識を持つ職員で構成され、政府機関がシステム障害に見舞われた際に駆けつける。

だが、NISCは各省庁にサイバー対策を指示する権限はない。NISC関係者は、個人情報保護の対策強化を消費者庁に申し入れた際、同庁の担当者からこう言って断られたと証言する。

「こんにゃくゼリーで人は死ぬけど、サイバーで人は死なないでしょ」

また、NISCは総務、経済産業、防衛、警察など各省庁の出向者が集まる寄り合い所帯であり、多くは2年ほどで出身省庁に戻っていく。NISC設立にかかわり、政府の情報セキュリティ補佐官も務めた山口英《すぐる》・奈良先端科学技術大学院大教授は

「2年に1度、人事異動でＮＩＳＣは『記憶喪失』となる。これでは専門性を持った人材が育たない」と嘆く。

ＮＩＳＣの権限があいまいなうえに、日本政府のサイバー問題への対応はバラバラで統制がとれていない。サイバー攻撃を受けた企業が相談する窓口も次のように乱立している。

▽サイバーインテリジェンス情報共有ネットワーク、不正プログラム対策協議会（警察庁）
▽サイバー情報共有イニシアティブ（経済産業省）
▽テレコムアイザック官民協議会（総務省）
▽サイバーディフェンス連携協議会（防衛省）

企業からは「実際被害にあった場合、どこに連絡していいのか」といった戸惑いの声さえあがっている。専門家は「ＮＩＳＣの権限を強化し、ＮＩＳＣが『やれ』と言えば各省庁は従わなくてはならないようにしないとダメだ」と指摘する。

もちろん、日本政府もこうした現状に危機感は抱いている。

「次元を変えた取り組みが必要となっている」

２０１３年６月、政府の情報セキュリティ政策会議が決定したサイバーセキュリティ戦略はこのように明記し、２０１５年度をメドにＮＩＳＣを「サイバーセキュリティセンター」に改め、権限を強化する方針を打ち出した。

安倍首相はこの会議で「内閣が一丸となって具体的な取り組みを進め、世界最高水準のＩＴ国家にふさわしい、安全なサイバー空間の構築を目指す」と宣言した。

また、政府が２０１３年10月にまとめた「サイバーセキュリティ国際連携取組方針」は、東南アジア諸国連合（ＡＳＥＡＮ）と関係を強化する必要性を指摘した。各国と協力したプロジェクトも動き出しており、そのうちのひとつであるＴＳＵＢＡＭＥ《ツバメ》と呼ばれるプロジェクトは、各国のコンピューター・ネットワークにセンサーを設置し、サイバー攻撃やウイルス感染の状況を日本にあるホストコンピューターに送る仕組みとなっている。各国が連携してサイバー攻撃を素早く察知できるようにする狙《ねら》いがある。政府関係者は「サイバー攻撃を受けた場合、日本だけが標的なのか、ほかの国も標的とされているのかが分かれば対策をたてやすい」と話す。

だが、日本がサイバー攻撃への対応を進めるには、ふたつの問題がある。憲法上の制約と、国民の意識だ。

自分しか守れない自衛隊

〈２０１×年のある日、人工衛星に搭載されているＧＰＳが突然、作動しなくなった。ＧＰＳは軍隊の運用や経済活動に欠かせない装置であり、世界中で混乱が広がった〉〈続いて在日米軍の基地がある沖縄県と青森県三沢市で大規模な停電が発生した。米国本土では、金融・証券システムに障害が起きた〉〈一連のトラブルは、サイバー攻撃によるものとみられた。日米両国が対応に忙殺されていると、某国の軍艦が日本近海に現れた……〉

これは、日米両国が「某国」からサイバー攻撃を受けた場合のシミュレーションだ。キヤノングローバル戦略研究所（東京）が２０１２年、外務・防衛両省の専門家や学識経験者を交えて実施した。

肝心の日本政府の対応は、次のように予測された。

「日本政府は、こうした状況を武力攻撃予測事態と認定した。しかし、政府内でも、サイバー攻撃に自衛権を行使できるかどうか、整理がつかなかった」

国土防衛を担う自衛隊は、日本に対する武力攻撃が発生するか、発生の危険が迫っている場合に、首相の命令を受けて出動する（自衛隊法76条）。しかし、武器を使わないサイバー攻撃を武力攻撃とみなして自衛隊に反撃を命じることは、実際問題として、難しい。日本は憲法9条のもと、自衛権の行使を必要最小限に制約する専守防衛を国是としているからだ。「サイバー攻撃で人命が失われない限り、自衛隊は動けないだろう」(防衛省幹部)。

防衛省も、サイバー攻撃の備えに乗り出してはいる。2014年3月には、陸海空自衛隊を運用する統合幕僚監部に100人規模の「サイバー防衛隊」が誕生した。自衛隊や防衛省のコンピューターシステムを24時間体制で監視し、ウイルス対策も担う。しかし、ほかの政府機関や民間のシステムは防衛の対象外となっている。サイバー攻撃に自衛隊がどのような対応をとることができるのか、現時点で法的な根拠がはっきりしていないためだ。

冒頭のシミュレーションを立案した宮家《みやけ》邦彦《くにひこ》・キヤノングローバル戦略研究所研究主幹(元外務省日米安全保障条約課長)は、日本国内の危機感の薄さを憂《うれ》えると同時に、「日本の場合はまず、サイバーを軍事や安全保障の問題と認識するところから始める必要がある」と指摘している。

21世紀に戦争が起きるとすれば、サイバー攻撃が本格的な武力攻撃の先触れとなる可能性が極めて高い。たとえば、サイバー攻撃で相手国のハイテク兵器や通信網を使えなくし、社会基盤を混乱させてから、通常兵器で攻撃するような場合だ。実際、2008年にロシアとグルジアが南オセチアをめぐって衝突した時は、グルジアの大統領府やメディアなどのコンピューターシステムに大規模なサイバー攻撃が仕掛けられた。

2007年9月、イスラエルがシリアの核関連施設を空爆した際も、空爆に先立ってサイバー攻撃が行われた。ブッシュ米大統領（当時）の特別顧問だったリチャード・クラーク氏は『世界サイバー戦争』で次のように書いている。

「2007年9月6日、イスラエルの戦闘機がシリア上空に入った。戦闘機は北朝鮮の支援を受け、シリアが建設中の核関連施設を爆破し、何事もなかったように飛び去った。シリア軍は一切、手出しできなかった。なぜなら、シリア軍のレーダー網はサイバー攻撃を受け、何も映らないようになっていたからだ」

防衛省は2012年9月、こうしたサイバー攻撃の特性を踏まえ、自衛隊の対応指針をはじめてまとめた。日本は、憲法9条の解釈で、自衛権を行使するには「我が国に対する急迫不正の侵害」など3要件を満たす必要があるとされている。指針は、サイバー攻撃が武力攻撃の一環として行われた場合は「急迫不正の侵害」とみなすことを明記し、反撃を可能とした。

だが、サイバー攻撃は事前に察知することが難しく、はじまれば瞬時に被害が広がってしまう。奇襲攻撃そのものだ。しかも、無関係の第三国のコンピューターシステムを利用して行われる可能性が高く、攻撃してきた相手方を正確に特定することさえ難しい。

それゆえ各国は、反撃よりもむしろ、威嚇《いかく》によって相手にサイバー攻撃を思いとどまらせることを重視している。たとえば、米政府は、サイバー攻撃を受ける兆候があれば、相手に対し先制攻撃を辞さない方針を公言している。2013年2月の米ニューヨーク・タイムズ紙によれば、オバマ政権は、大規模なサイバー攻撃の危険がある場合、「大統領が先制攻撃を命じることができる」とする方針をまとめたという。

一方で、日本政府は、憲法9条の解釈により、自衛隊による先制攻撃を原則として認めていない。自衛権行使の要件である「我が国に対する急迫不正の侵害」を欠くからだ。防衛省が2012年にまとめた指針も、日本がサイバー攻撃を受け、被害が出てからの対応を定めたものに過ぎない。元自衛隊幹部は「これでは相手国への抑止効果は全くない」とため息をつく。

サイバー攻撃はまさに「見えない戦争」であり、日本が専守防衛を国是とした当時には想像もできなかった脅威だ。しかし、日本国内では今なお憲法9条を巡る問題は極めて敏感な政治課題であり、事実上の思考停止状態が続いている。

人材確保にも足かせ

Ｔシャツにジーンズ。およそ情報機関トップとは思えないラフな格好で、米国家安全保障局（ＮＳＡ）のキース・アレキサンダー長官が姿を見せた。

２０１２年、米ラスベガスで開かれた「デフコン」。世界中のハッカーが技術力を競う国際的な大会で、長官はＮＳＡへの協力を呼びかけた。

「君たちは最高の人材だ。我々は君たちの支援を必要としている」

ＮＳＡは、通信傍受や電子機器を使った情報収集を任務としている。アレキサンダー長官は２０１３年７月にも、同じラスベガスで開かれた「ブラック・ハット」と呼ばれるハッカーの国際会議に出席し、「私たちを助けてほしい」と訴えた。

サイバー戦争の勝敗は、コンピューターに関する知識や技術力がカギを握る。米国だけでなく、各国とも優秀なハッカーを政府機関に取り込もうと必死だ。

中国は、愛国心に燃えた紅客《ホンクー》と呼ばれるハッカーを人民解放軍サイバー部隊の民兵に採用しており、ネットを使った諜報《ちょうほう》活動やサイバー攻撃の研究などにあたらせているとみられる。

紅客たちは、政府の指示がなくても中国と敵対する相手にサイバー攻撃をしかけている。日本政府が尖閣諸島を国有化した2012年9月、中国のネット掲示板は「日本をやっつけろ」といった書き込みであふれた。多数の紅客が掲示板上で情報をやり取りし、約300の日本政府機関が攻撃対象にリストアップされた。そのうちのひとつである最高裁判所のホームページは、尖閣諸島に中国国旗が立てられた画像が表示されるように改ざんされた。防衛省や総務省などのサイトも、一時閲覧しにくくなるなどの影響を受けた。中国のネット掲示板には、「攻撃してやったぞ」「よくやった」などとたたえ合う書き込みであふれた。

国を挙げてハッカーの育成に取り組んでいるのは韓国だ。2011年、韓国政府はソウルの高麗大学と協力して「サイバー国防学科」を開設し、軍のサイバー司令部に7年間勤務すると約束した学生については、学費を免除している。ロシアも約800人のハッカーと協力関係を築いた。

サイバーの世界では、「攻撃は最大の防御」と言われる。相手をどう攻撃するか考え、それをもとに自らのネットワークの守りを固めていく。各国もこうした観点からハッカーの確保や育成を進めている。

ところが、日本は人材育成でも専守防衛の意識が足かせになっている。

２０１３年のデフコンでハッカーの技術力を競うゲームが行われ、日本人の技術者や学生らで作る「Ｓｕｔｅｇｏｍａ２」が参加した。ゲームは各チームに1台ずつ渡されたサーバー（ホストコンピューター）上のファイルを奪い合う内容で、サーバーには外部からの攻撃に弱い部分が意図的に設けられていた。

日本チームは、弱い部分の守りを最優先し、サーバーに入ってくる怪しい通信を遮断して攻撃を防いだ。結果は参加約９００チームの中で6位。見守っていた日本政府関係者は、快挙に胸を熱くしたという。しかし、米国人ハッカーのひとりは、こう酷評した。

「日本人は攻めることではなく、守りばかり考えている。攻撃を通じて相手の状況を解析する技術を磨かないと、自分たちを守りきれないぞ」

経済産業省幹部は、「日本では攻撃を教えることがタブー視されている」と嘆く。同省は２００３年、ハッカー育成のため、高校生らを対象にしたイベント「セキュリティ甲子園」の開催を計画したことがある。ところが、サーバーに侵入する能力を競うプログラムがあったため、学校関係者などから「犯罪者を育成するのか」と抗議が殺到し、中止に追い込まれた。

その翌年、合宿形式でコンピューター関連技術を磨く「セキュリティ・キャンプ」

に衣替えして何とか開催にこぎつけたものの、それでも保護者から「参加して本当に大丈夫か」といった問い合わせがあったという。

日本では「ハッカー＝犯罪者」というイメージが定着していることも、人材育成の足かせになっている。ハッカーとは本来、コンピューターやネットワークに関する高い技術を有する人材を意味し、サイバー攻撃などに技術を悪用する人たちは「クラッカー」と呼ばれるが、日本ではハッカーもクラッカーと同じ意味で使われている。最近は、ホワイト・ハッカー（正義のハッカー）という言葉も使われはじめているが、ハッカーへの否定的なイメージはぬぐえていない。

このような状況下で、コンピューター技術者の不足も年々深刻になっている。世界のハッカー事情に詳しい岡嶋裕史《おかじまゆうし》・関東学院大准《じゅん》教授は、「日本のＩＴ技術者の層は薄くなる一方だ」と危機感を募らせている。大学で情報ネットワークの講義を担当しているが、学生数は２０００年頃をピークに減り始めているという。しかも、学生のＩＴ能力の低下が著しい。岡嶋氏は、スマートフォンの急速な普及で、パソコンで遊んだり、プログラミングに挑戦した経験のある学生が激減した影響とみる。

独立行政法人・情報処理推進機構は２０１１～12年にかけ、国内企業約1万６０００社を対象にアンケート調査を実施し、「情報セキュリティ技術者の人数や能力は足りているか」と尋ねた。結果をもとに推計したところ、全国で約８万人の技術者が不足していることが分かったという。

優秀な人材が足りず、育成もままならなければ、日本はサイバー問題の対応でさらに後れをとることになってしまう。

ファイブ・アイズの高い壁

日本政府にとって、頼みの綱はやはり米国だ。日本と米国のサイバー攻撃への対応能力は、「少年野球とメジャーリーグくらいの差がある」（専門家）と言われている。中国や北朝鮮から突きつけられた脅威に備えるためには、同盟国である米国と連携するのが手っ取り早い。

２０１３年10月３日、東京・麻布台の外務省飯倉公館で開かれた日米安全保障協議委員会（２プラス２）。日米両国は、大規模なサイバー攻撃があれば自衛隊と米軍が共同で対処することで合意した。自衛官を米軍のサイバー教育課程に派遣するなど、米国の進んだ技術や経験を日本が学ぶことも確認した。

「サイバーは日米同盟の新しい焦点となっている」

記者会見に臨んだヘーゲル国防長官は、こう強調した。

2プラス2に先立つ同年5月、日米両政府は実務担当者による初の日米サイバー対話を開催し、各国にインターネット利用の国際ルールづくりを呼びかける共同声明を発表した。日米の主導でルールを作り、中国や北朝鮮などを牽制《けんせい》する狙いがある。だが、米国との連携にも限界はある。

2013年秋、内閣情報調査室の職員が、東京・永田町の衆参両院の議員会館に足しげく通っていた。

「米国から高度な情報を得るには、特定秘密保護法は欠かせません」

職員は資料を手に、機密情報の漏えい防止を徹底する特定秘密保護法の必要性を説いて回った。同法は自民党、公明党、みんなの党の賛成で、2013年12月に成立した。

ある政府高官は、「『ファイブ・アイズ（五つの目）』に一歩近づいた」と安堵《あんど》の表情を浮かべた。

ファイブ・アイズとは、米国、英国、カナダ、オーストラリア、ニュージーランドの英語圏5か国で作る、情報収集活動に関する枠組みだ。5か国は「エシュロン」と呼ばれる通信傍受網を使い、在外公館や基地を拠点に電話やファクス、電子メールなどの膨大な情報を収集し、共有しているとされる。

インテリジェンスの専門家によると、5か国は機密情報を「トップシークレット（極秘）」「シークレット（秘密）」「コンフィデンシャル（非公開）」などと分けている。最上級の機密情報は「フォー・ユア・アイズ・オンリー（目視するだけ）」と呼ばれ、ジェームズ・ボンドが主人公の映画007シリーズの題名にもなった。ファイブ・アイズの呼称は「ユア・アイズ」にちなむ。

5か国の政府は、公式にはエシュロンの存在を認めていないが、2001年9月、欧州連合（EU）の欧州議会が、公的機関としては初めて、「エシュロンという世界的傍受システムの存在は疑いがない」と結論付ける報告書を採択し、世界に波紋を広げた。

欧州議会が約1年かけてまとめた報告書によると、エシュロンは第1次世界大戦中の米英間の諜報協力を起源とし、1948年に5か国で合意書に調印した。システムは米国が中心となって運用し、膨大な傍受データの一部は産業スパイにも転用されたという。青森県の米軍三沢基地もエシュロンの通信傍受施設のひとつにあげられている。日本政府の情報セキュリティ政策会議メンバーを務めた土屋大洋《もとひろ》・慶応大教授は、「通信がアナログからデジタルに変わった現在でも、5か国の枠組みは生きている」と指摘する。

米政府は、日本政府の動向も監視対象にしている。英紙ガーディアンは2013年6月、NSAなどが日本の在米大使館を含む38か所の大使館・代表部の通信を傍受していたと報じた。日本の外交官OBは「1980年代の日米構造協議の頃、外務省から在米日本大使館に電話する際、あるキーワードを口にする度に電話がプツッと切れた。それ以降は、いつも盗聴されている前提で話していた」と振り返る。米ジャーナリストのジェイムズ・バムフォード氏も、著書『すべては傍受されている』(角川書店)で、1995年の日米自動車摩擦協議の際、NSAが日本側の電話を盗聴していたと書いている。

日本政府は、こうした米政府の情報収集活動が明るみにでても、特段の反応は示していない。米政府と険悪な関係となるよりも、ファイブ・アイズの輪に加えてもらうほうが得策と判断しているためと見られる。だが、米政府関係者は「サイバー攻撃の対策が遅れている日本とは、機密情報の共有が難しい面もある」と指摘する。

民間任せのインフラ防衛

サイバー攻撃への対応が遅れれば、国民の生活も危ない。電気、ガス、水道や交通網など我々の生活に欠かせないインフラもまた、攻撃の危険にさらされているからだ。

〈ガス製造プラントで内部の圧力が猛烈な勢いで上昇しはじめた。しかし、圧力を監視する機器は正常値を示しており、作業員は異常に気がつかない。やがて爆発の危険を伝える赤ランプが点灯し、サイレン音が鳴り響いた〉

２０１４年1月22日、宮城県多賀城市の「制御システムセキュリティセンター」で行われたサイバー攻撃のデモンストレーション。センター内に設置された模擬プラントの機器を、全国各地から集まったガス会社の社員たちが見守った。

「気がついた時は手遅れになっているんですねぇ」

参加者のひとりは、サイバー攻撃の怖さをこう語った。

同センターは、経済産業相認可の技術研究組合で、２０１２年3月に発足した。東芝や日立製作所など日本を代表する企業や大学など23機関が組合員となり、インフラをサイバー攻撃から守る研究を重ねている。センターは米国土安全保障省の施設をモデルに建設され、排水・下水、ビル、火力発電所、ガス、化学など7種類の模擬プラントを設けている。

日本のインフラを制御するコンピューターシステムの多くは、インターネット網と直接つながっていないため、サイバー攻撃に強いと思われてきた。しかし、同センター広報担当で三菱総研主任研究員の佐藤明男氏は、「外部と直接つながっていないから安全だ、というのは神話に過ぎない」と言い切る。プログラム更新や保守管理のため、一時的にせよ外部のネットワークとつながらざるをえなくなっているからだ。

仮に、完全に外部から遮断されているシステムを作り上げたとしても、安心できない。

2010年、イラン中部ナタンツのウラン濃縮施設でコンピューターシステムに異常が生じ、遠心分離器が壊れるトラブルがあった。米紙ニューヨーク・タイムズの報道によると、トラブルの原因は、パソコンに差し込んでデータをやりとりするUSBメモリーに仕組まれていたウイルスだった。

「スタックスネット」と呼ばれるこのウイルスは、イランの核開発を阻止したい米国とイスラエルが共同開発し、何らかの方法でイランのウラン濃縮施設に持ち込まれた。スタックスネットはインフラの破壊に成功した世界初のサイバー兵器であるとともに、USBメモリーなど周辺機器を介したサイバー攻撃がしかけられる可能性を示した。しかも、スタックスネットはイラン側が機器の不具合を調べる過程で、意図せず世界中に拡散してしまったとみられている。どこかの国や組織の手で〝進化〟したスタックスネットが、いつ我々に襲いかかってくるかわからないのだ。

こうしたサイバー攻撃からインフラを守るのは、日本を含め多くの国で事業者の責任とされている。しかし、事業者だけではもはや対応しきれない可能性が高い。

米国務省の元職員で、サイバーの問題に詳しいジム・フォスター慶応大教授は、「サイバー攻撃の目的が情報搾取《さくしゅ》からインフラ破壊に変化している。民間に対策を委ねてしまうのは望ましくない」と指摘する。

米政府は２０１３年２月12日の大統領令により、インフラ防衛の支援策の検討に乗り出した。補助金の給付や、対策費用を料金に転嫁《てんか》する仕組み作りなどが浮上している。

日本政府も、２００５年にまとめた「重要インフラの情報セキュリティ対策に係る行動計画」で、情報通信、金融、航空、鉄道、電力、ガス、行政、医療、水道、物流の10分野を重要インフラに位置付け、サイバー対策を促してきた。現在、これにクレジット、石油、化学の３分野を加え、事業者の支援策も検討している。

ひとつのインフラが破壊されれば、その影響は広範囲に及ぶ。たとえば、電気がとまれば交通網もマヒする。「イージス艦など最新鋭の装備をそろえても、自衛官が基地にたどりつけなくては使えない」（防衛省幹部）。

わたくしたちの身の回りのIT機器がサイバー攻撃で乗っ取られ、危害を加えられたり、気づかないうちに別のサイバー攻撃に利用されたりする恐れもある。

たとえば自動車。独立行政法人・情報処理推進機構によると、最近の車には1台で100個以上の小型コンピューター（ECU＝Electric Control Unit）が搭載されており、IT機器の塊になっている。

2013年8月、米ラスベガスで開かれた「デフコン」の会場で流れた映像に、トヨタ自動車の関係者は衝撃を受けた。ECUを外部から操作され、ハンドルやブレーキが利《き》かなくなった同社のハイブリッド自動車プリウスの様子が映し出されたからだ。

プリウスを乗っ取ってみせたのは、米ツイッター社のチャーリー・ミラー氏とセキュリティサービス会社のクリス・ヴァラセク氏。映像には、パソコンを有線でプリウスに接続して乗っ取る様子が撮影されていたが、無線による乗っ取りも「今後は技術的に可能になるだろう」と専門家は言う。ナビシステムや自動料金収受システム（ETC）など自動車も外部ネットワークと無線でつながるようになっているからだ。

スマート家電、スマートハウス、スマートメーター（次世代電力計）など、ネットワーク化で省エネや利便性の向上を図る「スマート関連機器」にもサイバー攻撃を受ける危険が潜む。政府は経済成長戦略の一環でスマートメーターなどの普及を目指しているが、その一方で、２０１３年にまとめたサイバーセキュリティ戦略で、ネットワーク化されたＩＴ家電には「サイバー攻撃により予期せぬ動作が起きる恐れがある」と指摘した。

実際、２０１１年3月に韓国の政府機関などが被害を受けた、北朝鮮によるとみられるサイバー攻撃では、東京都内のコンビニエンスストアに設置された防犯カメラのシステムが外部から操られ、攻撃指令を出す拠点として使われた。

サイバー空間は誰のものか

サイバー攻撃は市民生活にも深刻な影響を及ぼすのは必定だが、サイバー空間を規律する明確な国際ルールはまだ確立されていない。

既存のサイバー空間に関する国際ルールで代表的なものは、北大西洋条約機構（ＮＡＴＯ）のサイバー防衛研究所がまとめた「タリン・マニュアル」だ。国際法や軍事の専門家の協力を得てまとめられ、同研究所がエストニアの首都タリンにあることから、この名が付けられた。

タリン・マニュアルは全95項目で、国連憲章やジュネーブ条約など戦争に関する既存の国際法規を、サイバー戦争にも適用することが柱だ。サイバー攻撃で損害を受けた国は相応の対抗措置をとれること、集団的自衛権（外国に対する攻撃を、自国が直接攻撃されていないにもかかわらず実力で阻止する権利）はサイバー空間でも認められることなどを明記している。

金銭や情報を盗み取るサイバー犯罪に関しては、欧州議会が中心となって２００１年に採択された「サイバー犯罪条約」がある。不当なアクセスや通信傍受、コンピュータ－システムへの攻撃、児童ポルノ取引などを犯罪として列挙し、各国が証拠の保全や犯罪人引き渡しなどで協力すると定めている。

同条約は２００４年7月に発効し、日本も加盟している。ただ、数々のサイバー攻撃の発信元と名指しされている中国やロシアは加盟していない。日本の警察関係者は「これでは条約が機能しているとは言い難い」と顔を曇らせる。

中国とロシアは、欧州諸国の主導でサイバー空間のルールができることを嫌い、国連で条約を作るよう主張している。その国連は２０１０年12月、国連総会第１委員会にサイバーセキュリティに関する政府専門家会合（ＧＧＥ＝Group of Governmental Experts）を設置した。米国、中国、ロシア、フランス、イギリスの安全保障理事会常任理事国と日本、ドイツ、インドなど計15か国が参加し、２０１３年６月に報告書を公表した。ただ、報告書は、サイバー空間に「国連憲章など国際法の適用」を勧告したものの、条約にできるほど具体的な中身にはなっていない。

中国とロシアは一方で、ウズベキスタン、タジキスタンとともに2011年9月、「情報セキュリティのための国際行動規範（案）」を発表した。規範案の柱は、①テロや過激主義を扇動する情報、②他国の政治・経済・社会の安定を揺るがす情報――がネット上に流れないよう協力する点にある。各国の国内法令を十分尊重する考えも盛り込まれた。

欧米諸国や日本は、サイバー空間の自由を尊重しながら、国際ルール作りを目指す。一方、中国やロシアはサイバー空間の管理強化を狙っている。チュニジアのジャスミン革命に始まったアラブの春で中東の独裁政権が次々と崩壊して以来、中国などはこうした態度を一段と強めている。アラブの春でインターネット上の情報交換が大きな役割を果たしたことを危惧《きぐ》している可能性がある。日本の外務省幹部は「欧米諸国と中国、ロシアの対立は根深い。国際的なルールができるにはまだ時間がかかるだろう」と言う。

こうした状況を踏まえ、各国は独自にサイバー攻撃への対応を急いでいる。日本にとっても待ったなしの課題だ。

あとがき

本書の後日談から入る。

２０１６年2月16日、スイス・ジュネーブにある国連欧州本部で、女子差別撤廃委員会が日本に関する審査を行った。焦点となったのは慰安婦問題だ。

日本政府代表団を率いた杉山晋輔《しんすけ》外務審議官は、それまで使っていた英語を日本語に切り替えて説明に入った。

「(旧日本)軍や官憲による(慰安婦の)強制連行は確認できなかった」「(慰安婦の数とされる)20万人という数字は具体的な裏付けがない」「性奴隷といった表現は事実に反する」「朝日新聞は(過去の慰安婦報道の)誤りを認め、謝罪した」

これに反応したのが中国の女性委員、鄒暁巧氏だ。

「(杉山氏の)発言に大変失望した。受け入れられない。歴史的事実はだれも変えられない。否定できない。例え70年前に起きたことであっても」

杉山氏の発言を「慰安婦問題の否定」と決めつけた鄒氏は、１９９３年の河野洋平官房長官談話の内容に言及して、こう訴えた。

「（河野談話は）日本の役人や軍人が、日本帝国軍へのセックスの提供を強いられた何万人もの韓国女性をリクルートする活動に直接関与したことを初めて認めた。（慰安婦問題を否定するなら）どうして日本政府は河野談話を出したのか」

杉山氏は、日本政府が慰安所設置などの軍の関与を認めていることを指摘し、「歴史の否定という批判は事実に反する」と反論した。

委員会が終わると、杉山氏は記者団の取材に応じた。

「慰安婦問題でいくつかの誤解を明らかにできたのは良かった。たっぷり時間を取ってきちんと口頭で包括的に発言できたという意味では今回が初めてだ。国際社会の理解を得る上で極めて有意義だった」

3週間後、女子差別撤廃委が日本に関する報告書を公表した。日本の主張を踏まえて、「性奴隷」との表現は使わずに「慰安婦」としたものの、慰安婦問題について、「未解決の多くの課題が残され、遺憾である」と一方的な日本批判を明記した。さらに、日本と韓国が慰安婦問題の「最終的かつ不可逆的な解決」を確認した合意について、「犠牲者中心の立場に立ったものではない」とこき下ろした。国連の組織が、2国間の合意を否定するのは異例だ。

菅義偉官房長官は「日韓合意を批判するなど極めて遺憾で、受け入れがたい」という強い表現で批判した。ジュネーブ日本政府代表部を通じて、国連に「極めて遺憾だ」と申し入れた。

「中国にやられた」。日本政府高官はこう悔やんだ。杉山氏相手に日本批判を繰り広げた雛氏が、報告書のとりまとめを仕切ったとみられるからだ。雛氏は、中国の全国婦女連合会国際部長の肩書を持ち、中国政府の意向を代弁したものだろう。

慰安婦問題は1990年代以降、日本と韓国の懸案となってきたが、今や中国が日本を批判する格好の材料としている。

*

この数年、日本は中国、韓国両国と外交、歴史問題、経済、安全保障などさまざまな局面で「小競り合い」を繰り返してきた。対立が本格化する、転機となったのが2012年である。

8月には韓国の李明博大統領は、同国が不法占拠する竹島に上陸し、「実効支配」をアピールした。9月には中国が、日本政府による尖閣諸島の一部購入を口実に、巡視船を日本の領海内に送り込むようになった。

中韓両国による「反日」活動を本書から拾ってみると、次のようになる。

①海外での反日宣伝

中国が多用するのが「歴史カード」である。

「日本はアジアのナチス」「武力紛争が起こるかどうかはすべて日本次第だ」

これは、世界の要人たちが集う世界経済フォーラム年次総会（ダボス会議）での中国最大の銀行、中国工商銀行の会長の発言だ。経済人とは言え、中国共産党の言動そのものだ。現代の日本はナチドイツと同じような侵略国家との印象を振りまこうとしている。

一方、韓国は、米国を舞台に、韓国系や中国系の米国人も加わり、ジャパン・ディスカウント（日本引きずり下ろし）と称する官民連携の活動を展開している。日本海の名称を「東海」に改めようとするキャンペーンにも力を入れてきた。

②自国内での対日圧力

中国は毛沢東の時代から大衆動員を得意としてきた。12年9月の日本政府による尖閣諸島購入の後、中国で激しい反日デモの嵐が吹き荒れた。北京の日本大使館前に1万人規模のデモ隊が集結し、「小日本を打倒しろ」と日本を罵倒《ばとう》するシュプレヒコールを繰り返し、卵や石を大使館に投げつけた。デモ隊はバスで送られるなど「官製デモ」の色合いが濃かった。激しいデモが国際的に報道されれば、日本を揺さぶることができるとの判断があるのだろう。

一方、韓国では、慰安婦問題で韓国挺身隊《ていしんたい》問題対策協議会（挺対協）が先鋭的な反日活動を進めている。ソウルの日本大使館前に、慰安婦を象徴する少女像を設置し、抗議集会を定期的に開いてきた。

韓国では、司法組織も反日活動の一翼を担っている。その典型が、戦時中に日本の工場に動員された「元徴用工」による損害賠償訴訟だ。各地の裁判所が、元徴用工の主張を認め、日本企業への賠償を認める判決を出している。

日韓両国は1965年の国交正常化の際に締結した請求権・経済協力協定で、徴用工を含む賠償問題を「完全かつ最終的に解決された」とする合意をしているが、韓国の司法は、反日世論に突き動かされ、条約を空文化する判断を連発している。

国内外のキャンペーンよりも、日本にとって脅威となっているのが中国の軍事力だ。中国軍は国際ルールを無視した威嚇《いかく》を繰り返している。今や、「日中冷戦」と呼んでもおかしくない状況になっている。

2013年1月、中国海軍のフリゲート艦が海上自衛隊の護衛艦に、火器管制レーダーを照射した。照射は、ミサイルや艦砲の照準を合わせるのが目的で、国際法上は「敵対行為」とみなされうる。米軍も、空母を相手国の近海に派遣するといった示威行為は実施する。だが、中国のように、武力衝突に直結しかねない挑発行為は厳しく自制している。

少し時期は遡《さかのぼ》るが、中国が外交上の対立を、経済や貿易に広げることもある。例えば、10年9月の中国漁船による海上保安庁巡視船衝突事件では、中国は、中国人船長の逮捕の報復措置として、日本との外交交渉をことごとく拒否した揚げ句、工業製品に不可欠なレアアース（希土類）の日本への輸出を契約を無視し、突如ストップさせた。

＊

12年以降、日本と中韓両国の首脳の顔合わせは途絶え、政府間のみならず、民間交流にも大きな支障が出た。中韓との関係は、国交正常化後、最悪の状態に陥った。

中韓の攻勢に直面した民主党の野田佳彦首相は政権基盤が弱く、外交に本腰を入れることができないまま、12年12月の衆院選で下野した。

長いこと、日本は外国、特に中韓から言われない批判を受けても、黙って耐えることを「美徳」「品格のある外交」としてきた。戦前、日本が中国を侵略し、多大な犠牲を強いたことや、韓国を植民地支配したことへの、罪滅ぼしや反省の気持ちがあったからだ。

だが、こうした姿勢はより悪い結果を招いた。国際社会では、日本が中韓の主張を認めたとみなされたからだ。中韓両国は日本に反論されず、「日本たたき」に全力を挙げた。日本の評判を傷つけることが自らの国益に資するかのような外交を続けてきた。

冷え切った隣国関係を引き継いだ、自民党の安倍晋三首相が日本の対応を変えた。中韓に対し、政府を挙げて反論するようになったのだ。尖閣諸島と竹島が日本の固有の領土であることを、歴史的事実と国際法に基づいて各国に説明して回った。慰安婦問題では、中韓のキャンペーンに虚偽が多いことを丁寧に伝えた。

中韓両国が首脳会談を拒否し続けても、日本は動揺せず、両国以外の国との関係強化に努めた。中国軍の威圧的な行為に対しては、日米同盟の信頼性を高め、自衛隊の強化に取り組むことで応じた。

抑止力は、安全保障だけではなく、外交でも極めて重要だ。対抗する力があれば、相手の譲歩を引き出し、事態の悪化を抑え込む効果がある。事実、小競り合いを辞さない日本に対し、中韓両国が歩み寄った。

14年11月、中国の習近平国家主席は安倍首相と会談した。1年後には、韓国の朴槿恵大統領も日韓首脳会談を受け入れた。その後、長年の懸案だった慰安婦問題での日韓合意も成立した。中韓両国は、国内経済の不振といった事情を抱え、日本との関係修復に乗り出さざるを得なかったとみられる。

だが、一連の外交戦争が残した「傷痕」は深い。内閣府が16年1月に実施した世論調査をみると、中国に「親しみを感じる」と回答した人は14％でこの30年間で最低だった。韓国に「親しみを感じる」も33％で前年と並び、過去最も低い水準だ。

中韓両国の対日感情はさらに厳しい。

本書では、韓国人に対する世論調査で、6割を超える人が日本を「軍事的脅威」とみていることを紹介した。中国は国を挙げて反日教育を徹底している。両国内では長期間にわたって、日本に敵対的な世論が相当の影響力を持つことになる。民主国家の韓国はもちろんのこと、独裁政権の中国でも、外交政策は国内世論に左右されがちだ。両国が日本に対する挑発的な外交姿勢を撤回するとは考えにくい。事実、先に紹介した国連の女子差別撤廃委員会の例のように、外交戦争はこれからも続くだろう。

日本の領土・領海が外国によって脅《おびや》かされたり、日本が不当な批判を受けたりすることは放置できない。新聞の大事な役割としてこうした「危機」に目をこらし、「既成事実」とならないよう警鐘を鳴らし続けたい。

本書は、読売新聞政治面の連載「政治の現場」が基となっている。多くの政治部員が取材・執筆にあたり、松永宏朗（現グループ本社社長室部次長）と小川聡（現アメリカ総局長）が監修作業を担当した。
本書を手に取ってくださった方に、外交や安全保障をめぐる駆け引きの醍醐《だいご》味《み》を知っていただければ、これにまさる喜びはない。

２０１６年４月

読売新聞東京本社編集局次長兼政治部長　田中隆之

※本書に登場する人物の肩書き等は、原則として掲載時のままとした。

関連年表

年	日本	中国大陸、朝鮮半島など
1609	薩摩の島津家久が琉球王国を攻略。琉球は島津氏の支配下に	
1644		中国で明が滅亡。清の順治帝が北京に遷都
1867	12・9 王政復古の大号令、幕府廃絶	
1872	9・14 琉球国王を琉球藩王に任命	
1879	4・4 琉球藩を廃し沖縄県を置く	
1884	福岡県出身の古賀辰四郎が尖閣諸島を探検	
1894	8・1 日清戦争はじまる（清に宣戦布告）	
1895	1・14 尖閣諸島を領土に編入 4・17 日清戦争の講和条約（下関条約）締結	

1904	2・10 日露戦争はじまる（ロシアに宣戦布告）	
1909	10・26 伊藤博文暗殺	
1910	8・29 韓国併合	
1912	7・30 明治天皇崩御、大正に改元	1・1 中華民国成立 2・12 清が滅亡
1926	12・25 大正天皇崩御、昭和に改元	
1937	7・7 盧溝橋事件。日中戦争へ	
1939		9・1 第2次世界大戦はじまる
1941	12・8 太平洋戦争はじまる（米英に宣戦布告）	
1943	日本軍がガダルカナル島を撤退するなど戦局悪化	12・1 カイロ宣言発表
1945	3・26 沖縄・慶良間諸島に米軍上陸 8・15 終戦	7・26 ポツダム宣言発表
1947	5・3 日本国憲法施行	

1948	12・23 極東国際軍事裁判の判決に基づき東条英機元首相ら7人の死刑執行	8・13 大韓民国成立 9・9 朝鮮民主主義人民共和国成立
1949		10・1 中華人民共和国成立
1950		6・25 朝鮮戦争はじまる
1951	9・8 サンフランシスコ平和条約締結	
1952	4・28 サンフランシスコ平和条約、日米安全保障条約発効	1・18 韓国が日本海に「李承晩ライン」を一方的に設定、竹島を領土に取り込む
1953	2・4 李承晩ライン内で日本の漁船員が韓国警備隊に射殺される（第1大邦丸事件）。以後、韓国による漁船銃撃や拿捕が頻発	7・27 朝鮮戦争の休戦協定調印
1956	6・9 プライス勧告により沖縄で基地反対の「島ぐるみ闘争」に発展 12・18 国連加盟	
1964	10・10 東京五輪	10・16 中国が初の核実験
1965	6・22 日韓基本条約などに調印。日韓国交樹立	

1969		国連アジア極東経済委員会が尖閣諸島周辺に石油資源の埋蔵可能性を示す報告書を公表
1970	12・20 沖縄県コザ市で暴動発生	
1971		6・11 中華民国（台湾）が尖閣諸島の領有権を主張 12・30 中国が尖閣諸島に対する領有権を主張
1972	5・15 沖縄返還 9・29 日中国交正常化	
1978	4・12 武装した多数の中国漁船が尖閣諸島周辺の領海に侵入 8・12 日中平和友好条約締結 10・25 鄧小平・中国副首相が日本記者クラブで行った記者会見で、尖閣諸島の棚上げ論を主張	
1984		9・6 韓国大統領が初来日

1988		9・17　ソウル五輪開催
1992	10・23　天皇、皇后両陛下がはじめて中国を訪問	2・25　中国が尖閣諸島を自国領とする領海法を施行 8・24　中国と韓国が国交樹立
1993		8・4　いわゆる従軍慰安婦に関する河野談話
1994		7・8　北朝鮮の金日成主席死去 10・21　米朝が核問題の「枠組み合意」に調印
1995	9・28　沖縄県知事が米軍用地更新手続き拒否を表明 10・3　日米両政府、沖縄の米軍基地縮小検討で基本合意 10・21　少女暴行事件に抗議する沖縄県民総決起大会	

1996	4・12 日米両政府が米軍普天間飛行場の全面返還で合意 12・2 日米両政府の沖縄施設・区域特別行動委員会（SACO）が最終報告公表。普天間代替施設を沖縄本島東海岸沖に建設すると明記	3・23 台湾初の直接選挙。台湾海峡危機
1997	1・16 官房長官が普天間飛行場の代替施設を沖縄県名護市沖合に建設する意向を表明	8・14 アジア通貨危機 10・8 金正日朝鮮労働党書記が党総書記に
1998		8・31 北朝鮮が長距離弾道ミサイル「テポドン1号」を発射実験
2002	5・31 サッカー・ワールドカップ（W杯）日韓大会開催	
2004	3・24 沖縄県警が魚釣島に上陸した中国人をはじめて逮捕	

２００６	5・1　日米両政府が在日米軍再編の最終報告書を公表。普天間飛行場を２０１４年までにキャンプ・シュワブ沿岸部（名護市）に移設すると明記	10・9　北朝鮮が第１回核実験
２００８		8・8　北京五輪開催
２００９	8・30　第45回衆院選で民主党が政権獲得 9・16　鳩山由紀夫内閣発足	5・25　北朝鮮が第２回核実験
２０１０	6・8　菅直人内閣発足 9・7　尖閣諸島沖で中国漁船が海上保安庁巡視船に体当たりする事件が発生	9・23　日米外相会談で尖閣諸島への日米安全保障条約第５条の適用を確認
２０１１	3・11　東日本大震災 9・2　野田佳彦内閣発足 10・19　野田首相が訪韓し、朝鮮王朝儀軌の引き渡しを開始	2・14　中国の２０１０年国内総生産が日本を抜き世界第２位に 12・17　北朝鮮の金正日総書記死去

2012	4・16　石原慎太郎東京都知事が尖閣諸島を購入する構想を表明 8・15　香港の活動家らが魚釣島に上陸 9・11　尖閣諸島国有化 12・16　第46回衆院選で自民党が政権奪還 12・26　第2次安倍晋三内閣発足	8・10　韓国大統領が初めて竹島に上陸 11・15　中国共産党が習近平氏を総書記に選出 12・13　中国国家海洋局の航空機が尖閣諸島周辺の日本領空を侵犯 12・19　韓国大統領選で朴槿恵氏が当選
2013	12・4　政府が外交・安全保障政策の司令塔となる国家安全保障会議（NSC）を設置 12・26　安倍首相が靖国神社を参拝。中国と韓国が反発し、米国も「失望した」との声明を発表 12・27　沖縄県知事が普天間飛行場移設先となっている名護市辺野古沿岸部の埋め立て許可を表明	1・19　東シナ海で中国軍艦が海上自衛隊ヘリに火器管制レーダー照射 1・30　中国軍艦が海自護衛艦に火器管制レーダー照射 2・12　北朝鮮が第3回核実験 2・25　韓国大統領に朴槿恵氏が就任 3・14　中国の国家主席に習近平氏が就任 11・23　中国が東シナ海に防空識別圏設定

2014	4・24　東京で日米首脳会談。オバマ大統領が尖閣諸島への日米安全保障条約適用を明言 5・29　政府が、拉致被害者の安否などの全面的な再調査を約束した北朝鮮との合意文書を発表 7・4　政府が北朝鮮に対する独自制裁の一部解除を閣議決定 9・3　第2次安倍改造内閣が発足 11・16　沖縄県知事選で、米軍普天間飛行場の辺野古移設に反対する翁長雄志氏が初当選 12・14　第47回衆院選で自民、公明両党が定数の3分の2を上回る325議席を獲得 12・24　第3次安倍内閣が発足	3・10　モンゴル・ウランバートルで、北朝鮮による拉致被害者・横田めぐみさんの両親が、めぐみさんの娘キム・ウンギョンさんと面会 3・25　ハーグで日米韓首脳会談。北朝鮮の核・ミサイル開発問題などでの連携強化を確認 7・4　北朝鮮が拉致被害者らの安否を調べる特別調査委員会を設置 10・8　韓国のソウル中央地検が、コラムで朴槿恵大統領を中傷したとして、産経新聞前ソウル支局長を名誉毀損罪で在宅起訴 11・10　安倍首相が北京で習近平国家主席と会談。日中首脳会談は約3年ぶり

2015	3・26　北朝鮮産マツタケ不正輸入事件に絡み、警察当局が朝鮮総連の許宗萬議長宅を捜索 4・27　日米両政府が18年ぶりとなる新たな「日米防衛協力のための指針」（ガイドライン）に合意 6・22　安倍首相が東京で日韓国交正常化50周年記念式典に出席 8・14　戦後70年の安倍首相談話を閣議決定。先の大戦への「お詫びと反省」を継承。「侵略」「植民地支配」にも言及 9・19　集団的自衛権の限定行使を容認する安全保障関連法が成立 10・7　第3次安倍改造内閣が発足	6・22　韓国の朴槿恵大統領がソウルで日韓国交正常化50周年記念式典に出席 6・29　アジアインフラ投資銀行（ＡＩＩＢ）が北京で設立協定の調印式を開催 9・3　北京で「抗日戦争勝利70年」記念式典・軍事パレードが開催。ロシアのプーチン大統領、韓国の朴槿恵大統領らが出席 10・27　米海軍のイージス駆逐艦が、南シナ海・スプラトリー（南沙）諸島で中国が造成した人工島の12カイリ内で巡視活動を実施 11・2　安倍首相と朴槿恵大統領による初めての日韓首脳会談をソウルで開催 11・7　中台首脳が１９４９年の分断以来、初会談 12・28　日韓両政府が慰安婦問題の「最終的かつ不可逆的な解決」で合意

2016	2・4 日米など12か国が環太平洋経済連携協定（TPP）に署名 2・10 日韓両政府が北朝鮮に対する独自制裁の強化を発表	1・6 北朝鮮が第4回核実験 1・16 台湾総統に蔡英文氏。8年ぶり民進党政権 2・7 北朝鮮が長距離弾道ミサイルを発射。沖縄県上空を通過

本書は平成二十六年六月、新潮社より刊行された。

網野善彦著
歴史を考えるヒント
日本、百姓、金融……。歴史の中の日本語は、現代の意味とはまるで異なっていた！　あなたの認識を一変させる「本当の日本史」。

石破　茂著
国難
―政治に幻想はいらない―
政治は混迷を極め、経済は停滞。このまま座して死を待つのか。日本に残された時間は長くない。真実を語り尽す覚悟と矜持の国家論。

池谷孝司編著
死刑でいいです
―孤立が生んだ二つの殺人―
疋田桂一郎賞受賞
〇五年に発生した大阪姉妹殺人事件。逮捕された山地悠紀夫はかつて実母を殺害していた。凶悪犯の素顔に迫る渾身のルポルタージュ。

保坂　渉
池谷孝司著
子どもの貧困連鎖
蟻地獄のように繋がる貧困の連鎖。苦しみの中脳裏によぎる死の一文字――。現代社会に隠された真実を暴く衝撃のノンフィクション。

櫻井よしこ著
異形の大国　中国
―彼らに心を許してはならない―
歴史捏造、軍事強化、領土拡大、環境汚染……人口13億の「虚構の大国」の真実を暴き、日本の弱腰外交を問い質す、渾身の中国論。

櫻井よしこ著
何があっても大丈夫
帰らぬ父。ざわめく心。けれど私には強く優しい母がいた。出生からジャーナリストになるまで、秘められた劇的半生を綴る回想録。

NHK「東海村臨界事故」取材班

朽ちていった命
—被曝治療83日間の記録—

大量の放射線を浴びた瞬間から、彼の体は壊れていった。再生をやめ次第に朽ちていく命と、前例なき治療を続ける医者たちの苦悩。

NHK ETV特集取材班著

原子力政策研究会 100時間の極秘音源
—メルトダウンへの道—

原発大国・日本はこうして作られた。「原子力ムラ」の極秘テープに残された証言から繙く半世紀の歩み。衝撃のノンフィクション。

NHKスペシャル取材班著

日本海軍 400時間の証言
—軍令部・参謀たちが語った敗戦—

開戦の真相、特攻への道、戦犯裁判。「海軍反省会」録音に刻まれた肉声から、海軍、そして日本組織の本質的な問題点が浮かび上がる。

NHKスペシャル取材班編著

日本人はなぜ戦争へと向かったのか
—外交・陸軍編—

肉声証言テープ等の新資料、国内外の研究成果をもとに、開戦へと向かった日本を徹底検証。列強の動きを読み違えた開戦前夜の真相。

NHKスペシャル取材班編著

日本人はなぜ戦争へと向かったのか
—メディアと民衆・指導者編—

軍に利用され、民衆の〝熱狂〟を作り出したメディア、戦争回避を検討しつつ避けられなかったリーダーたちの迷走を徹底検証。

NHKスペシャル取材班編著

日本人はなぜ戦争へと向かったのか
—果てしなき戦線拡大編—

戦争方針すら集約できなかった陸海軍、軍と一体化して混乱を招いた経済界。開戦から半年間の知られざる転換点を徹底検証。

鹿島圭介著

警察庁長官を撃った男

2010年に時効を迎えた国松長官狙撃事件。特捜本部はある男から詳細な自供を得ながら、真相を闇に葬った。極秘捜査の全貌を暴く。

「新潮45」編集部編

殺人者はそこにいる
—逃げ切れない狂気、非情の13事件—

視線はその刹那、あなたに向けられる……。酸鼻極まる現場から人間の仮面の下に隠された姿が見える。日常に潜む「隣人」の恐怖。

「新潮45」編集部編

殺ったのはおまえだ
—修羅となりし者たち、宿命の9事件—

彼らは何故、殺人鬼と化したのか——。父母は、友人は、彼らに何を為したのか。全身怖気立つノンフィクション集、シリーズ第二弾。

「新潮45」編集部編

その時 殺しの手が動く
—引き寄せた災、必然の9事件—

まさか、自分が被害者になろうとは——。女は、男は、そして子は、何故に殺められたのか。誰をも襲う惨劇、好評シリーズ第三弾。

「新潮45」編集部編

殺戮者は二度わらう
—放たれし業、跳梁跋扈の9事件—

殺意は静かに舞い降りる、全ての人に——。血族、恋人、隣人、あるいは〝あなた〟。現場でほくそ笑むその貌は、誰の面か。

「新潮45」編集部編

凶 悪
—ある死刑囚の告発—

警察にも気づかれず人を殺し、金に替える男がいる——。証言に信憑性はあるが、告発者も殺人者だった！ 白熱のノンフィクション。

春原剛著

暗闘 尖閣国有化

「中国と戦争になっても構わない」。石原都知事のひと言が野田首相を戦慄させた。尖閣国有化を巡る緊迫のインサイド・ドキュメント。

杉山隆男著

兵士は起つ
—自衛隊史上最大の作戦—

津波と濁流の中の人命救助、遺体捜索、福島原発事故への対処——東日本大震災で活動した自衛隊員を追う緊迫と感動のドキュメント。

将口泰浩著

キスカ島 奇跡の撤退
—木村昌福中将の生涯—

米軍に「パーフェクトゲーム」と言わしめたキスカ島撤退作戦。５１８３名の将兵の命を救ったのは海軍兵学校の落ちこぼれだった。

「選択」編集部編

日本の聖域《サンクチュアリ》

この国の中枢を支える26の組織や制度のアンタッチャブルな裏面に迫り、知られざる素顔を暴く。会員制情報誌「選択」の名物連載。

「選択」編集部編

日本の聖域《サンクチュアリ》 アンタッチャブル

「知らなかった」ではすまされない、この国に巣食う闇。既存メディアが触れられないタブーに挑む会員制情報誌の名物連載第二弾。

富坂聰著

中国という大難

世界第二位の経済大国ながら、環境破壊や水不足など多くの難題を抱える中国。その素顔を、綿密な現地取材で明らかにした必読ルポ。

高山正之著

変見自在 サダム・フセインは偉かった

中国、アメリカ、朝日新聞――。巷にはびこるまやかしの「正義」を一刀両断する。週刊新潮連載の大人気超辛口コラム。

高山正之著

変見自在 スーチー女史は善人か

週刊新潮の超辛口コラム第二弾。朝日新聞の奥深い〝二流紙〟ぶりから、欧米大国の偽善に塗れた腹黒さまで。世の中の見方が変る一冊。

高山正之著

変見自在 ジョージ・ブッシュが日本を救った

はからずもアメリカ大統領が我が国を守ってくれたかと思えば、守るべき立場の朝日新聞や裁判官が国を売る。大人気コラム第三弾。

高山正之著

変見自在 オバマ大統領は黒人か

世界が注目した初の「黒人」大統領はとんだ見せかけだった――。読者を欺く朝日新聞や売国公僕まで、世に蔓延る大ウソを炙り出す。

高山正之著

変見自在 偉人リンカーンは奴隷好き

黒人に代わって中国人苦力を利用したリンカーンは、果たして教科書に載るような偉人なのか？　巷に蔓延る「不都合な真実」を暴く。

高山正之著

歪曲報道 ―巨大メディアの「騙しの手口」―

事実の歪曲や捏造を繰り返す巨大メディアは、日本人を貶め、日本の崩壊を企む、獅子身中の虫である。報道の欺瞞を暴く驚愕の書。

手嶋龍一著

たそがれゆく日米同盟
—ニッポンFSXを撃て—

日米同盟は磐石のはずだった。あの事件が起きるまでは——。ワシントンと東京の狭間、孤立無援で闘い続けた哀しき外交戦士たち。

手嶋龍一著

外交敗戦
—130億ドルは砂に消えた—

外交を司る省、予算を預かる省。ふたつの勢力の暗闘が大失策を招いた！　戦略なき経済大国・日本の真実を圧倒的情報力で描ききる。

手嶋龍一著

ウルトラ・ダラー

拉致問題の謎、ハイテク企業の陥穽、外交官の暗闘。真実は超精巧なニセ百ドル札に刻み込まれた。本邦初のインテリジェンス小説。

手嶋龍一著

インテリジェンスの賢者たち

情報の奔流から未来を摑み取る者、彼らを賢者と呼ぶ。『スギハラ・ダラー』の著者が描く、知的でスリリングなルポルタージュ。

手嶋龍一著

スギハラ・サバイバル

英国情報部員スティーブン・ブラッドレーは、国際金融市場に起きている巨大な異変に気づく——。全ての鍵は外交官・杉原千畝にあり。

手嶋龍一著

宰相のインテリジェンス
—9・11から3・11へ—

本土へのテロを防げなかった米大統領、東日本大震災時に決断を下せなかった日本国首相。彼らの失敗から我々が学ぶべきものとは。